선거와 공천에 투영되는 민심과
정치권력의 현실을 파헤친다

유용화의
국민공감정치

유용화

- 고려대학교 문과대 학사, 동국대 정치학 박사, 미 존스홉킨스 국제관계대학원 (SAIS)방문학자, 미 조지타운대 방문 학자, 국회 정책연구위원
- **현재**, 한국 외국어대 교양대학 초빙교수, 동국대학교 정치핵정학부 객원교수, 패치워크 문명연구소장, KTV 국민방송 대한뉴스 앵커
- YTN 객원 해설위원(전), TBS, OBS, BBS, 국회방송 등 시사프로그램 진행자(전), ㈜ 노동자신문 기자
- **저서** : 『유용화의 생활 정치 이야기』(2010), 『정치는 왜』(2012), 『일제종족주의』(2019, 공저) / 「한국정당의 국회의원 후보공천에 관한 연구」(2016), 「한국정당 1인 지배하의 권력적 공천 성격에 관한 연구」(2015) 등

유용화의 국민공감정치

인쇄	2020년 03월 30일
발행	2019년 04월 01일
지은이	유용화
경영총괄	배용구
펴낸이	정유지
편집국장	김흥중
편집부국장	손귀분
표지디자인	삼아기획 정현진 02_2274_3461
인쇄책임	송영호 02_2277_1853
출력/인쇄	삼진프린텍 02_2277_1841
제본	남양문화사 02_2271_2049
펴낸곳	NEXEN MEDIA
우편번호	04559
주소	서울시 중구 마른내로 102
전화	070_7868_8799
팩스	02 _ 886_5442
출판등록	제2019-000141호(2009년 한터미디어로 등록)
ISBN	979-11- 90583-17- 6-03340

ⓒ 2020, 유용화

※ 값은 뒤표지에 표시되어 있습니다.
※ 잘못된 책은 구입처에서 교환해 드립니다.

Preface

『국민공감정치』는 지난 87년 민주화 이후부터의 선거와 공천과정을 살펴보는 정치학 이야기이다. 공천과정의 뒷이야기부터 공천 메커니즘 그리고 공천 개혁과 변화의 흐름까지 짚어본다. 공천 결정 과정에 얽혀있는 권력의 음모와 추한 모습을 독자들은 알게 될 것이고, 공천을 중심으로 벌어지고 있는 한국 정당의 현실도 목격할 수 있을 것이다. 또한 왜, 국회의원 후보자들과 권력자들이 공천에 목을 내놓고 있는지도 자세하게 설명 들을 수 있을 것이다.

하지만 공천 뒷이야기만 서술하지 않았다. '비밀의 정원(Secret Garden)'이라고 일컬어지는 공천과정에서 작동되는 정당 권력의 성격도 분석해 보았다. 즉, 비밀의 정원을 벗겨서 공천 메커니즘의 실상을 파헤쳐 보았다. 1988년부터 약 8대에 걸쳐 이루어진 국회의원 선거 양상과 공천과정에 대한 사례 분석에서 독자들은 민심과 권력자들의 대립과 갈등, 그리고 그 적나라함을 볼 것이다.

『국민공감정치』의 초점은 국민적 공감대로서의 민심이 선거 과정에 어떻게 투영되었고 어떻게 선거를 이끌어왔는지를 밝히는 일이다. 국민공감정치시대의 지난 한 과정과 현주소도 살펴볼 예정이다.

Preface

선거 때가 되면 국민은 일단 신이 난다. 선거판이 마련되면 주인으로서의 국민, 주권자로서의 국민이 확실히 대접받기 때문이다.

선거는 국민적 공감대인 민심의 심판 기능이 활개 치는 장이다. 특히 선거 때 각 정당이 내놓는 공천상품을 보면 권력자들의 의중과 민심의 차이가 확연히 드러난다. 민심은 선거를 통해서 정당의 공천과정에 경고음을 보내기도 하고 으름장도 놓는다. 공천의 구태성과 사적 취득성에 대해서는 준엄하게 심판한다.

지난 2016-2017년 촛불 국민혁명 과정에서 우리는 민심의 격랑과 파도를 목격했다. 국민공감정치를 거부했던 위정자의 말로도 보았다. 국민은 공감부재의 권력자를 탄핵하고 감옥으로 보냈다. 그러나 매번, 매해마다 권력자를 자리에서 끌어내릴 수는 없다. 그러면 국민은 너무 피곤하고 국가 운영도 엉망이 된다. 선거 때 그렇게 하면 된다. 선거를 통해 국민의 의사를 전달하고, 보여주고, 경고하면 된다. 또 갈아치우면 된다.

국민은 평소에 숨죽이고 정치인들의 행태를 지켜보다가 선거 시기가 되면 이

Preface

심전심으로 공감대를 형성하여 묵묵하게 표로 심판한다. 한 표 한 표가 모여서 거대한 민심의 바다가 된다.

따라서 우리는 선거 과정과 결과 데이터를 가지고 민심의 성격과 그 경향성도 알 수 있다. 국민적 공감대인 민심이 펼쳐지는 역대 선거 과정을 살펴보면서, 국민 한 사람 한 사람의 표가 모여서 정치를 바꾸고, 역사를 만들어냈다는 국민 공감정치의 과정과 시대성도 살펴볼 수 있다. 선거에서의 승패는 정당과 후보자가 어느 정도까지 국민 공감대에 다가갔느냐에 따라 결정되기 때문이다.

국민 누구나 감정이라는 소중한 인간 본성을 갖고 있다. 감정의 지평에서는 차별도 없고, 불공정도 없다. 그저 내가, 당신이 가지고 있는 감정일 뿐이다. 그래서 감정으로 세상을 바라보면 누구나 동등하고 평등하다. 감정의 존중성에 입각해서 바라보면 서울과 지방의 차이도 없고, 강남과 강북 지역의 오해와 우려도 없다. 더욱이 명문대 출신과 비명문대 출신, 빈부의 격차에 따른 격차도 없다. 왜냐하면, 인간은 누구나 감정이 있고 그 감정은 동등하게 존중되기 때문이다. 더욱이 이성과 논리로 세상이 만들어지는 것이 아니라. 역사적으로

Preface

축적된 감정들이 모여서 민심과 국민적 공감대를 이루어 위정자들을 혼내주고, 백성의 정치를 구현해 왔다는 경험적인 사실이 확인된다면 어떨까. 민주주의를 훼손시키고 파괴하려는 위정자들은 더 이상 나타나지 못할 것이다. 국민의 감정을 거스르고, 국민을 모욕하고, 국민 정서에 어긋나는 언행을 하게 되면 자신들은 권력의 자리에서 내려올 수밖에 없기 때문이다.

『국민공감정치』는 필자의 2016년 박사학위 논문 「한국 정당의 국회의원후보 공천에 관한 연구」를 토대로 재작성·재구성·보완했다. 당시 제대로 다루지 못해 안타까웠던 공감, 국민적 공감대, 민심 등이 어떻게 현실 정치과정에서 투영되고 나타나고 있는지에 중점을 두고 다시 기획해 보았다.

그러기 위해서는 국민공감정치가 과연 무엇인지 규명해 볼 필요가 있었다. 제2장에서 구체적 정치과정에서 접근했다. 국민공감정치의 4가지 테제를 서술해 보았다. 제3장에서는 민심에 대한 의미와 함께 민심과 여론의 차이에 대해 알아보았다. 각종 여론조사가 선거 결과인 민심과 차이가 나는 이유는 무엇 때문인지, 왜 민심이 여론을 이끌면서 서로 영향을 미치는지 총선 과정에서 나타난 여론조사 결과를 중심으로 살펴보았다.

제4장은 선거와 공천이다. 현실정치의 권력행태가 드러나는 양상과 민심과의 대립점을 살펴보기 위함이다. 민심은 공천과정에 직접적 영향을 미치는 것이 아니라, 반영될 뿐이다. 공천에 직접적 영향을 미치는 변수는 정치 권력이다. 그 정치 권력의 속성에 대해 87년 민주화 이후 정치과정을 통해서 알아보았다. 동교동계와 상도동계, 친이, 친박, 친노 등 한국 정당의 정파(faction)들이 어떻게 형성되었고, 정치과정과 선거에, 특히 공천에 어떻게 영향을 미쳤는지 당시의 언론자료 등을 통해 서술했다.

제5장에서는 공천변화 과정에 대해 서술했다. 『국민공감정치』의 주요 핵심요지를 담았다고 할 수 있다. 공천제도의 변화와 개혁은 결국 독점적 공천권력의 분화과정과 일치한다. 1인 지배적 독점적 공천에서 연합적 공천으로, 또 당원과 지지자들이 참여하는 경선으로, 국민 누구나 참여할 수 있는 국민 참여 경선으로의 진화는 공천 결정의 민주적 분권화로서의 의미가 있다. 또한 정당 민주주의의 진전일 뿐만 아니라 의회 민주주의의 진일보로 평가될 수 있다. 사람과

Preface

인물이 바뀌면 정치도 달라진다. 그 혜택은 국민에게 돌아온다. 그것이 바로 공천개혁이고 물갈이 공천과 인재 영입이다. 국민참여경선을 하는 이유이다.

제6장은 선거와 공천에서 나타난 현실정치를 분석해 보았다. 요지는 민심과 정치 권력이 서로 부딪히고 갈등을 일으키면서 어떻게 공천 후보자들을 선정했으며, 이에 따른 선거 결과는 과연 어떠했는가이다.

제6장은 크게 두시기로 나누어 보았다. 시기 구분은 국민참여경선이 시작된 시점을 기준으로 했다. 제1시기는 최고 권력자들과 그 측근들이 공천을 주물렀던 제13대 총선부터 2000년 제16대 총선까지이다. 「지배와 권력투쟁의 시기」로 명칭화했다. 제2시기는 공천 결정권이 분화되어 당원들과 지지자들도 공천 결정에 참여하게 된 시점으로 「공천변화의 과정과 민심의 대응」이라고 구분했다. 독자들은 일련의 공천과정을 지켜보면서 한국 정당 공천의 메카니즘과 향후 방향도 예측할 수 있을 것이다.

『국민공감정치』는 공감정치가 더 이상 레토릭으로 끝나서는 안 되고, 끝나지

Preface

도 않을 것이라는 점을 민주화 이후 치루어진 8번의 총선과 공천 자료를 가지고 분석, 입증해 보려는 시도이다. 또한 필자의 사회운동 경험과 직접 부딪혀 본 정치 현장의 현실, 그리고 근 15여 년 이상 동안 방송 출연을 통해 쌓았던 선거 분석 능력도 함께 녹여보려고 했다. 『국민공감정치』에서 국민이 정치, 역사변혁의 주인공이라는 점. 그리고 그 토대는 결코 누구도 허물지 못한다는 사실이 확인되기를 바란다.

이 책이 나오기까지 충고와 조언을 아끼지 않으시고, 학문적 업적으로 저를 일깨워주신 한국외대 이정희 교수님, 동국대 황태연 교수님, 덕성여대 조진만 교수님, 그리고 동국대 이재철 교수님께 감사드린다. 또한 실질적 도움과 길을 안내해 준 한양대 이영재 교수와 교정 교열에 힘써준 넥센미디어 손귀분 편집부국장님, 그리고 벗 이명헌 학형에게도 진심 어린 고마움을 표한다.

2020년 3월
저자 유용화

Contents

01 서론 / 21

- 국민공감정치는 시대사상 ········ 23
- 권력이 공천 결정의 1차적 변수인가 ········ 26
- 국민적 공감대는 언어의 유희에 흔들리지 않고, 이미지성 이벤트의 속임수도 바로 알아챈다 ········ 28

02 국민공감정치란 / 31

03 민심이란 / 43

- 민심과 여론조사는 왜 다르게 나타나는가 ········ 44
- 반민주적 세력에 대한 준엄한 심판 ········ 49
- 급진개혁주의세력에 대한 재 심판 ········ 51
- 견제와 균형의 민심이 작동 ········ 53

Contents

04 선거와 공천 - 무엇이 공천에 영향을 주는가 / 58

- 정당 내 권력투쟁 ········ 60
- 대통령 권력이 공천에 미치는 영향 ········ 66
- 정파(Faction)와 공천의 함수 관계 ········ 73
- 동교동계와 상도동계 ········ 81
- 공화계와 하나회, TK사단 ········ 89
- 친이계와 친박계 ········ 94
- 친노 정파 ········ 102
- 지역주의 ········ 107

05 공천제도의 변화와 의미 / 113

- 물갈이 공천과 신진인사 영입 ········ 118
- 국민참여경선 ········ 123
- 공천개혁과 선거결과 ········ 131

Contents

06 공천방식의 변화와 국민공감정치의 현실 / 136

(1) 지배와 권력투쟁의 시기 ········ 138

  1) 87년 6월 항쟁과 민주화 요구를 무시한 공천은 심판받는다

········ 138

- 민정당의 세력 교체 공천 ········ 138
- 금요일의 대학살 ········ 142
- 노태우 직계사단의 전면배치와 민심의 심판 ········ 146
- DJ, YS의 민주화운동 인사 영입 ········ 151

  2) 나눠먹기식 공천의 결과 ········ 158

- 김영삼, 김종필, 노태우의 정치 승부 ········ 158
- 탁월한 지분 나눠먹기식 공천, 그러나 민심은 아니었다 ········ 162
- 김대중과 이기택의 협력적 공천 ········ 172

  3) YS 공천개혁이 이룬 성과 ········ 179

- 전면에 나서 공천과정 진두지휘 - YS 공천자 직접 낙점 ········ 180

- 하나회와 TK사단, 구 민정계 우수수 떨어져 ········186
- 김대중의 전일적 지배와 물갈이 ········190

4) DJ와 이회창의 젊은 피 수혈 경쟁 ········197
- 현역 의원 교체와 젊은 피 수혈 ········201
- 이회창의 전격적인 승부수 ········204
- 새벽에 바뀌어 버린 공천자 명단 - 이회창식 깜짝쇼 ········207

(2) 공천변화의 과정과 민심의 대응 ········216

1) 국민 참여경선의 시작 ········216
- 공천심사위원들도 외부인사로 ········219
- 최병렬 사인私人 공천의 함정 ········228
- 박근혜의 감성 정치와 비례대표 공천 ········236

2) 경선제로 상태, 당내 권력투쟁으로 돌아가다 ········241
- 친이와 친박 간 학살공천 전쟁의 시작 ········244

Contents

- 통합민주당 역시 내부투쟁으로 - 공천방식 다시 과거로 ········ 248

3) 대권 주자들 간의 대결의 장으로 ········ 261
   - 유력대권 주자의 공천 영향력 실감 ········ 262
   - 친이계의 몰락과 보복공천 ········ 265
   - 돌아온 친노 ········ 268
   - 공천 파행의 결과는 민심 이반 ········ 274
   - 상향식 공천은 부수적 공천방식으로 전락 ········ 278

4) 민심을 무시한 정파 패권적 공천의 최후 ········ 282
   - 공천도 권위주의 정권 시대로 돌려놓으려 했던 박근혜 ········ 283
   - 당내 개혁과 함께 이루어진 공천 ········ 291

▶ 참고문헌 ········ 298
▶ 찾아보기 ········ 305

유용화의
국민공감정치

들어가기 →

01 유용화의
국민공감정치

서론

국민공감정치는 민심의 정치, 백성의 정치이다. 국민공감정치는 단순한 당위성이나 레토릭이 아니다. '국민적 공감대인 민심이 현실 정치과정에서 전개되어왔고, 국민 스스로가 국민공감정치를 지속적으로 실현해 왔다'라는 현실화된 명제이다.

정치학은 단순히 이론으로만 점철되어있는 학문이 아니다. 정치현실을 반영하고 현실정치를 바꾸어 나가는 역동적인 실천적 학문 영역이다. 특히 정치학은 먼 나라 이야기가 아니다. 우리 국민이 처해 있는 현실을 반영할 뿐만 아니라 정치과정을 해석하고, 이를 토대로 다시 정치를 재구성하려는 강한 의지를 가지고 있는 학문이다.

01

공감의 정치학의 주인공은 당연히 백성, 국민이다. 국민이 공감정치의 주인공으로 등장해서 정치를 이끌어 나가는 과정이 바로 국민공감정치이다. 그러나 한국 근현대사에 나타난 정치과정은 사적이고 부당한 권력이 항시 국민을 지배하려고 했고, 국민은 스스로 정치의 본령으로 나서려고 싸우고, 극복해 나가는 변혁의 주체로 자리매김했다. 특히 역동적 정치 현실을 갖고 있었던 한국 정치과정은 국민적 공감대인 민심이 지속적으로 국민공감정치시대를 만들어 나가는 역사였다.

정치가 권력자들의 사적 이익 추구 놀음에서 벗어나, 국민 이해증진과 국민 행복을 추구하기 위해서는 정치의 국민 공감화, 국민 공감의 정치화가 정립되어야 할 것이다. 그러나 안타깝게도 현실정치는 정치 권력이 사적 권력으로 수단화되기 십상이어서 국민공감정치는 레토릭으로 전락하기도 하고 위협받기도 했다. 물론 지난 2016-2017년에 벌어진 거대한 촛불 국민혁명을 통해 한국의 민주주의를 위협하고 훼손시키려는 정치 세력은 심판받았지만, 국민공감정치가 정치의 본령으로 확실히 자리 잡기 위해서는 국민주권 실현의 제도적 장치가 더욱더 강화되어야 할 것이다.

우리는 예로부터 백성이 나라의 근본이고, 백성을 하늘 섬기듯 모셔야 한다는 매우 중요한 동양정치사상을 전수받은 민족이다. 물론 과거 위정자들 상당수가 백성이 나라의 근본이라고 하는 민유방본론 民惟邦本論을 통치 레토릭으로만 사용하고, 정적 혹은 정파들을 정략적으로 공격할 때 무기로 수단화했기 때문에 민유방본론이 실질적으로 현실화되기까지는 조선시대의 영·정조와 대한제국의 고종황제를 기다려야 했다. 하지만 계몽 군주들이 한국근대사에 등장하기까지는 끊임없이 저항하고 지속적으로 투쟁했던 민民의 반란이 실재해야 했다. 19세기부터 시작된 한국 근대사 민란의 물결은 인간평등사상을 구체적 현실에 실현시켜 나갔던 1894년 동학농민혁명으로 이어져 나갔다.

온 국민의 구호로 자리 잡은 '대한민국'은 그냥 하늘에서 뚝 떨어지지 않았다. 한반도 전역을 아우르는 대한大韓과 백성의 나라 民國이 결합된 대한민국은 19세기 말부터 민간에서 회자되었던 우리의 국호였고, 구한말 각종 신문에 혹은 외교문서에도 사용되었던 명칭이었다. 그리고 전 국민이 분기해서 일어났던 3·1운동 이후 국민의 심장을 모아 설립된 상해임시정부에서 정식 국호로 채택되었다.

국민공감정치는 시대사상

국민공감정치는 한국 근현대사에서 태동 되어 국민이 중심이 되어 스스로 발현, 숙성시킨 국민 역사의 시대정치사상이다. 따라서 국민공감정치를 거스르는 위정자들은 국민의 준엄한 심판을 받았다. 서구 민주주의 국가에서 보기

01

1960년 4·19 혁명 당시 어린 학생들

힘든 국민주권정치가 실현되고 국민주권을 지키고 되찾기 위한 실존적 투쟁이 한국 현대 정치사를 장식한 이유는 바로 국민공감정치가 대한민국을 굳건히 지키고 있었기 때문이다.

1960년 4·19 혁명과 1980년 광주민주화운동, 그리고 1987년 6월 항쟁, 2016년 촛불국민혁명은 국민적 공감대를 거슬렸던 위정자들, 그리고 국민과 공감하는 정치를 완강하게 거부했던 독재자들을 심판한 역사적 사건이었다. 그들은 국민의 공감대를 무시했던 공감 능력이 현저히 떨어지는 위정자들이었다.

1980년 광주민주화운동

『국민공감정치』가 검증하려는 것은 인간의 본성적 능력인 공감력이 국민적 공감대로 형성되어 현실정치에서 어떻게 나타났느냐이다. 당위적으로 공감정치를 해야 한다는 이념 지향적 접근이 아니라, 국민공감정치의 실재성을 경험적으로 보여주려는 의도이다.

현대 민주주의 사회에서 국민적 공감대의 직접성을 확인할 수 있는 장은 선거이다. 선거 과정을 지켜본 국민은 투표를 통해 평가하고 심판한다. 국민공감정치에 입각해서 선거전략과 후보 전술을 진행한 정당과 후보자는 선거에서 소기의 성과를 얻지만, 국민공감정치와 떨어진 정략적인 전략만을 편 정당과 후보자는 쓴맛을 보게 된다. 선거전략에서 핵심은 공천이다. 바로 공천자들이 선거 전쟁에 뛰어들기 때문이다.

권력이 공천 결정의 1차적 변수인가

그런데 각 정당의 공천 결과는 반드시 민심과 일치하지 않는다. 상당수의 경우에는 국민적 공감대인 민심과 배치되기도 한다. 그 이유는 권력이 공천을 일차적으로 지배하려 하기 때문이다. 그래서 공천 결정요인은 당내의 권력 관계가 일차적 변수라고 볼 수 있다.

한국 정당의 권력 관계에 가장 심대한 영향을 미친 변수는 대통령 권력이다. 대통령 권력과 미래의 대통령 권력에 확실히 줄을 선 후보자들이나, 주류 정파 구성원들은 공천과정에서 유리한 입지에 설 수 있다. 그러나 비주류 후보자들이나 철 지난 권력자 정파에 속한 구성원들은 공천과정에서 불이익을 받거나 실기할 가능성이 크다. 따라서 공천 시기가 되면 각 정당 내부는 피비린내 나는 결전의 장으로 변모한다. 상대 공천 경쟁자를 이겨야 내가 사는 정치 권력투쟁의 진실을 후보자들은 몸으로 느끼게 된다. 공천 지분과 공천 결정요인을 둘러싸고 내부 권력투쟁이 험악하고 치열하게 벌어지게 된다.

하지만 정당이 내부 권력투쟁에만 몰두하게 되면 막상 본 선거에서 유권자들로부터 외면당하기 십상이다. 내부 권력투쟁만의 소산으로 나온 공천 결과는 국민적 공감대를 얻기 어렵기 때문이다. 해당 후보자는 단지 주류권력과의 네트워크하에서, 즉 권력 제1인자와의 충성-후원 관계에 의해서 공천받았기 때문에, 정파 이익을 위한 정치 행위에 주력할 뿐이지 국민을 위한 정치는 그저 부수적 타이틀로 전락된다.

각 정당은 공천 결정 시 내부 권력 관계를 선차적 결정요인으로 삼는다. 하지만 국민적 공감을 살 수 있는 공천인지에 대해 매우 심각하게 고민할 수밖에 없다. 각 정당은 선거 시기가 되면 공천과정이 투명하고 공개적이라고 선전하며, 시대 흐름의 적절성에 대한 명분을 찾기에 주력한다. 또 실제로 공천의 민주성과 혁신성을 실현하도록 노력하기도 한다. 공천의 혁신성과 민주성은 정치의 혁신성과 민주성으로 이어질 수 있다. 각 정당은 공천 시기에 인재 영입 경쟁과 물갈이 공천, 후보자들에 대한 엄격한 도덕성 심사 및 결격사유 후보자에 대한 배제, 그리고 국민참여경선 등 상향식 공천방식으로의 전략을 시도하기도 한다.

그러나 각 정당이 국민공감공천 눈치를 보기까지에는 우여곡절이 많았다. 내부 권력투쟁에만 몰두한 나머지 쓰라린 패배를 맛보기도 했고, 시대의 흐름에 맞지 않는 후보자를 공천했다가 유권자들로부터 구태 정당으로 낙인찍히기도 했다. 도덕성 검증을 제대로 하지 않은 후보자를 덜컥 내놓았다가 총선 전체 선거 결과를 그르치는 일도 있었다.

하여튼 한국 정당의 선거와 공천과정은 국민으로부터 뭇매를 맞아 가며 훈련받았기 때문에, 이제 정당도 어느 정도 선에서 공천을 해야 하는지 눈치도 생긴 것 같다. 그러나 아직도 공천과정의 혁신성과 민주성은 이미지성 수위를 벗어나지 못하고 있다. 17대 총선에서 경선 등 상향식 공천방식이 확대되기도 했지만 18대 총선부터는 전략 공천이라는 이름 하에 당내 경선은 사라졌다. 이후 19대 총선 시기부터 다시 부분적으로 시작되기는 했지만 일반 당원들과 지지자들의 공천권 확대와 공천 권력 분화 현상은 약화되고 있다. '공천권을 국민에게 돌려 드리겠다'고 호언장담하던 정치인들은 다 어디갔는지 모르겠다. 상향식 공천만 형식적으로 흉내 내면 된다고 생각하는 것 같다. 당내 경선이 치장용으로 전락해 매우 불쾌할 뿐이다.

국민적 공감대는 언어의 유희에 흔들리지 않고, 이미지성 이벤트의 속임수도 바로 알아챈다

우리는 한국 정당의 공천과정에서 기득권 유지의 정치 권력 속성에 대해서 정확히 파악할 필요가 있다. 공천과정을 투명하고 민주적으로 진전시키려는 당원과 지지자들의 공천 공감대가 정치 권력과 어떻게 충돌했는지, 또 정당의 민주성과 포용성은 공천과정을 통해 어느 정도 진전되었는지, 정당 민주주의의 핵심은 공천과정에 있다는 사실을 구체적 현실 과정에서 알아보려 한다. 또한 경선 등 상향식 공천방식이 도입되기 전 정치권력자들은 선거 승리를 위해 민심 반영 공천을 어떻게 진행시켰는 지도 짚어 볼 것이다.

『국민공감정치』에서는 국민적 공감대인 민심이 선거 시기에 어떻게 나타났는지를 알아보려 한다. 여론의 소통장인 공론장보다 공감대로서의 민심이 더 근본적이며, 거대한 바다와 같은 민심이 공론장인 여론을 지도하고 이끌어 나간다는 사실을 선거 과정과 결과를 통해 검증해 보려 한다. 민주주의 틀이 제도화된 사회에서 민심이 주체적으로 나타나는 장은 선거판이다. 그래서 공감대 발현체로서의 선거장을 살펴보려는 것이다.

국민적 공감대는 인간 본성으로서의 공감력이 발현되는 민심이다. 공감대에서는 각 개인의 감정이 평등하게 존중되면서 어떤 계기가 주어지게 되면 민심으로 현시한다. 또한 민심은 여론을 지도하면서 역사를 이끌어 나가고, 그 중심과 주체는 국민이라는 점을 분명히 한다.

국민적 공감대인 민심은 언어의 유희와 추상적 논리 적합성, 혹은 세치 혀끝의 우월성에 의해 좌우되지 않는다. 백성들의 무언의 표정, 눈짓, 이심전심에 의해

01

민심은 형성되고 그 영향력을 정치과정과 역사 과정에서 발휘한다. 따라서 하버마스가 주장하는 논변적 공론장과는 그 성질 및 차원이 다르다.

일부 지식인들이 이성과 합리성이라는 무기를 앞세워 마치 이성이 모든 것을 지도하고 지배하는 듯 현란한 언술을 펴는 것은 사실 정치 역사적 과정에 비추어보면 거짓이다. 평등하고 대등한 감정들이 모여 공감력을 발휘하여 바다와 같은 국민적 공감대를 형성했고, 그 공감대의 힘으로 차별과 불공정성을 시정했으며 국민 각 개인의 인권과 존엄성은 확대되어 나갔다. 국민공감정치의 실현과정이 바로 근대화로서의 민주주의 정립과 확대 과정이었다.

현대 민주주의 사회에서는 그것이 선거라는 과정에서 나타나게 된다. 민심은 선거 과정에서 심판 기능을 발휘하여 정치 권력의 균형성을 갖추게 하고, 견제를 통해 민주적 권력을 지양하게 만든다.

02 유용화의 국민공감정치

국민공감정치란

선거 때마다 각 정당과 정치인들은 유권자들의 표를 얻기 위해 이리 뛰고 저리 뛰어다닌다. 자신이 가장 적절한 후보임을, 새로운 정치를 실현할 수 있는 후보임을 강조한다. 마찬가지로 정당 역시 공천을 통해 가장 경쟁력 있는 후보를 국민에게 선보인다. 그러나 선거에서는 승패가 있다. 국민의 표심을 얻는 후보는 승자가 되는 것이고, 국민의 마음을 얻지 못하는 후보자와 정당은 패자가 된다. 국민은 선거를 통해 각 정당과 후보자들에게 신뢰와 불신을 표시한다. 그래서 선거에서의 투표는 국민이 신임을 표시하는 행위라고 명명할 수 있다.

그렇다면 어떻게 해야 국민의 마음을 얻을 수 있을까. 그것은 공감이다. 국민적 공감에 근접한 정치를 하면 국민의 마음을 얻을 수 있다. 그러나 쉽지는 않다. 국민공감정치는 과연 무엇인가. 국민공감정치를 실현하려면 어떻게 해야 하는가. 특히 권력의 창과 칼이 난무하는 정치 현실에서 국민공감정치는 또 하나의 이상은 아닌지 의구심을 가질 수밖에 없다.

국민공감정치를 실현하는 몇 가지 방도가 있다.

첫째, 국민공감정치는 국민 중심 정치이다. 국민의 뜻을 알기 위해 끊임없이 노력하고 국민을 우선시 여기는 정치 행위가 이루어져야 한다.

우리는 예로부터 국민이 중심이라는 소리를 귀에 못이 박히도록 들었다. 서경에서 '백성이 나라의 근본이'라고 하는 민유방본론民惟邦本論과 "백성은 가장 귀하고, 사직은 그 다음이고, 임금은 가장 가볍다."는 민귀군경론民貴君經論[1], "백성은 임금을 표준으로 자치하고, 임금을 먹여 자안하고, 임금을 섬겨 자현한다"는 백성자치론百姓自治論[2] 이 그것이다. 또한 "천하에 나면서부터 귀한 자는 없다(天下無生而貴者也)"라는 공자의 천부적 인간평등론[3] 역시 우리가 공맹 사상으로부터 전래 받은 민주주의 사상의 원류인 것이다.

따라서 국민이 나라의 근본이고 중심이라는 정치사상은 대한민국 국민 마음 속에 뿌리깊이 새겨져 있다. 국민 중심사상에 접근한다는 것은 전래적으로

---

1) 孟子曰 民爲貴, 社稷次之, 君爲經 『孟子』「盡心下」(14-14)
2) 百姓則 君以自治也 養君以自安也 事君以 自顯也 『禮記』「禮運 第九」(9-19)
3) 『禮記』「校特性 第十一」

우리 국민이 체득하고 있는 국민 정서에 다가간다는 것이고, 국민공감정치를 실현하는 길이다. 즉 정치의 기본은 국민의 요구와 국민의 이해가 무엇인지, 국민이 원하는 것이 무엇인지를 알고 실현하는 데 있는 것이다.

둘째, 국민공감정치는 국민 사관에 근거해서 접근한다.

국민사관이라 함은 당 시대의 국민적 공감대를 중심에 놓고 국민과 정부의 협력과 갈등을 역사서술의 핵심으로 삼는 사관이다. 즉 국민적 공감대에 입각해서 역사를 해석하고 민심에 근접하여 정치과정을 해석하는 입장이 국민사관이다.[4] 국민공감정치는 편협한 이념성이나, 철 지난 계급성에 근거해서 행위하는 정치가 아니라, 당 시대의 국민이 스스로 어떻게 판단하고, 어떻게 공감적으로 느끼고 있는지에 접근한다. 이념적 도그마에 휩쓸리지도 않는다. 일제강점기하의 독립운동을 벌였던 백범 김구와 대한민국 임시정부, 안중근, 이봉창, 윤봉길 의사가 지금까지도 추앙받고 있는 이유는 과연 무엇일까. 이들은 당시 국민이 가장 원하고, 갈구했던 대한민국의 자유와 독립을 위해 희생하고 투쟁했기 때문이다. 그 당시 국민이 갈구하고 원했던 세상은 자유와 독립이 쟁취된 평화롭고 행복한 조국 대한민국이었다.

1960년의 4·19혁명과 1970년대와 80년대의 민주화 투쟁, 광주 민주화 운동과

---

4) 황태연, 『백성의 나라 대한제국』, (파주, 청계 2017), 78쪽.

6월 민주 항쟁이 지금도 국민으로부터 지지받고 한국 민주주의의 이정표로 기려지는 이유 역시, 당대의 국민이 원하고 요구했던 사안이었기 때문이다. 이념적 편향이나 도그마로 국민에게 접근하는 정치 행위는 국민으로부터 공감을 받을 수가 없다. 좌우 계급, 이념적 이해관계가 아닌 국민적 이해관계에 충실해야 국민공감정치에 접근할 수 있다.

셋째, 국민공감정치는 여민동락與民同樂 **여민동환**與民同患**의 정치이다.**

국민과 함께 즐거워하고 국민의 고통과 슬픔을 같이하는 정치가 국민공감정치의 출발점이라고 할 수 있다. 박근혜 전 대통령이 국민으로부터 탄핵된 결정적 이유는 공감 능력의 부재였다. 세월호 사건이 발생했을 때. 온 국민이 어린 우리 청소년들의 죽음을 안타까워하고 있었다. 그런데 박 전 대통령은 의문의 7시간을 정확히 해명하지 않았고, '학생들의 구명조끼 운운'[5]하였다. 이점은 박 전 대통령의 공감 능력의 부재를 심각하게 국민에게 보여준 것이다. 사실 이때부터 국민은 박 전 대통령을 공감력이 없는, 신뢰할 수 없는 정치인이라고 간주했을 것이다. 그러한 불신이 이후 최순실과 연계된 국정농단 사건으로 이어진 것이다.

---

5) 박근혜 전 대통령은 세월호 사고 당일인 2014년 4월 16일 오후 5시 15분경 중앙재난 안전대책본부를 찾아 "구명조끼를 입었다고 하는데 그렇게 발견하기가 힘듭니까" 라는 발언을 해서 전혀 사고 경위와 진행 상황에 대한 무지를 드러내, 물의를 일으켰다.

국민의 마음을 알고, 국민의 마음을 얻어야 정치의 결실을 맺을 수 있다. 국민의 고통과 기쁨을 함께하는 일은 인간이 본성적으로 가지고 있는 공감을 존중하는 것이다. 당리당략이나 정략에 기대서 정치 행위를 펼치는 것이 아니다. 이성 지배적 논리, 혹은 이념 우월적 도그마에 입각해서 현실을 해석하고 정치 과정을 바라보는 것도 아니다. 국민 한 사람 한 사람 누구나 가지고 있는 평등하고 대등한 감정, 공감과 함께하려는 정직한 자세가 필요하다. 그럴 때 국민의 애환과 기쁨을 함께하는 국민공감정치가 실현될 수 있다. 선거는 더 말할 나위가 없다. 국민의 마음이 어디에 있는지, 어디로 가고 있는지 정확히 알아야 선거에서 승리할 수 있고, 국민 공감대에 입각한 선거공약과 공천자들을 내놓을 수 있다.

넷째, 국민공감정치는 국민적 공감대에 근거한 정치이다.

찰스 다윈은 "공감 또는 동정심이 없는 사람은 부자유스러운 괴물"이라고 말했다. 뇌·신경과학자인 리촐라티와 야코보니는 전운동피질의 거울뉴런 메카니즘에 의해 동일한 감정을 재생시키는 인간의 공감 기능을 입증했다.

공감 능력이 없는 사람은 사이코패스라고 할 수 있다. 공감은 인간이면 누구나 가지고 있는 본성적인 능력이다. 공감을 통해 인간은 살아갈 희망과 존재 이유를 느낀다. 타자와의 교류, 다른 사람과의 공감을 통해 나의 자아 존재에 대해서 확인하게 되고, 공감 확신을 통해 내가 살아갈 수 있는 근거와 희망을 갖게 된다. 나 자아는 사회 다른 구성원들과의 공감을 통해 공동체의 일원임을 확인하게 되고, 공감을 통해 동류의식을 갖게 되는 것이다. 공감 Empathy 은 「이심전심의 감정작용 또는 이심전심의 감정능력」6)이다. 공감은 자타 분리 의식 속에서 타인의 감정을 지각하고 동감하는 것이다.

공감은 그 확장력으로 인해 신분과 구별을 무너뜨리는 힘으로 작용한다. 제러미 리프킨(Jeremy Rifkin)은 "확장된 공감은 사람들을 진정으로 평등한 위치에 올려놓는 유일한 인간적 표현이다. 다른 사람과 공감할 때 구별은 사라지기 시작한다. 한 사람의 존재가 다른 사람과 감정적으로 같은 지평 위에 있지 않으면 진정한 공감은 불가능하다."7)라고 피력한다.

국민의 이익을 위해 존재해야 하는 정치가 공감력을 발휘하지 못한다면 '정치가 실종되었다'라는 비난에 직면하게 된다. 공감은 정치의 영역과 직결된다. 정치인들 중 공감에 대해 가장 많은 언급을 한 사람은 미국의 버락 오바마(Barack Obama) 대통령이다. 오바마는 공감을 자신의 정치철학의 핵심으로 삼고 대외정책에서부터 대법관 선임에 이르기까지 중요한 정치적 결정을 내릴 때마다

---

6) "공감은 긍정적 부정적 감정을 가리지 않고 남의 감정을 자기 속에서 재현하여 남의 감정과 유사하게 재현된 이 감정을 남과 같이 느끼는 이심전심의 감정 작용 또는 이심전심의 감정전달 능력이다." 황태연, 『감정과 공감의 해석학Ⅰ』, (파주, 청계출판사, 2014.12), 87쪽.
7) 제러미 리프킨(Jeremy Rifkin) 저, 이경남 옮김, 『공감의 시대』(서울, 민음사 2012), 201쪽.

공감을 강조했다. [8]

국민 개개인의 감성은 민심으로서의 커다란 벨트 같은 공감대를 형성한다. 눈에 보이지도 손에 잡히지도, 수량으로 계산되지 않는 국민 마음과 감성으로 만들어진 바다와 같은 존재가 바로 공감대이다.

정치는 국민의 공감대를 바탕으로 해서 국민의 행복을 추구하는 영역이다. 정치가 국민 공감대 영역을 벗어나 위정자의 사적 영역에서 전횡된다면 국민은 응징의 칼을 뽑게 된다. 국민 공감대는 언어의 유희에 의해 휘둘리지 않는다. 선거 시기에 여론조사와 선거 결과가 다르게 나타나는 경우가 상당한데, 이는 거대한 바다와 같은 국민적 공감대가 계량화된 여론조사 수치와 다르게 투표장에서 이심전심으로 작동하기 때문이다.

공감대가 언어로 혹은 소통으로 표출될 때 여론이 형성된다. 여론은 상황과 환경에 따라 변하기도 하지만 공감대는 고요한 바다와 같이 역사와 사회 속에서 도도히 흐른다. 이심전심의 바다. "말 없는 공감대로서의 공감장은 언어 소통적 공론장 아래 놓여 있는 판단과 준거 틀로서의 민심의 바다다. 민심의 바다가 변하면 공론장도 변하고, 민심의 바다가 파도치면 공론장도 요동친다. 민심의 바다와 괴리되면 민심이 성나고, 민심이 성나면 공론장은 전복된다." [9]

---

[8] 제러미 리프킨 저, 이경남 옮김, 『공감의 시대』(서울, 민음사 2012), 222쪽.

02

억압적 권위주의 정권하에서 국민적 공감대인 민심은 평소에는 숨죽이고 가만히 있다가 선거에서 권위주의 정권을 투표행위로 응징해왔다. 1956년 민주당 부통령 장면 후보의 당선,[10] 1971년 4월 27일 제7대 대통령 선거에서 예상을 뒤엎고 약진했던 김대중 후보,[11] 1978년 박정희 독재 치하에서 벌어진 총선에서 32.8%의 득표율을 올렸던 신민당의 사실상의 승리,[12] 신군부 정권하에서 신민당 돌풍을 일으켰던 1985년 2·12 선거는 이전에는 직접적으로 표출하지 않던 민심, 즉 국민적 공감대가 선거를 통해 나타났다고 보아야 한다.

당시의 국민적 공감대는 투표를 통해 집권 세력을 견제하고 국민의 의견을 표출 하도록 행동하자는 것이었다. 민심으로서의 공감대는 국민을 두려워하지 않고 국민을 수단화하는 정치 세력을 응징해 왔다. 이것이 바로 국민공감정치이다. 평소에는 무언의 이심전심으로 지켜보다가 국민이 행동으로 나서야 할 때 상호 간의 감정적 확인으로 움직인다.

---

9) 황태연, 『백성의 나라 대한제국』, (파주, 청계, 2017.8), 79쪽.
10) 1956년 5월 15일에 실시된 정.부통령 선거에서 장면 후보는 대통령 후보였던 신익희가 사망한 가운데 치러진 선거에서 자유당의 이기붕을 누르고 부통령으로 당선되었다. 독재정권에 대한 국민적 심판기능이 작동했다고 봐야 한다.
11) 김대중 후보는 박정희 후보가 압도적으로 승리할 것이라는 예상을 뒤집고, 약 94만 여표 차로 낙선하였다. 그러나 당시 전국적으로 저질러진 관권선거 등을 감안하면 사실상 김대중의 승리였으며, 박정희 군사 권위주의 정권에 대한 민심의 심판이었다.
12) 1978년에 진행되었던 총선에서 신민당은 32.8%, 민주 공화당은 31.7%, 민주통일당은 7%, 무소속 22%의 득표율을 보였다.

한국 현대 정치사에서 나타난 혁명적 표출 역시 국민적 공감대인 민심의 폭발적 발로이다. 독재정권에 항거하여 자유민주주의 체제를 형성했던 1960년 4월 혁명과 1980년 5월 광주민주화운동, 1987년 6월 항쟁 및 2016년 촛불 국민혁명 모두 이심전심으로 만들어진 국민적 공감대가 작동하여 독재정권, 권위주의정권에 전국민적 저항운동을 일으킨 것이다.

1960년 3·15 부정선거규탄 시위에 참여했다가 27일 만에 최루탄이 눈에 박힌 채 마산 앞바다에 떠오른 김주열 군의 시신. 1980년 5월 민주화 운동 과정 중 군사정권에 의해 투입된 공수부대들이 자신의 친구와 형제, 자매들을 살육하고 무력으로 진압하는 장면을 목격한 광주시민들. 1987년 고문 끝에 목

김주열 군

숨을 잃은 서울대생 박종철 군의 죽음을 '턱치니 억 죽었다'고 발표한 군사정권의 기만성에 분노했던 국민. 그동안 집적되었던 '독재정권의 횡포와 탄압을 좌시하면 안 된다'라는 공감대와 함께 민심을 직접적으로 자극시킨 민심의 바다를 격랑으로 파도치게 한 사건 등으로 국민은 분기하는 것이다. 즉 누적된 경험으로 축적되어 있는 민심은 독재와 인권탄압에 대해 좌시하면 안 된다는 공감대를 역사적으로 형성했다고 할 수 있다.

박종철 군

동학농민운동은 전봉준을 비롯한 동학도와 농민들이 일으킨 농민 운동

1894년 동학농민운동에서 백성은 그동안 억눌려 왔던 감정이 모여 봉기를 결정했다. 그 감정, 공감대는 수백 년 동안 억눌려 왔던 인간차별, 신분 차별에 부당함으로 쌓여있었을 것이다. 그리고 목숨을 걸고 싸워야 차별이 없어질 수 있다는 감정적 확신이 있었을 것이다. 1980년 광주민주화운동도 마찬가지이다. 죽음이 올 것이라는 분명한 사실 속에서도 도청을 끝까지 지키며 산화해 간 광주시민들의 의기를 어떻게 설명할 수 있을까. 그것이 언어로 설명될 수 있을까. 1980년 5월 전남도청을 사수하기로 하고 목숨을 내놓았던 그들의 마

음과 심정을 우리가 투영하지 않는다면, 감정으로 그들의 상황에 접근하지 않는다면 어떤 해석도 불가능할 것이다. "그들이 죽음의 공포를 뛰어넘어 저항할 수밖에 없었던 행위의 내적 동인이 과연 무엇이었는지, 폭력의 제물에 불과했던 나약한 이들이 저항의 능동적인 주체로 탈바꿈하게 되는 불가해한 사태를 특정 이념이나 사상체계로는 거의 포착하기 어렵다."13)

1987년 민주화운동과 2016년 촛불 국민혁명 역시 감성을 갖고 당시 그들의 공감대에 접근하지 않는다면 그들이 왜 봉기했는지, 무엇을 요구했는지 해석이 어렵다. 특히 촛불 국민혁명은 전 국민적 공감대가 작동하지 않았다면 불가능한 일이었다. 혁명지도부가 존재했던 것도 아니었고 운동 주체가 명확했던 것도 아니었다. 나이, 성별, 지역, 이념적 성향과 관계없이 국민 대다수가 박근혜 전 대통령의 퇴진과 탄핵을 요구했다. "촛불집회는 일상화된 디지털미디어 속의 잠재적 다중의 역량을 감성 정치적 실천으로 구현해내는 일련의 극적인 과정을 드러낸다. 촛불집회의 공감장은 우연적 산물이 아니다. 공감장은 역사적 기억의 축적과 함께 형성된다. 그것은 앞서 행해진 촛불집회의 기억일 수도 있고, 그 이전의 여러 시민 항쟁들과 농민항쟁의 기억으로까지 거슬러 올라갈 수 있다.14)

---

13) 전남대학교 감성인문학 연구원 지음, 『공감장이란 무엇인가』, 감성총서 17,(도서출판 길,2017,5.), 87쪽.
14) 전남대학교 감성인문학 연구원 지음, 『공감장이란 무엇인가』, 감성총서 17,(도서출판 길,2017,5.), 94쪽.

02

국민공감정치를 정확히 알기 위해서는 국민 누구나 가지고 있는 본성인 공감력으로서의 국민적 공감대에 대한 의미 해석이다. 민심으로 역사가 해석되고, 국민 공감력으로 역사와 정치과정이 발전되어 왔다는 경험적 사실에 대한 확신이 앞서야 하다.

03 유용화의 국민공감정치

민심이란

선거철이 되면 민심이 작동한다. 민심의 심판 기능이 움직이기 시작한다. 그러나 민심은 견제와 균형으로 이끌기 위해 조용히, 그리고 서서히 움직인다. 민심은 약 100여 년 정도에 걸쳐 주기적으로 그 특질이 형성된다고 할 수 있다. 100여 년 정도 기간의 국민적 경험과 감정적 정서 등이 축적되어 국민적 공감대가 만들어지는 것이다. 근대화된 국가에서의 국민적 공감대로서의 민심은 평화를 사랑하고 인권을 존중하며, 평등을 실현해나가자고 하는 큰 바다를 형성하고 있다. 따라서 평화와 인권, 인간 생명 및 평등성, 국민주권을 해치는 행위는 국민적공감대에 어긋나는 일이다.

민심이 선거 시기에 견제와 균형으로 나타나는 이유는 민심이 중도를 지향하기 때문이다. 민심의 중도 지향성은 인간의 본성과도 매우 밀접한 관련을 갖고 있다. 중도 상태로 있어야 인간 감성은 평안하고 행복하다. 따라서 인간은 항상 중도 지향성을 갖게 되는 것이다. 인간 공동체인 사회도 동일하다. 좌우로 치우치지 않고 극한으로 넘치지 않고 중용의 도를 지향하는 정치만이 국민의 지지를 받을 수 있다. 중도, 중용의 도, 중화中和는 균형과 조화이다. 중화는 단순히 양적 중간 개념이 아니다. 중中은 정태적 균형을 말하며, 화和는 균형의 역동성을 뜻한다.[15]

선거 시기에 민심은 두 가지 원칙 하에 움직인다. 첫 번째로 균형이다. 민심은 선거 시기에는 견제와 균형의 추를 작동시킨다. 권력의 균형을 맞춘다. 두 번째로는 심판 기능이다. 특히 국민에게 오만하게 드러나는 정권은 선거에서 표로 엄중한 심판을 받는다.

민심과 여론조사는 왜 다르게 나타나는가

선거 예측 여론조사와 선거 결과는 왜 매번 다르게 나타날까. 민심이 정확하게 여론조사에 반영되지 않는다는 것인데, 민심은 계량화된 수치로 나타낼 수 없다. 2017년의 미국 대선에서 미국의 여론조사기관은 트럼프 후보의 당선을 예측하지 못했다.[16]

---

15) 황태연,『감정과 공감의 해석학 2』,(서울, 청계 2016), 107–116쪽

한국에서의 선거 예측 여론조사도 상당히 많은 오류를 범해왔다. 1996년 제15대 총선에서 방송 4사가 실시한 투표자 여론조사 대오류의 사례가 있다. 개표 결과 253개 선거구 중 무려 39군데에서 당락이 바뀌었고, 대부분의 선거구에서 표본오차를 벗어난 당선자 예측조사였다. 2000년 4월 13일에 발표된 방송 3사의 제16대 총선 출구 여론조사 역시 제1당조차 맞추지 못했을 뿐만 아니라 전체 227개 선거구 중 20여 곳에서 당락이 뒤바뀌고 말았다.[17]

각 총선 때마다 언론사에서는 사전에 여론조사 결과를 발표한다. 그러나 각 언론사마다 다르다. 후보 순위뿐만 아니라 후보 간 지지율 격차도 들쑥날쑥했다.[18]

언론사마다 여론조사 결과가 다른 점을 어떻게 설명할 수 있을까. 여론조사 기관마다 기법이 달라서 벌어진 일일까. 여론조사기법은 지속적으로 발전해왔고 수준 역시 균등화되고 있는 추세인데, 수치가 각 여론조사 기관마다 다른 이유는 무엇일까. 정확한 민심을 여론조사에서는 잡아낼 수 없기 때문이다.

---

16) "트럼프의 지지율에 대한 오차가 클린턴에 비해 약 두 배가량 되는 수준으로 트럼프 지지율이 여론조사에서 과소평가됐다고 볼 수 있다." 제임스 김, 「미국 대선을 통해서 본 여론조사의 문제점과 가치」, 『관훈저널』 142, (관훈클럽 2017.3), 41쪽

17) 「역대 총선은 여론조사의 무덤이었다」, 『주간조선』, 2020.2.8

18) 권혁남, 「16대 총선 여론조사의 문제점 및 개선방안」, 『인문과학연구』 1 (한국지역언론학회, 2001.4.), 51-53쪽.

서울 경합지역 여론조사 결과 비교(%)
<16대 총선 2000년 3월 22일 전후 4개 신문사 자체 여론조사 결과와 실제 선거 결과의 차이>[19]

선거구	후보	중앙일보	동아일보	문화일보	한겨레	투표결과
중구	박성범	41.5	27.9	35.5	34.1	44.7
	정대철	36.0	31.9	36.2	26.6	49.1
광진구	김영춘	29.9	23.6	27.7	26.4	50.8
	김상우	38.5	28.3	24.9	32.1	41.4
동대문을	김영구	43.4	35.4	33.0		45.1
	허인회	28.1	34.0	37.1		45.1
서대문갑	이성헌	38.4	29.2	35.1		47.0
	우상호	31.3	29.9	26.7		45.2
마포갑	박명환	37.1	42.2	31.8		47.6
	김용태	33.5	44.3	34.1		45.0
양천갑	원희룡	38.4	35.1	26.9	22.5	51.2
	박범진	34.2	34.1	29.8	27.0	37.3

국민은 여론조사에 솔직히 응답하는 것으로 자신의 선거예측행위에 대한 감성을 표시하고 싶지 않은 것이다. 특히 여론조사의 질문 문항은 매우 기계적으로 짜여 있다. "어느 정당을 지지하십니까, 기호 ○번의 ○○○당 ○○○한 경력의 후보자를 지지하십니까." 등의 도식적이고 기계적인 질문으로 과연 유권자의 마음을 알 수 있다면 선거를 할 필요가 없을 것이다. 여론조사로 국회의원을 뽑으면 된다.

---

19) 권혁남,「16대 총선 여론조사의 문제점 및 개선방안」,『인문과학연구』1(한국지역언론학회, 2001.4.), 53쪽.

여론조사의 참상이라고 불렸을 정도의 2010년 지방선거 역시 마찬가지였다. 2010년 지방선거 당시 선거인명부조사를 여기저기서 했는데 선거 일주일 전까지만 해도 서울시장의 경우 오세훈 후보가 적게는 15%, 많게는 25% 이긴다고 나왔다. 그러나 실제 결과는 0.6% 차이로 오세훈 후보가 어렵게 이겼다. 20)

힐러리 클린턴

선거 예측조사는 총선 결과와 정확히 일치한 적이 별로 없다. 심지어 출구조사마저 그 신빙성을 의심받았다. 단지 2016년 제20대 총선만 출구조사가 선거 결과와 근접했을 뿐, 그 이전의 총선 출구조사는 선거 결과와 다르게 나타났다. 갓 투표행위를 하고 난 사람들도 조사자들에게 터놓고 자신의 투표 선택행위를 밝히지 않는다는 것이다. 이를 두고 '여론조사 기법에 문제가 있다. 선거 1주일 전 여론조사발표금지선거법을 개정해야 한다' 는 등 논란이 많지만, 한국에서만 나타나는 현상은 아니다.

대표적인 예가 지난 2016년에 치루어 진 미국 제45대 대통령 선거 결과였다. 당시 미국 대부분의 언론과 사전예측여론조사는 트럼프의 패배와 힐러리 클

---

20) 김균미·신창운·홍령림·한귀영, 『지방선거 여론조사 이대로 좋은가』, 관훈저널(130), 2014.3, 62쪽.

린턴의 승리를 예상했다. 그러나 선거 결과는 판이했다. 트럼프의 승리였다. 당시 뉴욕타임즈의 클린턴의 당선확률은 93%였다. 뉴욕타임즈는 "여론조사에 동원되는 기술이 전보다 발달했으며, 빅데이타를 활용할 수 있게 됐고, 조사모델도 정교해졌지만 결과는 상반되게 나왔다"고 보도했다.[21] 선거여론조사 기법은 미국이 가장 선진적인 것으로 알려져 있는데, 주요 선거에서 국민의 마음을 읽지 못한 것이다. 일각에서는 트럼프를 지지했던 백인 노동자들의 '숨은 표'가 여론조사에서 잡히지 않았다고 하는데. 이는 한국의 여론조사에서도 마찬가지이다. 여론조사기관들은 자신들의 예측치가 틀릴 때마다, 무당파층과 부동층 때문이라고 밝힌다.

민심은 단순한 통계수치로 잡히지 않는다. 통계로 계량화하지 못하는 것이 바로 민심. 국민의 공감대이다. 민심을 알기 위해서는 국민적 공감대에 접근해야 한다. 선거 시기의 민심을 알기 위해서는 겸손하고 정직하게 또 다른 사람들의 의견을 경청하는 자세로 일관하면 된다. 다문다청多聞多聽 의 자세가 중요하다. 흔히 선거 때 바닥 민심은 다르다는 이야기를 많이 한다. 그것이 바로 계량화된 여론조사로 잡지 못하는 국민적 공감대인 민심인 것이다.

---

21) 「트럼프 당선, 여론조사 따로 결과 따로」, 연합뉴스, 2016.11.10.

반민주적 세력에 대한 준엄한 심판

2016년 총선의 선거 구도는 집권 여당인 새누리당에게 유리하게 짜여져 있었다. 민주당에서 안철수 등 호남 동교동계 인사들이 탈당하여, 호남을 기반으로 국민의 당을 창당했기 때문이다. 즉 야권은 분열하였고, 집권당인 새누리당은 대통령 권력과 함께 영남을 기반으로 하는 지역적 기반이 탄탄했다. 따라서 선거전 상당수의 언론에서는 새누리당의 총선 승리를 점치는 예측 기사를 내놓았다.[22]

2016년 20대 총선(한국갤럽 4월 8일 여론조사)

구분	4월 8일 정당지지율 여론조사	4월 13일 개표결과
새누리당	39%	122석
더불어민주당	21%	123석
국민의 당	14%	38석
정의당	5%	6석

당시 언론의 판세 분석은 새누리당이 130-150석, 더불어민주당이 80-120석, 국민의 당이 20-40석이었다. 그러나 선거결과는 새누리당의 패배였다. 더불어민주당이 123석으로 제1당, 새누리당은 122석으로 제2당, 국민의 당이 38석으로 약진했다. 공천과정에서 진박 논란 등 오만함을 보였던 박근혜 정권에

---

[22] 뉴시스, 「총선판세 새누리 140, 더민주 110+알파, 국민의 당 20+알파」 2016.4.7. 중앙일보 「청와대, 140석 초반 예상」 2016.4.8.

대한 국민 불신의 표출이었으며 박근혜 정권에 대한 중간평가적 기능이 민심에서 작동한 것이다.

진박 감별사까지 투입하여, 박근혜 대통령에 대한 충성심을 확인하는 권위주의적 양태. 그리고 세월호 사건 및 국정교과서 논란 등 과거 군사 권위주의 정권으로 회귀하고 있는 행태에 대해서 민심의 심판 기능이 작동한 것이다. 그동안 수많은 희생과 투쟁으로 쌓아 올린 한국의 민주주의가 훼손될지 모른다는 우려가 국민 공감대로 모아졌다. 민주당과 국민의 당으로 야권표가 나뉘어져 분열할 것이라 예상은 오히려 야권지지 세력의 확장을 가져왔다. 그동안 민주당이 충분히 담지 못했던 호남과 중도성향의 표를 국민의 당이 담아낸 것이다.

20대 총선은 민주주의를 파괴하려고 의도하는 박근혜 정권에 대한 심판이었으며, 총선의 심판 분위기는 이후 탄핵으로 이어졌다. 그러나 국민은 기계적으로 조사되는 수치적 여론조사에는 응답하지 않았다. 박근혜 정권을 심판해야 된다는 이심전심의 국민적 공감대를 서로 확인하고, 선거일인 4월 13일 당일, 표로써 민심인 국민공감대의 모습을 보여준 것이다.

급진개혁주의세력에 대한 재 심판

2012년 4월 11일에 실시된 제19대 총선 결과 역시 예상과 다른 결과였다. 이명박 정부의 실정으로 인해 새누리당이 패배할 것이라는 예상을 완전히 뒤엎고 박근혜의 새누리당이 152석의 과반을 넘는 의석을 차지한 것이다. 선거 며칠 전인 4월 6일 리서치뷰의 여론조사에서 새누리당이 34.7%, 민주통합당은 34.9%, 통합진보당은 10.2%의 정당 지지율을 기록했다. 선거 당일 출구조사에서도 새누리당과 민주통합당이 접전인 가운데 새누리당이 조금 더 우세한 결과가 나왔다. 그러나 뚜껑을 열어 본 결과 판이한 상황이 연출 되었다. 새누리당이 152석, 민주통합당은 127석, 통합진보당은 13석을 차지했다.

2012년 19대 총선 [23)]

구분	4월 2-6일 정당지지율 여론조사	4월13일 개표결과
새누리당	35%	152석
민주통합당	31%	127석
통합진보당	7%	13석
자유선진당	2%	5석

새누리당은 박근혜 의원을 비대위원장으로 임명해서, 이명박 정권과의 차별성을 분명히 보여주었다. 경제민주화의 중요성을 주장했던 김종인 전 의원과

---

23) 「역대 총선은 여론조사의 무덤이었다」, 『주간조선』, 2020.2.8.

이상돈 중앙대 교수를 전격적으로 영입하여 중도보수 이념성향을 강화했다. 공천과정 중 친이계 의원들을 탈락시켜 이명박 정권과 완전히 다르다는 점, 박근혜 비대위원장 중심으로 새롭게 해나가겠다는 의지를 보여 주었다. 반면에 민주통합당은 통합이라기보다, 주류 정파인 친노 중심으로의 재편을 보

이상돈

여주었을 뿐이었다. 과거 열린우리당 주류였던 친노의 혁신과 통합, 그리고 중도우파 성향의 손학규와 한국노총 세력, 기존 민주당 등 3세력이 합쳐졌지만 당권을 한명숙 등 친노세력이 가져가면서 급진 개혁적 성격을 다시 보였다. 이는 노무현 정권에 대한 지난 대선에서의 심판과 2011년 서울시장 보궐선거에서 보여주었던 민심에 대해서 다시 한번 거스르는 태도였다.

2011년 서울시장 보궐선거는 한나라당에 대한 국민의 심판도 작용했지만 민주당 역시 강력하게 변할 것을 요구하는 민심의 경고였다. 무당파와 중도층의 강력한 지지를 받는 안철수 바람이 거세게 일었고, 안철수의 양보를 받은 무소속 박원순의 당선은 결코 민주당의 승리가 아니었다. 결국 이명박 정권 시절 줄곧 정권

2011년 9월 6일 세종문화회관에서 서울시장 보궐선거 불출마 입장을 밝힌 안철수 당시 서울대 교수를 포옹하는 박원순

내에서 야당 역할을 해왔던 박근혜가 이미지와 대표 얼굴을 바꾸는 선거전략을 통해, 보수층을 결집시키고 보수우파까지 확장하여 친노성향의 급진개혁주의적 정치행태를 보인 민주통합당을 패배시킨 것이다.

여론조사 상에서는 이명박 정권에 대한 중간평가적 성격으로 총선이 치루어질 것이라는 예측 지표가 나왔지만, 국민적 공감대인 민심은 다시 한번 급진주의저 정치 세력에 대한 견제를 택한 것이다. 김용민의 막말 설화 사건은 민주통합당의 추락을 더욱더 부채질하였다.

견제와 균형의 민심이 작동

2008년 4월 9일 치루어진 제18대 총선은 2007년 12월 대선에서 한나라당의 이명박 후보가 압승을 거두었고, 그 이후 벌어지는 선거였기 때문에 집권 여당인 한나라당의 압승이 예상되었다. 더욱이 통합민주당은 중도 우파적 성향이 강한 손학규를 내

2007년 12월 당시 이명박 한나라당 대선 후보가 대통령 당선이 확정된 뒤 여의도 한나라당 캠프 앞에서 지지자들의 환호에 손을 흔들어 답하고 있다.

세웠지만, 당을 다시 추스르기에는 시간적, 물리적으로 부족하였다. 물론 한나

라당은 과반을 넘는 의석수 달성에 성공했지만 153석으로 개헌선인 2/3에는 훨씬 못 미쳤다. 민주통합당 역시 선거 이전보다는 상회하는 81석을 얻었다. 그러나 변수는 보수층 내에서 벌어졌다. 한나라당을 완전히 밀어준 것이 아니라, 비례는 친박연대에게, 충청권은 자유 선진당에게 힘을 실어주었다. 친박연대와 자유선진당은 선거 직전 여론조사에서는 5%도 안 되는 지지율을 나타냈지만, 선거 결과는 두 자리 수자의 의석수 달성을 보여주었다. 민심은 균형과 견제를 택한 것이다. 민심의 균형추가 작동하여 권력의 과점을 막은 것이다.

2008년 18대 총선[24]

구분	3월 30일 정당지지율 여론조사	4월 9일 개표결과
한나라당	42%	153석
통합민주당	15%	81석
민주노동당	6%	5석
친박연대	4%	14석
자유선진당	3%	18석

2004년 17대 총선

구분	3월 17일 정당지지율 여론조사	4월 15일 개표결과
한나라당	16%	121석
새천년민주당	7%	9석
열린우리당	47%	152석
민노당	4%	10석

---

[24] 「역대 총선은 여론조사의 무덤이었다」, 『주간조선』, 2020. 2. 8.

2004년 3월 12일 박관용 국회의장이 국회 본회의장 의장석에서 경호를 받으면서 탄핵안 가결을 선포하고 있다.

2004년 제17대 총선도 마찬가지 해석이 가능하다. 역시 국민의 견제와 균형이 작동했다. 2004년 3월 12일 총선을 불과 한 달여 앞두고 국회에서 노무현 대통령에 대한 탄핵안이 통과되었다. 새천년민주당과 한나라당, 자민련은 박관용 국회의장이 경호권을 발동시킨 가운데 탄핵안을 가결시켰다. 찬성 193, 반대 2표로 헌정사상 처음으로 현직 대통령에 대한 탄핵안이 국회에서 통과된 것이다. 그러나 노무현 대통령에 대한 탄핵통과는 야당에게 강한 역풍으로 몰려 들어왔다. 국민은 노 대통령이 대통령으로서의 중립성을 지키지 않고, 선거에 개입하는 발언을 여러 차례 한 것은 사실로 인정했지만, 대통령이 탄핵을 당할 정도는 아니라고 보았다. 실제 탄핵안이 발의된 3월 9일 실시된 여론조사에서 탄핵반대는 65.2%였지만 찬성은 30.9%에 불과했다.

4월 15일 총선 선거를 앞둔 예측 여론조사에서는 열린우리당의 압승이었다. 대통령 탄핵소추에 대한 국민적 반감이 바로 여론조사지표에 나타났다. 상당수의 예측조사에서는 열린우리당이 개헌선인 2/3를 넘는 것으로 나타났다. 지역구별 여론조사에서도 수도권과 호남, 충청은 물론이고 당시 한나라당이 절대 우세지역으로 손꼽히던 강남 3구와 TK에서 조차도 열린우리당 후보들이 한나라당 후보에게 우세를 보이거나 접전을 보이기 시작하면서 한나라당은 50석 안팎의 대참패가 예상될 정도였다.

KBS와 SBS가 진행한 선거 당일 출구조사도 선거 결과와 상당한 차이를 보였다. KBS는 출구조사에서 열린우리당 172석, 한나라당 101석을 점쳤지만, 국민은 열린 우리당에게 과반을 조금 넘는 152석만 주었다. 물론 여대 야소, 집권당 과반수 차지라는 이례적인 현상이 나타났지만, 선거 민심은 역시 균형을 선택했다. 열린우리당을 완전히 밀어준 것이 아니라 과반 이상의 의석수만 할애하고 견제세력으로서의 한나라당에게 제2당으로서의 121석을 주었다. 정당별 비례 득표율도 열린우리당이 38.3% 한나라당이 35.8%로 나타나, 선거전 실시된 여론조사 수치인 열린우리당 47%, 한나라당 16%와 현격한 차이를 보였다.

위와 같이 선거 시기에 여론과 민심은 정확하게 일치하지 않을 뿐만 아니라 다르게 나타난다. 공감대로서의 민심은 거대한 바다와 같은 것으로 공론장으로서의 여론을 좌우한다. 거대한 바다인 공감장은 언어의 소통장인 여론과는 다르다. 공감장은 해당 시기에 일시적으로, 감정전염 같은 형태로 이루어지는 것이 아니라, 오랜 세월 동안 무수한 사람들의 공감과 경험 등을 통해 형성된다. 그것이 바로 선거 때 항시 나타나는 권력의 균형성 추구이다. 대통령 권력, 혹은 집권 권력이 필요 없이 과다하다고 느껴지게 되면 국민은 중간평가를 통해 권력의 오만함과 과잉성을 견제한다. 여소야대 정국이 형성되는 것이다. 20대 총선 시 박근혜 정권이 의외의 필패를 당한 사례가 대표적이며, 19대, 18대 총선에서도 마찬가지로 민심의 균형추는 항상 작동했다. 정치의 중도를 추구하기 위한 공감대의 발로였다. 중도와 균형의 정치 권력이 국민을 편안하게, 행복하게 해줄 수 있는 장치라는 점을 국민은 그동안 쌓여온 공감대를 통해서 알고 있기 때문이다.

사회학자 브르디와(Bourdieu, 1973)는 「여론은 존재하지 않는다」는 논문에서 여론조사는 통계적 대표성은 확보할 수 있으나 정치적 대표성은 확보할 수 없다고 비판했다. 정치학자 잴러(Zeller, 1992) 역시 여론조사는 일반 시민의 소리를 통계적으로 집적한 것에 불과하므로 여론을 잘 측정하지 못한다고 주장한다. 25)

브르디와

---

25) 최인숙, 「한국 선거여론조사의 신뢰성 향상을 위한 제도적 방안」, 『정책개발연구』 제19권 제1호(2019.6.), 126쪽.

04 유용화의 국민공감정치

선거와 공천 – 무엇이 공천에 영향을 주는가

선거는 국민에게 신나는 일이다. 오래간만에 주인행세를 할 수 있기 때문이다. 배지를 단 국회의원들이 선거 시기에는 어김없이 '한 표 줍쇼'하면서 읍소한다. 그리고 유권자는 4년 만에 마음껏, 눈치 볼 것 없이 나의 귀중한 한 표를 행사한다. 그 한 표 한 표가 모여서 정치를  바꾸고 세상을 바꾼다. 역사를 새롭게 만들기도 했다. 정치권력자들의 오만함에 대해서 가감 없이 심판한다.

선거 시기가 되면 정당은 비상이다. 공천자를 결정하여 국민에게 인사 시켜야 하기 때문이다. 해당 정당의 공천자들은 정당이 총선 시기에 국민에게 내놓는 정치상품이다. 즉 향후 이런 사람들과 정당정치를 펼쳐나가겠으니, 이번 선거에서 한 표 부탁한다는 가장 대표적인 선거전략이다. 총선 시에 각 정당이 추구하는 여러 가지 선거전략이 있겠지만, 국민의 요구에 부응하는 새로운 인물보다 더 확실한 선거 승리전략이 있겠는가. 따라서 선거 정치상품인 공천자들을 시대의 흐름에 맞는, 민심에 어울리는 인물들로 천거하게 되면 국민의 동의를 받으나, 민심과 시대의 흐름에 반하는 사람들로 공천자들을 결정하게 되면 선거에서 역풍을 맞을 수가 있다. 그래서 각 정당은 가장 매력적인 공천자들을 선택하기 위해 노력한다.

하지만 공천자는 쉽게 결정되지 않는다. 민심에 완전히 입각해서, 즉 100% 국민 공감대를 반영하여 공천자를 결정하지 않는다. 그 이유는 현실정치에서는 매우 복잡다기한 요인들이 복합적으로 작용하여 공천과정에 개입되기 때문이다. 그 여러 요인 중 가장 주요하게 작용하는 변수는 정당 내 권력 관계이다. 공천과정과 공천자에 대한 결정은 당내의 현재 권력 관계를 반영할 뿐만이 아니라, 미래의 당내 권력 관계에 심대한 영향을 미치게 되기 때문에 정당 내의 지배 질서가 그대로 투영된다. 따라서 공천과정에서는 항시 당내 권력투쟁은 심화되며, 권력투쟁의 결과물로 결국 공천 결과가 나타난다고 해도 과언이 아니다.

공천은 정치 권력 과정속에서 진행되기 때문에 잘 드러나지 않는다. 그래서 갤러거와 마르쉬(Gallagher, Michael and Marsh, Michael)는 공천을 '비밀속의 정원(Secret Garden)' [26]이라고 명명했다. 정당의 공천과정은 배타적인 정치 권력이 개입하기 때문에 비밀스럽고 은밀하게, 어떤 경우에는 음모스럽게 진행된다. 특히 공개적인 상향식 공천방식이 일부 채용되기 전까지는, 그 비밀스러움의 정도는 매우 심했다.

정당 내 권력투쟁

민주주의 국가들의 공천과정을 연구한 필드와 시아벨리스(Field, Bonnie N. and Siavelis, Peter M.)는 당내 권력투쟁을 공천영향의 주요 요인으로 여겼다. 파벌과 정당 엘리트들 간의 싸움 및 흥정이 공천과정에서 1차적으로 작용하는 것으로 보았다. 또한 내부 권력투쟁이 공천규칙의 변화를 이끌어내기 까지 한다고 설명했다. [27] 한국 정당들도 어김없이 공천 시기에는 내부 권력투쟁이 치열하게 전개되었다. 특히 국민참여경선제라는 공천방식이 채용되기 전까지는 정당 엘리트들의 내부 권력 관계만이 공천 결정의 직접적인 요인으로 작용했다.

---

26) 갤러거와 마르쉬는 1988년 연구에서 공천과정을 비밀의 정원(secret garden)에 비유하기도 했다. Gallagher, Michael and Marsh, Michael *Candidate Selection in Comparative Perspective*, London: Sage, 1988.

27) Field, Bonnie N. and Siavelis, Peter M. "Candidate Selection Procedure in Transitional Polities : A Research Note", *Party Politics* VOL 14, No. 5(2008,09) pp. 627-629.

공천을 받기 위해서는 일단 동아줄을 잡아야 한다. 동아줄을 잡기 위해 공천 시기에는 별별 희한한 작태와 천태만상이 다 벌어진다. 공천헌금은 일상사였다. 정치자금의 비밀통로가 공천 시에는 개설되었다. 전국구 순번은 공천헌금 액수에 따라 정해진다는 것은 정설이었다. 그러나 무엇보다 중요한 것은 확고한 충성심을 보여주는 일이었다. 당내 실력자 계보의 앞 순위에 올라가 있어야 한다. 어정쩡하게 서 있으면 공천은 사라진다. 당내의 실력자, 권력자들은 계보를 형성해서 계보원들과 후원-수혜 관계를 형성한다. 그러나 계보 줄을 잘못 섰다가 공천에서 탈락하는 경우도 부지기수이다. 권력을 계속 유지할 만한, 향후 권력을 장악할 만한 실력자에게 정치적 생명을 의탁해야 하는 것이다. 특유의 정치 감각이 필요하다.

최근 2016년 새누리당 공천과정에서는 진박감별사가 등장했다. 박근혜 대통령에게 충성심이 없는 자는 공천을 주지 말라는 엄명이 내려졌다. 박 대통령 최측근인 최경환 의원이 진박감별사로 등장해서. 새누리당의 주요 기반 지역인 대구·경북의 공천권을 행사했다.

원내대표 시절에 박근혜 대통령에게 반기를 들었던 유승민 의원은 진박이 아니라. Anti 박이었다. 유승민 계보들은 공천에서 우수수 탈락했다. 유승민 의원 역시 공천을 받지 못했으며, 탈당해서 무소속으로 출마했다.

2012년 새누리당 공천과 2008년 한나라당 공천은 당내 권력투쟁이 극명하게 드러났고, 권력투쟁의 결과가 배제적, 배타적으로 나타난 사례이다. 2008년 이명박 대통령 집권 초에 진행된 한나라당 제18대 총선 공천에서는 경선 경쟁자였던 박근혜 계보원들을 배제하는 공천 행위가 이루어졌다. 일명 친박학

유승민

살공천이었다. 당시 친박계의 현역 의원과 원외 당협위원장은 약 80-90명 정도였는데, 절반 정도만 공천을 받았다. 반면에 이명박 대통령에게 줄을 선 친이계 인사들은 경선 당시 130-140명에서 수십 명이나 몸집을 불렸다. 특히 이 대통령의 서울시장 시절 인맥과 대통령직인수위원회 참여자들 상당수가 공천을 받음으로써 이 대통령의 영향력이 커졌다.[28]

반면에 2012년에는 역전 현상이 나타났다. 박근혜가 당 비대위원장으로 전권을 쥐게 되자, 친이계 보복형 학살 공천양상이 나타난 것이다. 과거 친이계 인사들은 추풍낙엽처럼 공천에서 탈락했고, 친박계가 다시 득세하기 시작했다. 친이계의 몰락과 친박계의 부활이었다. 19대 총선 새누리당 공천 결과를 보면, 총 231명의 공천자 중 친박계는 현역 55명 중 42명이 공천을 받아 76%의 공천율을 보인 반면에, 친이계는 95명 중 33명 만 공천을 받아 35%의 공천율을 보였다 (박상운: 2012, 114).

---

[28] 「현역 128명 중 78명만 살아남았다.」, 동아일보 2008년 3월 17일.

민주당도 역시 내부 권력투쟁에 따른 공천과정은 유사했다. 2012년 제19대 총선에서 한명숙 대표를 내세워 당권을 장악한 친노계는 호남과 수도권, 부산 등 영남권에 범 친노계 인사들로 공천자들을 확정시켜 나갔다. 반면 민주계 인사들은 경선 자격도 부여받지 못하고 공천에서 탈락했다. 209명의 공천자 중 친노계는 89명이 공천을 받아 42%의 공천율을 보인 반면 구 민주계는 33명이 공천을 받아 16%의 공천율을 보여 거의 3배에 가까운 차이가 났다(박상운: 2012, 114).

한명숙

권력투쟁으로서의 공천특징은 배타성과 독점성이다. 공천권을 장악한 정당 권력자들은 자파 정치인 우선으로 후보를 공천할 뿐만 아니라, 경쟁 정파의 정치인을 공천과정에서 배제 시키기 위한 갖은 방법을 동원한다. 그 이유는 공천과정에 만들어진 당내 권력 관계는 미래의 권력 관계를 창출하기 때문이다. 즉 권력 관계의 확대 재생산과 지속성이 공천 권력에서 도출되기 때문이다.

정당 권력 관계의 반영으로서의 공천은 공천 이후의 정당 권력 관계 재형성에도 영향을 미치는 것이다. "캐츠와 메이어(Katz and Mair 1992), 파네비안코(Panebianco 1988), 웨어(Ware 1996)는 당내 권력분배가 의사결정 구조에 반영되어 후보 자격이나 후보선출권에 영향을 미치며, 이는 다시 당내 권력분배의 변화를 가져온다"[29]고 보았다. 현재의 권력 관계에 의해 결정된 공천권 행사는 이후의 정당

권력 관계를 가름하는 결정적인 요인으로 작용하게 된다. 누가 정당의 후보로 선정되는가 하는 문제는 내부의 권력 관계의 반영임과 동시에 향후 정당 내부 권력 관계에 영향을 미치는 중요한 요인이 되는 것이다. [30]

당내의 제정파와 정당 권력자들은 공천 시에 정치적 명운을 걸고 치열한 권력투쟁을 벌이게 된다. 현재의 공천 결과가 이후 자신들의 정치적 미래까지 결정하기 때문이다. 이러한 공천을 둘러싼 권력투쟁과 권력 관계의 형성 및 확대 재생산은 한국 정당 일련의 공천과정에서 지속적 성격으로 이어져서 나타났다.

공천 결과가 향후 정당 권력 관계를 재형성하는 이유는 공천 후보를 다수 취득한 정파가 정당 지역조직을 장악하게 되고, 선거에서 승리하면 의회 권력의 지분도 확보하게 되기 때문이다. 이들은 선거가 끝난 뒤, 공천 결정에서 영향력을 행사한 정파의 지도자 중심으로 조직을 재형성하게 되고, 차기 공천을 보장받기 위한 정파 강화 활동에 나서게 된다.

---

29) 박경미, 「18대 총선의 공천과 정당조직: 한나라당과 통합민주당을 중심으로」, 『한국 정당학회보』 제7권 제2호(2008), 44쪽, 재인용.
30) 최준영, 「한국 공천제도에 관한 연구동향과 연구과제」, 『한국 정당학회보』 제11권 제1호 (2012),, 60-61쪽.

정당권력관계 반영으로서의 공천 성격

구분	내용
기본적 성격	정당 내 구성원들의 힘의 역학관계에 따라 공천방식이 결정됨, 정당 권력 관계의 반영물
권력투쟁적 성격	내부의 권력투쟁의 결과물로서의 공천, 배타성, 독점성
권력관계에 대한 종속성	공천결정권자에 대한 충성, 우위의 권력자에 대한 추종
권력관계의 확대재형성과 지속성	공천과정과 결과가 공천 이후 권력관계 변화에 영향을 미침
정당권력관계 정의	정당 내의 힘의 우위와 질서에 따른 권력의 배분과 분화 정도

권력투쟁에서 나타나는 배타성과 독점성은 권력의 속성에서 연유한다. 막스 베버는 "정치란 국가들 사이에서든 국가 내 집단들 사이에서든, 권력에 관여하고자 하는 분투·노력 그리고 권력 때문에 영향력을 행사하고자 하는 분투 노력을 뜻한다"고 하면서 권력적 관점에서의 정치는 "권력을 중심적인 수단으로 하는 지배와 피지배의 관계, 이를 획득하려는 갈등과 투쟁"이라고 정의내렸다. 또한 "권력의 배분과 유지 및 권력의 이동에 관련된 이해관계가 문제 해결에서 가장 중요한 요소이자 정책 결정을 제약한다"[31]라고 밝히고 있다. 한국 정당의 권력 관계를 좌우하는 주요 요소 두 가지가 있다. 대통령 권력과 정파 권력이다. 두 권력은 상호불가분의 관계에 놓여져 있는데, 그 이유는 한국의 제왕적 대통령제 속성 때문이다. 대통령 권력이 과잉권력으로 존재하면서, 그 과잉권력을 향유하기 위한 정파 권력이 함께 움직인다.

---

31) 최장집 엮음 박상훈 옮김, 『막스베버 소명으로서의 정치』, (폴리테이아, 2011), 111쪽.

04

대통령 권력과 정파 권력은 한국 정당공천에 영향을 미치는 주요 변수라고 할 수 있다. 이외에도 한 가지를 더 추가한다면 지역이다. 통칭 지역주의라고 하는데, 대통령 권력과 정파, 그리고 지역주의는 공천과정에 주요 변수로 작용하면서 공천 결정요인에 영향을 미친다.

대통령 권력이 공천에 미치는 영향

한국 정당공천에 미치는 대통령 권력의 영향력은 막강하다. 현직 대통령이 정당공천에 미치는 영향력뿐만 아니라, 미래의 대통령 권력을 지양하는 유력 대선주자도 정당공천에 상당한 영향력을 미친다. 그 이유는 제왕적 대통령제에 기인한다. 정치권력 중 대통령 권력이 정당공천에 미치는 힘과 영향력이 워낙 막강하기 때문이다.

대통령 권력의 공천과정 지배 정도는 87년 민주화 이전과 이후로 크게 대별된다. 전통 여당의[32] 경우에는, 87년 민주화가 이루어지기 전에는 대통령 권력이 사실상 공천과정에 직접적 지배성을 가졌다고 볼 수 있다. 87년 이전 전통 여당

---

32) 본 글에서 전통여당은 박정희 정권시절의 공화당부터 민정당, 그 이후 민자당과 신한국당, 한나라당, 새누리당으로 이어지는 인적네트워크와 정당문화, 당의 조직적 기반, 이념지향성 등의 연속성을 계승한 정당을 말한다.

공천과정에 미쳤던 대통령 권력의 영향력은 거의 절대적이었다. 더욱이 권위주의적 정권시절, 공천은 의회 권력을 장악하기 위한 수단과 방편이었다.

87년 이후 민주적 선거제도의 공공성이 확립됨에 따라 대통령 권력은 민심의 눈치를 보기 시작했고, 민심의 흐름에 조응하는 공천과정 영향력을 행사하려고 했다. 하지만 그 지배성은 여전히 직접적이었다. 물론 2002년 처음 시행된 국민참여경선으로 인해 대통령 권력이 공천과정에 직접적 영향력을 행사하는 정도는 상대적으로 약화된 것이 사실이다. 하지만 지금까지도 상황에 따라 직·간접적으로 미치는 영향은 결코 무시할 수 없다.

한국의 대통령이 정당공천에 영향력을 발휘한 역사는 자유당의 이승만 대통령 때부터 시작되었다. 이승만은 대통령 직선제를 앞두고 1951년 12월에 자유당을 창당한 후, 1954년 실시된 총선에서 처음으로 정당 공천제를 실시했다.33) 이승만은 처음에는 정당정치의 필요성에 대해서 별반 인정하지 않았었다.

이승만

이승만은 정당을 파벌로 여겼는데, 이는 미국 건국 초기 정치인들의 영향을 받은 것으로 추정된다.34) 그래서 1948년 제헌의회 선거, 1959년 제2대 국회의원

---

33) 김용호, 『한국 정당정치의 이해』, (나남, 2001), 40쪽.
34) 실제, 미국 건국초기의 정치인들은 정당을 파벌로서의 부정적 결과로 간주했다. 박상철 역

선거에서 이승만은 정당을 기반으로 총선에 임하지 않았다. 그러나 이승만은 개헌을 통해 대통령 직선제를 관철시키겠다는 의지를 굳힌 후 자유당을 창당하게 되었고, 공천집행을 통해 자신의 정치적 기반을 만들어 나갔다.

여당으로서의 한국 정당은 위로부터, 국가 기구적 성격으로 조직화 되었다. 이승만의 자유당은 1951년 창당하여, 이승만 대통령의 집권용 정당으로 기능했다.

박정희

1961년 박정희 군사 쿠데타 이후 창당된 민주공화당 역시, 박정희국가 세력에 의해 그 조직이 갖추어졌다. 전두환 신군부가 세운 민정당도 국가권력으로부터 만들어진 관제 형 정당 성격을 벗어나지 못하였다. 이를 두고 강원택은 "권위주의 시대의 집권당은 국가 조직의 한 부분으로 출발했다고 보는 것이 적절하다. 이승만 집권기의 자유당이나 박정희 집권기의 공화당, 그리고 전두환 집권기의 민정당 모두 사실상 국가 기구의 한 부분으로 등장했다"35)라고 했다.36)

시 "이승만대통령은 집권초기 미국 초대대통령 조지 워싱톤처럼 정당을 붕당이라 하여 도외시하였다가 대통령의 국회간선제 당시 지지여당이 없던 점을 통감하고 동시에 권력유지의 강력한 정치수단으로 뒤늦게 자유당을 창당하였다"고 밝히고 있다. 박상철, 「정당공천의 헌법적 쟁점과 개선방향」, 『공법학연구』 제9권 제2호(2008), 125쪽.
35) 강원택, 「정당연구에 대한 비판적 검토: 정당조직 유형을 중심으로」, 『한국정당정치연구방

그렇다면 이승만이 자유당에서 정당 공천제를 도입한 이유는 무엇인가. 김용호는 자유당이 정당 공천제를 도입한 배경은 "이승만 대통령의 중임제한을 철폐하는 개헌을 추진할 의도 아래 개헌에 찬성하는 인사를 당선시키기 위해 공식적인 정당 공천제를 실시했다"[37]라고 밝히고 있다. 한국 정당에서의 공천제 실시 배경이 대통령의 사적 이익을 취득하기 위한 수단이었다는 설명이다. 자유당의 공천은 이 대통령의 장기집권 수단 외에 당내 정적을 사전에 제거하는 용도로 활용되었다. 이 대통령은 자신에게 충성하지 않는 현역 의원이 재선

법론』(나남, 2012), 281 쪽.
36) 박찬표도 '여당은 국가에 편입된 국가권력의 종속물이 되었다, 고 밝힌다. 실제 한국 여당의 국가주의적 성격은 그 조직을 살펴보면 확실하게 알 수 있는데, 공화당 조직은 "권위주의 목적에 따라 선거조직 동원과 득표조직용으로 이루어졌다. 공화당 조직은 선거정치에서 권위주의 체제가 득표를 위해 대중을 위로부터 동원하는 방식을 보여주고 있으며, 그 형태는 중앙당, 시도지부, 지구당이라는 지역에 근거한 지부조직을 유지하면서, 지구당 내에 지역구협의회, 부녀회, 청년회, 관리장, 활동장, 연락장, 동책, 반책 등을 두고 조직을 관리하는 것이었다. 박찬표,「전문가 정당 정치론 대 대중 정치론」,『어떤 민주주의인가』, 최장집 · 박찬표 · 박상훈 편(후마니타스,2007),237쪽.
김용호도 한국의 여당 특성에 대해 이렇게 정리한다. "한국의 4개 대통령 소속당은 모두 권력을 장악한 후 최고 통치자의 지시에 의해 위로부터 창당된 공통점을 가지고 있다. 한국의 대통령 소속당은 독립운동, 노동운동, 환경운동, 민주화운동 등 대중의 정치적 동원을 위한 목적에서 출발하지 않고 최고 통치자가 추구하는 정치적 목적을 달성하기 위해 창당되었다. 자유당은 이승만 대통령이 직선제 개헌을 추진하기 위해 창당하였고, 공화당과 민정당은 박정희와 전두환 장군이 자신의 권력유지와 군부의 정치참여를 위해 창당하였고, 민자당은 노태우 대통령이 분점 정부를 해소하는 것은 물론 내각제 개헌을 추진하기 위해 3당 합당을 통해 창당하였다. 김용호(2001), 39쪽.
37) 김용호,(2003), 9 쪽.

되어 정치적 영향력이 확대되는 것을 우려하여 공천과정에서 배제하였다. 한국에서의 정당공천시스템은 이처럼 최고 통치자의 정치적 목적을 달성하려는 수단으로 첫선을 보였다.[38]

박정희 대통령과 전두환 대통령의 제3, 4, 5 공화국 시절의 대통령 권력은 더욱 강해졌다. 군부 권위주의 정권하에서의 최고통치권자의 권력은 무소불위 상태였으며, 군부세력이 창당한 정당은 군부 세력의 집권기반으로 작용했으며, 공천 역시 군부 집단의 정치적 통로로 적극 활용되었다. 군부정권은 전국구 비례대표제를 도입하여 지역 기반이 약한 군부 출신 정치인들을 국회의원에 충원되는 길을 열었으며, 공화당의 경우 지역구 공천에 탈락한 인사를 대통령이 국회의원으로 추천하는 경우가 많았다. 전두환 대통령의 1인 통치의 성격이 강했던 민정당의 공천과정은 전두환 대통령이 좌지우지했다(김용호:2003, 8-9).

1987년 민주화 이후에도 대통령 권력이 집권 여당의 공천에 미친 영향력은 막강했다. 6공화국 노태우 대통령과, 문민정부의 김영삼 대통령은 여당의 공천과정에 직접적으로 관여했으며, 김대중 대통령과 이명박 대통령 역시 동교동계와 친이계 측근들을 통해서 실질적인 공천권을 집행했다.

박근혜 대통령 집권하에서도 친박계 정치인들이 2016년 총선 공천에 최대의

---

[38] 박상철,(2008), 125-126쪽.

영향력을 발휘했다. 현직 대통령뿐만 아니라, 유력 대선주자 역시 정당의 공천권에 직접적으로 개입했다. 전일적 공천권을 행사하지는 못했어도, 당내 권력 관계에 따른 지분을 할당받아 자파의 정치인들이 공천을 받는데 그 영향력을 행사했다.

1987년 이전 권위주의 정권하에서 최고 통치자인 대통령이 여당의 공천권에 지배권을 행사한 이유는 수직적 권력 관계가 당내에서 형성되었기 때문이다. 역시 1987년 민주화 이후에도 대통령이 집권 여당의 공천권에 직접적 영향력을 행사한 것은, 한국의 대통령제의 권위주의적 잔습이 강하게 남았기 때문으로 볼 수 있다.

1987년 직선제 개헌 투쟁은 절차적 민주주의로서의 '대통령을 국민 손으로 직접 뽑는' 민주주의제도를 얻어냈다. 그리고 헌법을 개정하여 대통령의 장기집권 방지용으로 '대통령 단임제로서 임기 5년'을 명기했다. 그러나 단임제와 임기만 바꾸어 놓았을 뿐, 권위주의 시기에 가졌던 대통령의 막강한 권한은 온존되었다. 즉 현행헌법이 충분한 국민적 합의의 과정을 거쳤다기보다는 당시 신군부세력의 양보와 정치 지도자들 간의 정치적 이해관계에 의해 임시방편적으로 개정된 측면이 강하다고 할 수 있다.[39]

---

[39] 김혁, 「한국대통령제의 평가와 발전적 제도화의 모색」, 『한국정치연구』 제16집 제1호(2007), 143쪽.

헌법학자 전찬희는 "현행 대통령제는 권력분립보다 권력 융합적 성격이 매우 강한 독특한 성격을 가지고 있다고 본다. 따라서 대통령은 행정부뿐만 아니라 실질적으로 입법부, 사법부, 헌법재판소 나아가 중앙선거 관리위원회의 구성까지 영향력을 행사하게 되어 제왕적 대통령제라고 비판받기도 한다."라고 하면서, 국회의장 역시 여당이 의석수를 다수 차지하게 되면 대통령이 원하는 인물이 의장이 될 수 있고, 대법원장, 헌법재판소 재판관, 대법관도 국회의 동의가 필요하지만 임명권자인 대통령의 의중이 강하게 반영된다.[40] 고 밝혔다.

황태연은 한국의 대통령제에 대해 "국가수반(국가원수)과 정부수반(행정수반)을 겸직하는 미국식 권한집중에 더해 비상대권(선전 포고 권, 계엄 선포 권, 긴급명령권 등)과 헌법 개정 발의권, 국민투표 부의권까지 쥐고 있는 한국의 '제왕적 대통령제,는 과도한 권력집중 제도"[41]라고 그 문제점을 지적하고 있다. 최장집 역시 "한국의 대통령은 국방과 외교의 전권을 가질 뿐만 아니라, 경제사회 정책의 형성과 집행, 국가 예산의 수립과 집행을 포함해 국내 정책을 총괄하는 최고 행정수반이며, 한국의 대통령제가 미국의 대통령과 비교할 때 엄청난 권력을 향유하고 있다.[42]라고 하면서 민주화 이후 한국 정치와 권력 구조는 강력한 대통령

---

40) 전찬희, 「분권형 대통령제에 관한 연구」, 『미국헌법연구』 제25권 제3호(2014), 497–499쪽.
41) 황태연, 「유럽분권형 대통령제에 관한 고찰」, 『한국정치학회보』, 39(2), 한국정치학회,(2005), 45–46쪽.
42) 최장집, 「강력한 대통령제는 한국의 민주주의발전에 얼마나 기여하는가」, 최장집 박찬표 박상훈 편『어떤 민주주의인가』,(서울, 후마니타스, 2007), 160쪽.

-허약한 의회-허약할 뿐만 아니라 제도화조차 되지 못한 정당(체제)으로 특징 지울 수 있다"43)라고 밝혔다.

제왕적 권력을 향유 하는 한국의 대통령 권력이 승자독식의 경쟁구조하에서 선출된다는 점은 공천의 공공성을 더욱 왜곡시키게 된다. "한국의 대통령제는 승자독식의 게임구조를 발전시키게 되므로 정치적 경쟁은 최다득표의 가능성이 많은 사회적 쟁점 중심으로 집중적인 경쟁과 동원이 이루어지게 된다."44) 결국 대통령 권력을 장악하기 위한 정당의 대권후보는 각기 자파의 정치인들을 세력화하기 위해, 사전에 시행되는 총선에서 공천권을 행사한다. 공천을 받기 위해 정당의 정치 엘리트들은 유력 대권후보에게 편승할 수밖에 없는 정당 문화를 만들어내게 된다. 한국 대통령제의 제왕적 성격은 대통령이 정당공천권에 직접 개입하고 영향력을 행사하게 하는 파행적인 정당의 권력 관계를 만들어내는 것이다.

정파(Faction)와 공천의 함수 관계

정파 역시 공천과정에 영향력을 행사한다. 그리고 당권을 장악해 공천과정을

---

43) 최장집(2007), 162쪽.
44) 김혁(2007), 145 쪽.

지배하기 위한 당내 권력투쟁에 집중한다. 한국 정당 내의 각 정파들은 당권을 중심으로 상호 배타적, 경쟁적으로 권력투쟁을 벌여왔다. 또한 분열적 요소가 극에 달하면 탈당하여 새로운 정당을 창당하기도 했으며, 재결합하기도 했다. 한국 정당의 각 정파들은 그 인맥적 네트워크를 형성하면서 정당의 조직적 연계를 이어왔다.

민주공화당의 공화계와 유신 정권하에 형성된 하나회 세력들은 신군부가 창당한 민정당까지 이어졌으며, TK사단 역시 한국 여당의 주류로서 활동해 왔다. 박근혜 정부에서 청와대 비서실장을 지냈던 김기춘은 박정희 정권하에서 주요 요직을 차지했던 인물이다. 박근혜 대통령의 원로자문그룹으로 알려진 7인

김기춘

회 멤버들 중 상당수가 과거 박정희 전 대통령과 상당한 친분을 맺었던 인맥이라는 점을 볼 때 한국 전통 여당의 정파적 지속성을 볼 수 있다.

한국 전통 야당[45]은 그 뿌리를 1955년 민주당에서 찾는다. 민주당은 상해 임시

---

45) 전통야당 역시 1970년대 신민당으로부터 통일민주당, 평민당, 새정치국민회의, 새천년민주당, 통합민주당, 민주통합당, 새정치민주연합, 더불어민주당으로 이어진 정당이다. 정당의 명칭은 선거환경의 변화에 따라 변해왔지만, 인적네트워크와 지역을 기반으로 한 조직적 성격, 정치문화와 이념 지향성 등을 고려할 때 그 정통성을 이어왔다고 볼 수 있다.

신익희

지청천

조병옥

정부세력의 정통성을 갖고 있다. 1955년 임정 요인이었던 신익희·지청천·조병옥(국내 임정파, 전 신간회 총무)이 중심이 되어 이승만 극우 독재체제에 맞서는 민주당을 창당한 것이다.

1954년 사사오입 개헌으로 이승만이 문민 독재 형태로 나아가자 반 이승만 세력인 제 정파 세력이 총집결하여 창당한 당이 민주당이다. 민주당 내에는 신파와 구파가 존재했으며, 1967년 대통령 선거를 앞두고 창당한 신민당 내에서 김대중계와 김영삼계, 이철승계 등이 존재했고, 이후 상호 경쟁과 대립 각

이철승

축하면서 신민당을 이끌어왔다. 이들은 박정희 정권과의 투쟁노선에서 비타협적인 강경파와 협력적 관계를 유지하자는 온건파로 나뉘어져 있었다.

87년 이후에 현실정치에서 그 모습을 드러낸 동교동계와 상도동계는 직선제 개헌 등 민주화 투쟁을 통해 야권의 주요한 축으로 정치 활동을 해왔다. 동교동계와 상도동계는 수장인 김대중, 김영삼과 함께 민주화 투쟁을 함께 벌여왔다는 사실과 함께, 김대중과 김영삼을 대통령으로 만들기 위해 오랜 세월 동안 정치적 고통을 함께 해왔다는 특성도 갖고 있다. 이외에도 친이계 정파, 친박 그리고 친노 정파도 대통령 권력과의 연계성 하에서 형성되었으며, 유지되어 왔다는 공통성을 갖고 있다. 문재인 대표가 정권을 잡고 대통령이 되면서 친문 정파가 출현했다. 친노그룹과 인적 네트워크 상 중복되는 측면도 있지만, 새롭게 친문 그룹으로 형성되었다.

한국 정당 의 제 정파는 대통령 권력을 추구하는 정치 지도자의 성(姓)을 상징성으로 해서 정파 이름이 붙여졌으며, 대통령 권력의 정치적 생존과 그 운명을 함께 했다. 동교동계와 상도동계는 유력 대권 주자의 자택이 정치 활동의 본부(headquarter)로 사용되었다는 점에서 그 정파의 명칭이 붙여졌으며, 친노계

권노갑

정파가 아직도 이어져 내려오는 점은 노무현 전 대통령의 사망을 통한 정치적 구심력이 작용하고 있기 때문이다. 반면 친이계는 이명박 대통령 퇴임 이후에는 현실 정치권에서 영향력이 매우 상실되어 결속력이 상당 부분 와해 되었다. 동교동계와 상도동계 역시 김대중, 김영삼 대통령의 사망 이후 정파 응집력이

매우 약화 되었다. 단지 동교동계는 김대중 대통령의 후계자라고 할 수 있는 권노갑이 아직 생존해 있기 때문에 그 상징성을 이어오고 있으나, 상도동계는 와해되었다고 볼 수 있다.

한국 정당 정파의 또 다른 특색은 지역주의와 매우 강고하게 결합 되어 나타났다는 점이다. 특히 동교동계와 상도동계는 각기 호남과 경남의 지역을 기반으로 형성, 유지되었다. 기존 여권의 주류 정파인 하나회, 월계수회, TK사단, 친박계 역시 대구 경북지역을 정치적 기반으로 삼았으며, 친이계는 수도권을, 친노 정파는 부산. 경남지역을 정치적 기반으로 삼으려고 했다. 또한 이들 정파는 자신들의 정치적 지역 기반을 확보하기 위한 공천 투쟁을 벌였다. 타 정파가 자신들의 정치적 지역 기반에 공천을 받는 것을 절대 허용하지 않았으며, 정파 권력을 지역주의 권력과 결합시키려는 정당 내 권력투쟁을 벌여왔다.

정파는 정당의 역사와 그 궤를 함께한다. 정당 권력을 장악하기 위하여 정치 패거리 형태로 운집하고, 자신들의 정치적 영향력을 정파라는 틀로 유지, 확대하였다.

벨러(Beller, Dennis C.)와 벨로니(Belloni, Frank P.)는 정파에 대해 상대적이고 유동성의 특징을 갖고 있으며. 조직적인 관점에서 그 정도와 수준에 따라 세 가지로 나누고 있다.

첫 번째 형태는 비공식적이고 개인적인 성향에 따라 일시적인 형태로 나타나는 정파적 패거리 혹은 무리, 두 번째 형태는 리더와 그 추종자들이 인적 관계로 형성하여 지속성을 유지하는 후원 - 수혜 그룹으로서의 정파이며, 세 번째 형태는 제도화되어 있고 조직화 된 정파라는 것이다.

벨러와 벨로니는 정파에 대한 속성도 설명하고 있는데, "개인적, 후원-수혜 정파는 정파 지도자 한 사람과 정파 구성원들 안에서의 위계질서에 기초하고 있고, 정파 구성원의 모집은 지도자와 추종자들 간의 개인적인 연관성으로 이루어져 있으며, 위계질서와 명령체계는 수직적 관계이고, 정파의 명칭 역시 지도자의 이름에 따르게 되며 정파의 상징성으로 표현된다. 또한 지도자의 자택 혹은 사무실이 비공식적으로 정파의 본부(headquarter)가 되며 정파 활동을 지속시키려면 새로운 계승자가 나타나야 되고, 기존 정파 지도자의 상징성을 함께 가지고 가게 된다."[46]라고 분석하고 있다.

국내 정치학자들도 정파에 대한 연구를 진행했다. 국내에서는 'faction'을 정파라고 번역하기보다 '파벌'이라고 번역하여 그 논의를 진전시켜 왔으며, 매우 부정적인 시각에서 다루고 있다.[47] 그 이유는 일본에서 고착화 되어 있고 제도

---

46) Beller, Dennis C. and Belloni, Frank P. "Party and Faction: Models of Political Competition" Faction Politics: Political Parties and Factionalism in Comparative Perspective, in D.C Beller and F.P. Belloni(eds) Oxford : Cio Press. Ltd. (1978) pp. 417-451.
47) 민준기는 "정치체계나 정치 체제 내에 인접한 곳에 존재한 배타적 성격을 갖는 집단으로서

화 되어 있는 '파벌정치'에 대한 부정적 선입관으로부터 연유된 것으로 여겨진다. 한배호는 한국 정당의 정파를 파벌이라고 규정짓고, 파벌을 정당의 하위개념으로 보고 있다. 또한 파벌에 대해 3가지 유형으로 나누었다.[48]

정파는 정당과는 분명히 구별되는 정치적 그룹이라고 할 수 있다. 정당 이전에 형성되기도 하고, 정상적인 정당 활동 과정 중에서 정치 엘리트들이 정치적 반대그룹과의 경쟁에서 승리하기 위해 자신들의 정치적 이해관계를 관철시키려고 만든 정치적 그룹이다. 제 정파들은 패거리로서 단순한 정치적 야망을

그것은 사회적인 친화력, 개인적인 충성심, 상호 교환 계, 공통된 이념, 공통의 자치 목표 등에 기초를 둔 고도의 응집력을 갖는 집단이며 그것이 속해있는 정당에 대해 영향력을 행사함으로서 정치권력의 분배에 영향을 미치려고 노력하는 집단"이라고 밝히고 있다. 민준기,「한국의 정당과 파벌형태」,『한국민주화와 정치발전』(조선일보사, 1988), 156쪽.

파벌을 집중적으로 연구한 박종성은 한국 정당 정치의 폐해는 파벌 때문이라고 지적한다. 박종성은 "한국의 파벌정치는 결국 '정당,이란 외피를 만만한 제도로 핑계 삼아 걸치고 억누를 길 없는 권력 장악의 욕망과 이를 실현할 인적, 물적 자원을 독점 관리하는 배타적 이기성을 바탕으로 삼는다." 박종성,『한국의 파벌정치』,(한울, 2012), 5쪽.

48) ① **정서적 파벌**(personalistic faction): 개인적 정의적 유대관계가 파벌형성의 주요한 요인이 되었을 때, 출신배경, 학력, 경력, 지역적 연고, 개인적 친분 등이 사회적 유대에 기초한 파벌 유형

② **공리적 파벌**(utilitarian faction):구성원들 사이의 개인적 정치적 이해관계에 따라 이루어짐, 중요한 정치자원 분배과정에서 자신들의 정치적 이득을 추구하기 위하여 빈번한 이합집산이 이루어지고 파벌의 유동성이 매우 높아 파벌내의 응집력이 약하다.

③ **이념적 파벌**(ideological faction): 공통된 사회적 배경과 미래에 대한 공통의 열망으로부터 생기는 밀접한 사회적 유대뿐만 아니라 목표와 과업달성에 대한 행동의 일치가 이루어지고 가장 높은 정도의 응집성을 지닌 파벌이다. 한배호(1973), 313 쪽.

달성시키기 위해 발생하고 사멸하기도 하지만, 카리스마적 지도자 중심으로 충성스러운 강한 내적 결합을 통해 지속 되기도 하며, 이념적·정치 이슈적인 사안을 정파 방향으로 내세우기도 하고, 공식적이고 제도화된 형식 틀을 갖는 지속적 정파 그룹으로 발전되기도 한다. 또한 정파는 각 나라의 문화적이고 사회경제적인, 정치 제도적 영향을 받아 형성된다. 한국 정치에서도 제 정파는 각이한 형태로 형성·발전되었으며 현실정치에서 주요한 정치적 영향을 미치고 있다.[49]

---

49) 정파(faction)에 대한 논의와 연구는 서구 정치학자들 사이에서 매우 광범위하게 논의되었다. 그 이유는 정파(faction)가 세계 어느 나라에도 그 문화적, 사회적 특성에 따라 고유하게 존재하고 있으며 정당내 외에서 정치영역에 영향력을 행사하며 존재하고 있기 때문이다. 로즈(Rose)는 "정파는 의회에서 의식적으로 조직된 활동을 통해 장기간에 걸쳐 광범위한 정책을 추구하는 의원집단이며, 의식적으로 조직된 잘 발전되어 기교적인 전문성과 위계, 의사 전달망 등을 갖추고 있는 집단이며, 정당 내에서 상대적으로 고도로 조직화 되고 영속적인 집단으로서 규칙적인 회합을 갖는 조직적인 특성을 갖는 집단"이라고 밝혔다. Rose, Richard "Parties, Faction, and Tendencies in Britian" *Political Studies*, VOL 12, NO1(1964), pp. 33-46.
자라스키(Zariski)도 "당내 정부의 규율기구와 당 정책의 수립, 그리고 당 지도부와 공직후보자 선출에 대한 영향력 확보를 위해 경쟁하는 세력"이라고 정파(faction)를 정의 내렸다. Zariski, Raphal "Party Factions and Comparative Politics: Some Preliminiary Observations" *Midwest Journal of Political Science* Vol. 4. 1(Feb. 1960), pp. 19.
반면 헌팅턴(Huntington)은 정파(faction)를 매우 부정적인 시각으로 보고 있다. 헌팅톤은 "정당발전과정을 네 단계로 구분하면서 정파(faction)를 그 첫 단계로 보았다. 헌팅턴은 정파를 정당의 미성숙단계로서 미약하고 일시적인 동맹, 경합하는 개인 또는 족벌 간의 경쟁을 하는 성격을 갖는다고 보았다. 그래서 정파는 지속성도 없고 구조도 확고하지 못한 집단으로서, 개인적 야망에 의해 좌우된다"고 밝혔다. Huntington, Samuel P. *Political Order in*

한국 정당정치에서 정파의 중요성은 공천 후보 선정 시 정당 내의 권력투쟁을 통해 결정적인 역할을 해왔다는 점이다. 특히 한국 정당의 정파는 대통령 권력과 함께 형성되었고, 유지되었으며, 공천 시 주류 정파는 대통령 권력과 동일한 이해관계를 가지면서 정당 내의 권력투쟁을 벌여왔다는 특징을 갖고 있다. 그러나 한국 정당의 정파가 반드시 부정적인 역할만 한 것은 아니다. 특히 독재정권 시절에는 정치적 탄압을 집단적으로 방어하고, 그 정치적 지향성과 이념성을 유지 시키기 위한 방파제 역할을 해내기도 했다. 그것은 한국 야당의 역사 과정에서 형성된 정당 특성이라고 할 수 있다.

동교동계와 상도동계

한국 정치의 야권을 이끌어 온 동교동계와 상도동계는 김대중, 김영삼이라는 카리스마적 리더십을 갖춘 인물을 중심으로 결집된 정파이다. 두 정파는 김대중, 김영삼 보스를 중심으로 끈끈한 결속력으로 뭉쳐있었으며, 보스를 대통령으로 만들어야 한다는 정치적 목적이 뚜렷한 집단이었다. 두 정파 구성원들의 동지애적 결속력은 70, 80년대 군부권위주의 정권하의 폭압적 탄압 하에서 형성되었다. 군사정권의 탄압 하에서도 배신하지 않고 형제적 동지애를 형성했다. 또한 두 정파는 단순히 양 김 씨의 대권을 위해서만 존재한 것이 아니라 구

Changing Societies(New haven and London: Yale University Press, 1968), pp. 412-413.

성원 대다수가 민주주의를 위해 투쟁해왔으며, 호남과 부산·경남의 지역을 대표하는 정치집단으로 성장, 발전했다. 1987년 민주화 이후 두 정파는 정당 체제를 형성하여 양 김 씨의 대권 프로젝트를 수행했으며, 현실정치에서 영향력을 행사하며 한국 정치의 한 획을 긋는 역할을 했다.

1987년 평민당과 통일민주당의 실질적 창당 멤버들은 군사독재정권하에서 그 정치적 신념과 고통의 경험을 함께 나누며 동지애와 정서적 일체감을 형성한 동교동계와 상도동계 양대 정파였다.

김대중과 평생 동지로서 죽음을 함께한 동교동계의 응집력은 단순한 동지애 이상이었다. "주군 김대중 대통령을 향해 절대적인 충성을 바쳤던 동교동의 가신 군단 가운데서도 권노갑은 항상 으뜸의 자리에 있었다. … 동교동 사람들의 엄격한 위계질서는 같은 가신 군단인 상도동과 구분 짓는 특징이기도 하다. … 동교동 가신들은 단순히 김 대통령의 정치적 아랫사람에 머무르지 않고 때로는 김 대통령의 동지로서 끈끈한 결속력을 자랑할 수 있었다."[50]

상도동계 역시 그 성향은 유사했다. 김영삼과 평생 동지로서 함께 해온 최형우의 술회에서 상도동계의 성향이 분명히 드러난다. "민주계는 권력이나 개인의 영달을 위해 모인 것이 아니고. 그 어려운 시절에 오직 민주화라는 가치를

---

50) 김기영, 「옥중 권노갑 DJ 향한 절규 님은 날버렸어도 나는…」, 『신동아』 (2001년 6월), 199쪽.

　　김옥두　　　한화갑　　　최재승　　　윤철상　　　설훈

위해 독립운동하듯 싸웠고 그러한 이념과 사상이 확고한 사람들로 뭉쳐진 집단…형제는 같이 죽을 수 없지만 동지는 같이 죽는다. 그러니 우리는 형제보다 더 귀한 인연이 있고 애틋하고 각별한 사이임에 틀림 없는 동지들입니다. 따지고 보면 우리 민주계는 모두 김 대통령의 정치 문하생입니다."[51]

동교동계의 출발은 호남인맥이었다. 동교동계 좌장이라고 할 수 있는 권노갑은 김대중의 목포 상고 후배이다. 또한 동교동계 핵심이라고 할 수 있는 김옥두는 전남 장흥, 한화갑은 전남 신안, 최재승은 전북 익산 출신이며 동교동계의 90% 가까이가 호남 출신이었다. 동교동계 6인방이라고 불리는 사람들은 김대중의 국회직 비서 출신들인데, 권노갑, 한화갑, 김옥두, 최재승, 윤철상, 설훈 등이다. 이들은 70년, 80년대 김대중과 함께 민주화 투쟁에 앞장서 옥고도 치렀으며, 오직 호남을 중심으로 하는 정권교체, 즉 김대중의 대통령 당선이 정치적 목표였다.

---

51) 「신한국당 고문 최형우(인터뷰)」, 월간조선 202, 97년 1월. 134-145 쪽.

동교동계는 저항적 지역주의가 형성되었던 호남사람들의 정치적 입장을 대변했으며, 호남지역의 자유주의적 이념적 성향과 민주화를 향한 정치 지향성을 추구했다. 이들은 동교동계 멤버십이라는 폐쇄적 정파 특징도 가졌으며, 그 멤버십은 김대중을 대통령으로 만들기 위해 온몸을 바치겠다는 결의와 충성심으로 표출되었다.

권노갑은 그의 회고록에서 김대중이 97년 대통령으로 당선된 뒤 자신의 심정을 피력하고 있는데 "1971년 이래 나의 꿈은 그분이 대통령이 되시는 것을 보고 싶다는 것이었습니다. … 그 분과 생사고락을 같이하며 걸어온 40여 년의 가시밭길이 파노라마처럼 스쳐 지나갔습니다. 26년 전인 1971년 대통령 선거에서부터 시작된 민주화 투쟁의 대장정이 마침내 오늘로 그 기나긴 여정이 마감한다고 생각하니 계속 눈물이 …" 52)

동교동계의 좌장인 권노갑의 정서는 바로 김대중을 중심으로 정권 교체를 바랬던 호남인들의 정서를 정치적으로 대변한 것이라고 볼 수 있다. 70-80년대 군부세력의 탄압을 견딘 이들은 87년 민주화 이후 평민당, 새정치국민회의, 새천년민주당의 창당주역이 되었으며, 김대중이 생존해 있을 때나 사후에도 강고하게 그 응집력을 발휘하며 호남을 대표하는 정치적 세력화 역할을 해왔다. 각종 총선 공천과정에서 동교동계는 실질적인 영향력을 행사했다.

---

52) 권노갑, 『누군가에게 버팀목이 되는 삶이 아름답다』(살림, 1999), 14-18 쪽.

호남지역은 물론이고 수도권 지역에서도 동교동계 인사들이나, 김대중과 동교동계 네트워크에 연관된 정치 엘리트들이 공천받을 수 있도록 하는데 결정적인 역할을 했다.

김대중계(동교동계. 내외문제연구회 소속. 1994년 14대 국회)

허경만	1938	전남 순천	성대 법대	10-14대
이우정	1923	경기 포천	캐나다 토론토대	14대
권노갑	1930	전남 목포	동대 경제학과	13 15대
한광옥	1942	전북 전주	서울대 영문	11,13-15대
김봉호	1933	전남 해남	전남대 농과대	10, 12-15대
김영배	1932	충남 논산	영등포 공고	10, 12-16대
김인곤	1928	전남 영광	성대 정치학과	13-15대
이희천	1927	전북 부안	전북대 문리대	13,14대
이경재	1932	전남 보성	조선대 경제	13, 14대
안동선	1935	경기 부천	성대 경제학	12, 14-16대
채영석	1934	전북 군산	중앙대 정외	13-15대
장재식	1935	광주	서울대 법대	14-16대
손세일	1935	부산	서울대 정치	11,14대
최낙도	1938	전북 김제	중앙대 법대	12-14대
박상천	1938	전남 고흥	서울대 법대	13-16대
김태식	1939	전북 완주	중앙대 경제	11, 13-16대
홍사덕	1943	경북 영주	서울대 외교	11, 12, 14-16대
강철선	1934	전북 옥구	전북대 법대	12-14대
이원형	1951	경북 영일	서울대 섬유	16대
추종남	1937	전남 담양	연대 중퇴	14대
김명규	1942	전남 광양	단대경영	14, 15대

김영진	1947	전남 강진	강진농고	13-16대
김옥두	1938	전남 장흥	한양대 전기공	14-16대
김장곤	1938	전남 나주	고려대 임학과	14대
김충조	1942	전남 여수	고대법대	13-16대
나병선	1934	전북 완주	육사	14대
남궁진	1942	전북 익산	고대 법대	14-15대
유인학	1939	전남 영암	전남대법대	13, 14대
문희상	1945	경기 의정부	서울대법대	14대
박광태	1943	전남 완도	조선대 법정대	12, 14, 15대
박석무	1942	전남 무안	전남대	13-14대
박지원	1942	전남 진도	단국대 경영	14대
박태영	1941	전남 장성	서울대 경제	14대
신계륜	1954	전남 함평	고대 행정학과	14-16대
양문희	1940	서울	연대 의대	14대
이윤수	1938	경기 광주	휘문고	14-16대
이협	1941	황해 서흥	서울대 법대	13-16대
임복진	1937	광주	육사	14, 15대
정균환	1943	전북 고창	성대 정외	13-16대
정상용	1949	전남 함평	전남대 법대	13, 14대
조순승	1929	전남 승주	서울대 정치	13-15대
최재승	1946	전북 익산	경희대 정외	14-16대
한화갑	1939	전남 신안	서울대 문리대	14-16대
황의성	1932	전남 구례	해사	14대
신기하	1941	전남 함평	전남대 법대	12-15대
오탄	1939	전북 부안	전북대 법대	13, 14대
이동근	1939	경북 성주	성대 법학	13, 14대

〈조의환 "한국 정당 파벌에 관한 연구" 동국대학교 박사학위 논문, (2001), p. 295.〉

최형우   김덕룡   서석재

부산·경남 출신이 대부분인 상도동계 역시 군사 독재 정권하의 민주화 투쟁과정에서 맺어진 끈끈한 의리와 정으로 뭉쳐져 있는 집단이었다. 최형우는 경남 울주, 황낙주는 경남 진해, 서석재는 경남 의창 출신이었으며, 동교동계만큼 호남 일색은 아니었지만, 부산, 경남 출신이 중심세력이었다. 실세 3인방으로 불린 최형우와 김덕룡, 서석재 등은 김영삼의 상도동계를 이끄는 리더들이었다. "이들의 공통점 중에서 단연 으뜸은 김영삼 대통령을 받들어 의리에 살고 의리에 죽는다는 신조로 살아온 것"53)이다. 김영삼과 상도동계가 부산·경남 출신이 중심을 이룬 것 역시, 권위주의 정권하에서 대구와 경북 출신들이 집권당의 주류를 형성하면서, 부산과 경남 지역주민의 반발을 대변했던 정치인들이라고 볼 수 있다. 이는 부산지역 주민들이 지역의 정치적 대표성으로 김영삼

---

53) 김종석, 「서점가에서 맞붙은 최형우, 서석재, 김덕룡의 차기 경쟁」, 『월간말』(1995년 3월), 54-59쪽.

과 상도동계를 인정했으며, 이들은 87년 이후 통일민주당을 창당하는 중심세력이 된다.

김영삼(상도동)계 (1996년 6월, 15대 국회)

황낙주	1930	경남 진해	서울대	8-10, 12-15
박성범	1940	서울	고대	15대
강성재	1939	전남 승주	서울대	15대
한이헌	1944	경남 김해	서울대	15대
김석원	1945	대구	서강대	15대
한승수	1936	강원 춘천	연세대	13,15,16대
김정수	1937	경남 함안	부산대	11-15대
이윤성	1944	함북 청진	외대	15,16대
최연희	1944	강원 동해	서울대	15,16대
강삼재	1952	경남 함안	경희대	12-16대
최병열	1938	경남 산청	서울대	15,16대
이경재	1941	경기 이천	서울대	15대
홍준표	1954	경남 창녕	고려대	15,16대
서청원	1943	충북 청원	중앙대	11, 13-15대
강재섭	1948	대구	서울대	13-16대
박관용	1938	부산	동아대	11-16대
이완구	1950	충남 홍성	성대	15,16대
김형오	1947	경남 고성	서울대	14-16대
박종웅	1953	부산	서울대	14-16대
서석재	1935	경남 의창	동아대	11-15대
김도언	1940	부산	서울대	15대
황병태	1935	경북 예천	서울대	13, 15대
김기춘	1939	경남 거제	서울대	15대

| 김덕룡 | 1941 | 전북 익산 | 서울대 | 1–16대 |
| 최형우 | 1935 | 경남 울주 | 동국대 | 8–10,13–15대 |

〈조의환(2001), 289–290 쪽.〉

공화계와 하나회, TK사단

한국 전통 여당의 정파의 흐름은 박정희 정권하에 형성된 공화계와 군부 출신들의 하나회, 그리고 노태우 정부 때의 TK사단, 민자당 합당 이후에 형성된 민주계와 민정계, 친이계와 친박계로 볼 수 있다.

공화계는 박정희 정부하에서 70년대에 국회직에 진출하거나, 당직, 정부 각료 출신들로 구성되어 있다. 대표적인 인사는 남재희, 신상초, 최영철, 정래혁, 이태섭, 홍성우, 김숙현, 정동성, 김윤환, 정희빈, 이양우, 고귀남. 이자헌, 권중돈[54] 등이다. 하나회는 박정희가 군부 내에 자신의 핵심지지기반을 형성하기 위해 만든 사조직이었다. 또한 하나회는 박정희의 군부 내 영남인맥 구축을 위한 정치적 포석이었다. 강창성과 조성관은 하나회에 대해 다음과 같이 설명한다.

"하나회의 모태는 칠성회로 박정희가 육사8기를 견제하기 위한 자신의 영남인

---

54) 구영수, 「민주정의당 연구」 『경남대학교 박사학위 논문』(1994), 53쪽.

맥 형성과정에서 11기생이 중심이 되어 구성된 것이 이른바 칠성회였다. 1961년 말 전두환, 노태우, 손영길, 정호영, 권익현, 최성택, 백운택 등 영남 출신 11기생들이 외견상은 권력과 무관한 친목 모임인 칠성회를 조직하여, 권력의 비호 아래 정규 육사 출신들을 비밀리에 포섭, 그 조직이 확대되자 명칭도 하나회(일명, 一心會)로 바뀌어졌고 군내의 유일한 사조직으로 탈바꿈해갔다."[55]

"하나회는 대통령을 두 명이나 배출한 80년대 한국을 통치해 온 얼굴을 드러내지 않은 최강의 파벌로 볼 수 있다. 5공화국에 이어 6공화국 정권에서도 하나회는 행정부, 입법부, 정보기관, 군의 요직을 독점해 오다시피 하였다. 하나회는 전두환을 중심으로 한 사조직으로 '하나회'란 이름이 붙이기 전에 육사 11기 동기들 사이에선 일명 '金泰煥'회로 통했던 것으로 알려져 있다. 육사 11기의 선두그룹에 속했던 金復東, 盧泰愚, 全斗煥의 이름에서 각각 한 글자씩 따온 것이다."[56]

하나회는 선배에 대한 충성과 보상으로 진급과 보직에 대한 보장을 확보할 수 있었으며, 입회 절차는 11기 동기들의 만장일치를 받아야 통과되었으며, 예비후보 기간 등을 두었다. 10·26 이후 노태우 정권까지 참모총장, 보안사령관, 수도방위사령관은 거의 하나회 출신들이 독점한 비밀 사조직이었다.

---

55) 강창성, 『일본/ 한국군벌정치』(서울: 해동문화사, 1991), 357-358쪽.
56) 조성관, 「비밀결사 하나회 인맥은 살아있다.」, 『월간조선』(1992년, 4월호), 201쪽.

또한 12대 국회에서 정규 육사 출신 15명 중 10명이 하나회 출신이었으며 13대 국회 개원 당시 9명의 육사출신 중 8명이 하나회 소속이었다(조의환, 2001: 166-168).

하나회 출신 정치경력

11기	전두환	대통령
	노태우	대통령
	권익현	민정당 대표
	이상훈	국방부 장관
	정호영	육군참모총장, 내무부장관. 국회의원
	안교덕	국회의원
12기	박준병	민정당 사무총장, 국회의원
	박세직	안기부장, 체육부 장관
	장기오	총무처 장관
	정동철	노동부차관
13기	최세창	국방부 장관
	이우재	체신부 장관
	정동호	청와대 경호실장
14기	이춘구	민자당 대표, 국회의원
	이종구	육군참모총장, 국방부 장관
	안무혁	국세청장
	장홍렬	조달청장
15기	이진삼	전 육군 참모총장, 체육청소년부 장관
	이대희	병무청장
16기	장세동	안기부장
	정순덕	민정당 사무총장

		최평욱	산림청장
17기		허화평	국회의원
		허삼수	국회의원
		안현태	청와대 경호실장
		이현우	청와대 경호실장
18기		이학봉	국회의원
		성환옥	청와대 경호실장
19기		최석림	청와대 경호실
20기		허청일	국회의원

<조의환 "한국 정당 파벌에 관한 연구"에서 발췌 정리>

대구·경북을 중심으로 한 TK사단 역시 한국 전통 여당에서 주요한 정파라고 할 수 있다. TK사단은 노태우가 민정당 총재 시절 영남지역을 중심으로 자신의 정치적 기반을 확고히 세우기 위해 만든 지역 정파적 인맥조직이다. "TK사단은 대구 경북 출신 의원 모임인 경구회慶邱會를 중심으로 형성된 세력으로, 노태우를 정점으로 하면서 때로는 경쟁적, 대결적인 면까지 보였다. 김윤환, 박준규, 정호영, 박철언 등이 각기 제 목소리를 냈으며, 오한구, 최운지, 유수호, 박준병, 황기윤, 이정무, 이원조, 강재섭, 최재욱, 이상회 등은 경북고 출신들이다. 이외에도 유학성, 이치호, 김용태, 이상득, 김중권, 박희태, 권해옥, 박준병, 박태준, 손주환, 박정수 등 대구 경북 출신들이 있다.[57]"

---

57), 224) 조의환(2001), 166쪽.

박준규　　박철언　　이치호　　박희태　　유수호

박철언은 노태우를 정점으로 세우면서 '월계수회라는 직계조직을 운영했다. 월계수회에는 박철언을 중심으로 김홍길, 이병용, 심기섭, 이광노, 나창주, 이원조, 박승재, 강재섭, 신영순, 이재광, 한승수, 이정무, 권달수, 조영장, 김중권 등이 포함되어 있었다." 하나회와 TK사단은 대구 경북지역을 중심으로 인맥을 형성했으며, 5·6공화국 시절 국정 운영을 좌우하던 여권 내 실력자들이 모인 그룹이다. 이들의 특징은 대구 경북 지역의 상층 정치엘리트 조직으로서, 반공개적으로 활동해왔다. 특히 하나회와 월계수회는 철저히 비밀적으로 움직였다. 이들이 반공개적, 비밀적으로 조직을 움직여 온 이유는, 권력의 요직을 독차지해서 나눠 먹기 위해서였을 것이다. 알려지면 외부 반발이 거셌을 것이기 때문이다.

하나회는 김영삼 문민정부 들어서 강제로 해체되고 그 맥이 끊겼지만, 군부 내에서 순혈주의적 엘리트 집단으로 그 세력을 형성하여, 군부와 정권의 핵심요직을 장악하여 지배층을 형성해왔다. 또한 육사 각 기수별로 재생산이 가능했기 때문에 권력의 계승과 전이를 내부 스스로 가능하게 만든 집단이었다. 하나회 출신 인사들은 12대 국회, 13대 국회에 진출했으며 민정당과 민자당의 핵심요직 및 정부 관료와 청와대 직까지 맡았었다.

노태우

노태우가 중심이 되어서 형성한 대구·경북지역의 TK사단은 역시 대구·경북지역의 정치 엘리트들의 정파였다. 한국 여당의 세력 판도는 박정희 정권 때부터 기반화 된 대구·경북지역을 누가 차지하느냐에 의해 결정되었다. TK사단 역시 여권의 전통적 지역 기반을 패권적으로 장악하기 위한 목적에서 형성된 정파였다. 하나회가 군부정권 시절 대구·경북지역 군부 출신들을 중심으로 한 영남의 패권적 지역 지배 그룹이었다면, TK사단 역시 군부 권력이 종식된 뒤, 민간정부에서 그 패권을 이어받은 상층부 패거리형 권력형 정파였다고 볼 수 있다. 대구·경북지역의 정치 세력은 이후에도 한국 여당의 중추적인 기반으로 작용했다. 그래서 이후 한국 여당의 공천과정에서 대구·경북지역을 장악하기 위한 권력투쟁은 공천과정에서 가장 치열한 모습으로 전개되었다.

친이계와 친박계

친이계와 친박계는 2007년 한나라당 대선 후보경선에서 이명박 후보 캠프에 모여든 멤버들 중심으로 형성된 정파이다. 즉 대권후보 캠프에 모여 지지하는

친이계 구성원

이상득	전 국회의원, 이명박의 친형
이재오	전 국회의원
백성운	대선 캠프 종합행정실장, 전 국회의원
정두언	대선 캠프 기획본부장, 전 국회의원
이주호	교육부 차관, 전 국회의원
박영준	전 국무총리실 국무차장
박형준	전 국회 사무총장(고려대 후배), 전 정무수석
강승규	전 국회의원(고려대 후배)
신재민	대선캠프 메시지 단장, 문화체육부 차관
장다사로	전 대통령 민정 비서관
주호영	국회의원, 전 비서실장
권택기	대선캠프 기획단장, 전 국회의원
김영우	국회의원
이춘석	대선캠프 조직본부장, 전 국회의원
임태희	전 비서실장, 전 국회의원
김두우	전 대통령실 기획관리 실장
김효재	대선 캠프 공보 담당, 전 국회의원, 조선일보 기자
이동관	전 홍보수석, 동아일보 기자
최시중	전 방송통신 위원장
박희태	대선 캠프 선대위원장, 당대표
진수희	전 여의도 연구소장 전 국회의원
장광근	당 사무총장, 당 대변인, 전 국회의원
강만수	대선캠프 경제정책 총괄 / 재정경제부 장관
곽승준	미래기획위원장, 고려대 교수
이방호	대선캠프 조직위원장, 당 사무총장

〈동아일보 2011년 6월10일/ 동아일보 2009년 12월 19일 자 취합 재정리〉

후보를 당선시키기 위해 모여 군집한 것이 그 출발점이다. 또한 친이계는 친박계와 상호 적대적 대립 관계에서 유지·지속되었다. 친이계가 이명박 후보를 당선시킨 뒤 권력을 공유한 반면, 친박계는 18대 공천과정에서 친이계로부터 공격을 받아 박근혜를 중심으로 결집력이 강화되었다. 19대 총선 공천과정에서는 역으로 친박계에게 공격을 가하여 친이계의 결집력이 형성되었다.

이명박 대통령 권력을 중심으로 형성된 친이계는 수도권 출신들이 대다수이다. 2007년 한나라당 대권후보 경선을 앞두고 이명박과 가까웠던 인물들은 안국포럼을 만들었다. 대선 캠프였던 안국포럼은 이상득, 이재오, 백성운, 정두언, 조해진, 박영준, 박형준, 김해수, 장다사로, 신재민, 주호영, 강승규, 권택기, 김영우, 이춘식 등이 원년 구성원이다. 이들 다수는 아레테(Arete)라는 인문학 연구단체를 꾸려 지속적인 결속을 다져왔으며, 이명박 대통령이 서울시장 재임 시절부터 이명박을 지근거리에서 보필해왔던 인사들이다.[58] 이들은 이명박 후보를 대통령으로 당선시킨 뒤 청와대 및 국회의원 공천을 받아 정권 실세로 행세했었다.

친이계는 이명박 대통령의 고려대 후배와 서울시 간부 출신들, 이명박의 형인 이상득과의 연고자 중심으로 모인 정치그룹이다. 이들 모두 '이명박'이라는

---

58) 뉴데일리 2008년 11월 10일 / 조선일보 2008년 4월 23일.

이름 하에 모인 정파로서 이명박을 대통령으로 당선시키기 위해 형성된 집단

친박계 구성원 명단	
최측근 그룹	1) 박정희 인연 멤버 　(7인회) 김용갑, 최병렬, 현경대, 안병훈, 김기춘, 강창희, 김용환 2) 실무보좌진 　정호성, 이재만, 안봉근 3) 개인 인연 　최외출, 최순실, 최순득, 정윤회
2002년 한국미래연합 창당	정광모, 양영태, 최필립, 김정욱, 김광웅, 하영태 등
2004년 한나라당 대표시절	유정복, 유승민, 이성헌, 진영, 허태열, 김무성, 이혜훈, 서병수
2007년 대선경선 후보캠프	김무성, 유정복, 유승민, 이성헌, 이병기, 허태열, 최경환, 홍사덕, 안병훈, 이정현, 김선동, 신동철, 장경상, 조동원, 백기상, 유정복, 최상화
정책그룹(7인회)	남덕우(전국무총리), 김광두(국가미래연구원장), 차동세(전 한국개발연구원 원장), 현명관(전 삼성물산 회장), 안종범(성대), 김영세(연세대), 이종훈(명지대), 방석현(서울대), 문용린(전 서울시 교육감)
2012년 대선 캠프	김종인, 이상돈, 김장수, 윤병세, 조윤선, 윤성규 등 추가합류

〈동아일보 2013년 3월 16일/ 동아일보 2015년 2월 28일/ 동아일보 2009년 5월 21일 취합 재정리〉

이었다. 또한 대통령 권력을 장악한 뒤에 권력 핵심부에서 활동하며 상호 친밀한 네트워크를 형성해 왔다. 친이계는 이념 지향적이거나 지역주의 기반을 갖고 형성된 정파는 아니었다. 대통령 권력 중심으로 정치적 이해관계에 의해

형성된 정치그룹인데, 그 이해관계 네트워크는 아직도 존속되고 있다. 이명박 대통령 퇴임 이후에도 정기적으로 회합을 갖고 있다.

친박계의 형성은 단순히 2007년 박근혜 캠프부터 출발하지 않는다. 박근혜의 정치역정이 장기간 동안 이루어져 왔기 때문이다. 부친인 박정희 시대 때의 인사들이 박근혜의 직접적인 조언그룹에 속하며, 이들의 자식들도 박근혜 대통령 만들기에 합류했었다. 박정희, 박근혜가 부녀관계로 이어지듯이 과거 박정희에게 충성을 다한 인물들이 대를 이어 박근혜와 인연을 맺었다.

대표적인 인물들은 박근혜의 원로 자문그룹이라고 불리는 일명 '7인회 멤버'들이다. 대통령 비서실장을 역임했던 김기춘은 유신헌법 초안을 만들었으며, 유신정권 말기 청와대 비서관을 지냈다. 김기춘의 사위인 안상훈 서울대 교수는 박근혜 대통령직 인수위원으로 지냈다. 박정희 정권 시절 현역 군인이었던 김용환 전 재무부 장관이 7인회의 좌장으로 알려져 있으며, 박정희 정권 시절 조선일보 정치부장을 지냈던 최병렬 전 한나라당 대표, 법무부 검사였던 현경대 전 의원, 하나회 소속 육군 중령이었던 강창희 전 국회의장, 조선일보 청와대 출입 기자였던 안병훈 등이 있다.

박근혜의 최측근 그룹도 있다. 박근혜의 가족이라고 불려도 손색없는 사람들이라고 하는데, 박근혜의 보좌관 출신들이다. 정호성, 이재만, 이춘상(사망), 안봉근 등이다. 이들은 1998년 박근혜가 의원 생활을 시작할 때부터 박근혜를 지근거리에서 보좌했으며, 청와대의 문고리 3인방이라고 불리며 박근혜 정권의 핵심 실세로 활동했다. 이외에도 영애 시절부터 알고 지냈던 최외출 영남대 교수와 최태민 목사의 딸 최순실과 정윤회 등도 박근혜와 개인적으로 고락을 함께했던 인물들로서 최측근으로 꼽혔다.

최순실은 결국 박근혜와 국정농단 사건 공범으로 법원에서 실형을 선고받았다. 김기춘과 문고리 3인방들도 마찬가지로 실형을 선고받았다. 박근혜와 최측근들의 정치 말로는 극도의 비참함을 보여주었다. 박근혜와 함께 한 신권 위주의 권력의 무상함을 보여주는 대목이다.

2002년 박근혜는 당시 한나라당 이회창 총재와 반목하면서 탈당, 한국미래연합을 창당했다. 사실상 대권을 향한 정치를 시작했던 것으로 볼 수 있는 시기였다. 이때 인연을 맺은 사람들이 있다. 이들은 박정희 전 대통령 시절 청와대에서 인연을 맺은 사람, 청와대를 나와 정수장학회나 육영재단을 통해 알게 된 사람, 대구 달성 지역구에서 인연을 맺은 사람들이다. 고 정광모 한국 소비자연맹 회장, 박정희 대통령 치과 주치의였던 양영태 자유 언론인 협회 회장, 박정희 전 대통령 밑에서 의전 공보비서관을 지냈던 최필립 전 정수장학회 이사장, 영남학원과 육영재단에서 이사를 지냈던 정욱 전 세종대 교수, 정수장학회 이사를 지낸 김광웅 숙명여대 명예 교수, 하영태 전 대구달성상공회의소 소장 등이다.

2004년 한나라당 대표로 취임했을 때 정치적으로 인연을 맺은 인물들도 있다. 비서실장이었던 진영, 유정복, 유승민, 이성헌과 사무총장직을 역임했던 허태열, 김무성 등이다. 이외에도 정책위의장을 지낸 서병수와 정책조정위원장 출신인 최경환, 이혜훈 등이 있다.

2007년 대선 경선 후보 캠프는 친박 그룹을 본격적으로 형성했던 시기로 볼 수 있다. 김무성과 유정복 이성헌 유승민과 이병기 여의도연구소 상임고문 등 5인이 경선 준비를 시작했다. 허태열과 최경환 의원도 합류했으며, 안병훈, 홍사덕 등도 주요 직책을 맡았다. 이외에도 박근혜 사조직 구성원으로 움직였던 이정현 김선동(정무비서관), 신동철(국민소통비서관), 장경상(청와대 행정관) 등도 있다.

2012년 대선 캠프에 합류했던 인물들은 기존 2004년 대표 시절과 2007년 대선 경선 후보 캠프에 합류했던 인사들 외에 추가로 김종인, 이상돈, 김장수, 윤병세, 조윤선, 윤성규 등이다.

친박계의 특징은 박근혜가 대통령으로 당선된 뒤 다양한 그룹으로 분화한 점이다. 박근혜에 대한 충성도가 그 기준이었는데 친박, 원박, 돌박, 탈박, 진박 등 '박'을 붙인 명칭이 10여 개나 된다. 이들은 정치적 격변기에 따라 이합 집산

하는 경우가 많았으며 박근혜의 비서실장을 역임했던 진영, 유승민 등은 박근혜와 등을 돌렸으며, 2017년 국회 표결 과정에서 탄핵 찬성 입장을 보였다.

박근혜는 부친인 박정희에게서 정치를 배웠으며, 권력의 생리를 누구보다 잘 알았을 것이다. 권력 생리에 따라 배신과 충성 그리고 정치적 이해관계에 따라 뒤바뀌는 정치인들의 생태를 누구보다 잘 파악했을 것이기 때문인지, 주변 인맥 관리를 권력이라는 물적 속성에 의해서 한다는 평가였다.

즉 사람에 대해 잘 믿지 않으며, 그러나 오랫동안의 관찰에 의해 믿음을 준다는 것이다. "측근들은 박 전 대표가 주변 사람을 인위적으로 관리하지 않는다고 말한다. 섣부른 판단이나 감정표현을 자제한 채 유심히 관찰할 뿐 자신의 휘하에 묶어두지 않는다는 것이다. 이런 박 전 대표의 측근 관리 스타일을 두고 '무(無)관리의 관리'라고도 한다.… 박 전 대표에게는 '2인자'라는 개념이 없다. N명의 측근 각각에게 'N분의 1'만큼씩의 권한을 줄 뿐 '심복'이 없다는 것이다.

박근혜를 중심으로 형성된 친박 그룹은 그 구성원이 박근혜의 정치역정과 깊은 관련이 있다. 부친인 박정희와의 인연을 맺은 인사들을 중용했으며, 지역적으로는 대구·경북지역의 인물들이 대다수이다. 그러나 박근혜를 추종했던 친박 세력은 정치권에서 그 영향력을 상당 부분 상실했다. 탄핵 선고를 받은 뒤 박근혜는 법원에서도 국정 농단 범죄 혐의로 유죄를 선고받았다. 단지 일명 태극기 세력이라고 해서 극우 정치집단과 극우적 경향성을 강하게 보이고 있는 극소수의 정치인들만이 친박을 자처하고 있다. 친박이라고 자처하면서 권력을 누려왔던 정치인들 중 일부는 박근혜와 함께 감옥에서 그 죄가를 치루고 있으며, 나머지 상당수는 구태 정치인으로 낙인찍혀 있다. 탄핵 대통령 박근혜와 함께 친박 역시 정치적 사망 선고를 받았다고 볼 수 있다.

결국 친박 세력은 과거 박정희 시대의 정치인들로부터 그 뿌리를 찾을 수 있다. 2012년 박근혜의 대통령으로 등장은 1970년대에 활개 쳤던 박정희 권위주의 정권의 재등장임이 인맥적 네트워크로 입증된다 할 것이다. 따라서 친박의 퇴조는 권위주의 정권의 잔재가 한국 정치 현실에서 사라지는 것을 뜻하며, 국민혁명이 친박세력을 최종적으로 심판했다는 것을 뜻한다.

친노 정파

친노라는 명칭은 다른 정파(친이, 친박, YS계, DJ계)등과 달리 '반노' '비노' 라는 명칭과 함께 사용되었다. 친노 그룹은 노무현의원 시절 보좌관을 활동했던 안희정, 이광재 등과 자문 정치인이었던 김원기, 이해찬, 한명숙, 임채정 그리고 대통령 재임 시절 등장한 부산 출신 문재인, 이호철 등이다. 2001년 대선후보 경선 시 캠프에 합류한 인사들과 청와대에서 비서진으로 활동했던 인사들, 그리고

    김원기   이해찬   한명숙   임채정   이호철

외곽에서 노사모 및 친노 지지 세력을 관리했던 유시민, 문성근 등도 친노 그룹에 속한다. 이들은 노무현 전 대통령 죽음 뒤에 더욱더 강고한 결집력을 보여 주었다. 즉 노무현 전 대통령 자살이라는 극한적인 사건이 노무현과 함께 했던 정치인들의 응집력을 더욱 강고하게 만들어 주었다.

친노그룹 구성원

김원기	전 국회의장, 대선캠프 고문
이호웅	전 국회의원, 대선캠프 조직본부장
이미경	전 국회의원, 대선 캠프 대변인
원혜영	국회의원,
유인태	전 국회의원
이해찬	국회의원, 전 대선캠프 기획본부장, 전 국무총리
임채정	대선캠프 정책본부장, 전 국회의장
이상수	대선캠프 총무본부장, 전 국회의원
이재정	대선캠프 유세본부장, 경기도 교육감
신계륜	후보 비서실장, 전 국회의원
문재인	청와대 비서실장, 변호사
이호철	청와대 민정수석

정윤재	전 부산 사상 지구당위원장
정동수	전 민주당 부산시지부 정책실장
김두관	전 경남지사
권기홍	영남대 교수
염동연	대선캠프 정무특보
이강철	대선캠프 조직특보
안희정	보좌관, 충남지자
이광재	보좌관, 전 강원지사
윤태영	홍보수석
서갑원	정무수석, 전 국회의원
김병준	국민대 교수, 정책기획수석
유종일	한국개발원 국제대학원 교수
이정우	경북대 교수
이종석	통일부 장관, 세종연구소 연구위원
유시민	보건복지부 장관,
문성근	영화인
이병완	청와대 비서실장

<한겨레 2006년 12월 31일자 기사 재정리>

친노라는 명칭이 처음 등장한 시기는 2002년 6월 13일 지방선거에서 새천년민주당이 패배한 뒤, 한때 60%에 달했던 노무현 후보의 지지율이 급격하게 빠지면서부터이다. 월드컵 이후 정몽준의 급격한 지지율 상승에 따라 새천년민주당 내에서는 후보교체설이 돌기 시작했고, 반노그룹이 형성되었다. 또한

정몽준

2002년 노무현 대통령 당선 이후 새천년민주당을 탈당하여 신당을 창당한 친노 그룹과 새천년민주당에 남은 반노 그룹으로 분화하였다.

"열린우리당은 친노와 비노그룹으로 양분된다. 2006년 지방선거 참패 이후 열린우리당이 급격하게 와해되기 시작하면서 2007년 열린우리당을 탈당하는 의원들이 나타나면서, 당 해체나 집단탈당을 통해 통합신당으로 가야 한다는 비노 그룹과 열린우리당을 중심으로 재결집해야 한다는 친노그룹으로 양분 되다(형은화, 2013: 152, 164)."

친노 정파의 특성은 노무현의 개인적 정치 성향에 기인하는 바도 크지만, 구성원들 상당수가 1980년대 학생운동, 사회운동 과정에서 권위주의 정권과의 투쟁에 앞장섰던 인물들이라는 점에서 '운동권 정파'라는 성격도 갖는다. 그래서 정치 개혁적 성격의 정파 분위기를 갖고 있다. 노무현 전 대통령 역시 80년대 민주화 운동에 앞장섰던 인물이었으며, 사회의 비주류 층에 속했던 사람이다. 그가 대통령이 된다는 것은 그동안 소외되었던 비주류가 일약 정치권의 주류로 바뀐다는 측면도 내포했다. 하지만 인간 노무현은 소외된 계층의 희망이라는 기대와 함께 진영적 선명성과 대립성 그리고 급진적 정치 성향도 함께 갖고 있었다.

노무현의 정치적 기반이었던 노사모의 특성도 주의 깊게 볼 필요가 있다. 노사모에 대한 연구를 진행한 김용호도 정치 운동단체로서의 "노사모는 연고적 동원 대신 인지적 동원을 통해 성공한 정치집단이며 … 정치참여를 지나치게 쉽게 생각하여 정치적 책임이나 결과에 대해 성찰 없이 진행되는 것을 우려한다"[59]라고 밝히고 있다.

열린우리당은 창당한 지 3년 9개월 만에 다시 호남지역을 기반으로 하는 '도로 민주당'으로 유턴하게 되었다. 이는 열린우리당 창당이 결국 지역 기반이 없는 정당은 한국에서 생존하기 어렵다는 정당 현실을 간과한 결과였다.

노무현과 열린우리당은 지역주의 청산을 외치며 이념적 정치지형을 추구했다. 하지만 결과는 결코 성공적이지 못했다. 집권 후반기에는 국민의 지지를 상당 부분 상실했다. 따라서 친노 정파는 안희정의 말대로 '패족' 신세로 전락했던 것도 사실이다. 그러나 기사회생했다. 노무현의 죽음이 친노를 다시 부활시켰으며, 한국 정치의 주류 정파로 이어지게 만들었다.

---

59) 김용호,「인터넷 커뮤니티와 정치 - 노사모 사례 연구」, 한국사회학회 사회학 대회 논문집 (2003), 31-36쪽.

지역주의

각 정당이 조직적 기반으로 취해 온 지역을 어느 정파가 장악하느냐는 한국 정당 공천과정에서 치열한 권력투쟁으로 나타났다. 그 이유는 한국 정당의 조직적 기반이 지역주의에 의해 형성되어왔다는 역사적 특성 때문이다.

한국 정당에게 지역이라는 의미는 두 가지 특성을 갖는다. 첫째는 정당 정파 세력으로서의 지역장악이다. 지역의 정치적 권력을 획득해야 정당의 권력 관계에서 우월적 위치를 점하게 되며, 이를 토대로 국가권력에 도전할 수 있고 정권 유지의 주요한 발판이 된다.

둘째는 한국 정당은 지역의 요구를 정치적으로 반영하고 대변해야 정당의 실질적 존재가 유지된다는 점이다. 전통 여당은 영남, 전통 야당은 호남을 정치적으로 대표하고 있으며, 현재도 지역을 정치적 토대로 삼아 유지되고 있다.

한국 정당은 지역주의에 기반한 지지자 중심의 조직적 성격을 가지고 있다. 한국 정당은 지역이라는 균열 축 위에서 강한 정치적 일체감을 유지하면서 안정적이고 지속적인 정당지지의 패턴을 형성해 왔다. 매우 강력한 충성심과 지지도를 갖는 안정적인 지지자들을 확보하고 있다."[60]

---

60) 강원택,「정당연구에 대한 비판적 검토: 정당조직 유형을 중심으로」,『한국 정당 정치 연구방

박상훈은 알포드(Alford 1963)의 계급균열지수 계산식을 원용한 지역균열지수로 역대 총선에서 나타난 지역주의 선거를 분석했다. 박상훈은 특정 지역에서 특정 정당에 대한 지지 집중 현상은 민주화를 기점으로 새롭게 나타난 변화이며, 총선 시기마다 지역주의 투표 성향은 반복되어 왔다고 분석하고 있다.[61]

지역균열지수 : 12대 –16대 총선

12대 총선 (1985)	13대총선 (1988)	14대총선 (1992)	15대총선 (1996)	16대총선 (2000)
민정 9.2	민정 25.1	민자 20.3	신한국 22.9	민주 38
신한민주 15.3	통일민주 42.9	민주 46.9	국민회의 54.9	한나라 30.5
민한 2.1	평민 78.5	통일국민 25.6	자민련 22.6	자민련 29.1
	공화 50.1		통합민주 8	

<출처: 박상훈, 「한국의 유권자는 지역주의에 의해 투표하나: 제16대 총선의 사례」, 『한국정치학회보』 35집(2)호.(2001), 114 쪽>

역대 총선에서 지역주의적 성격이 명확하게 표출된 시기는 88년 13대 총선부터라고 볼 수 있다. 김대중의 평민당과 김영삼의 통일민주당, 그리고 김종필의 신민주공화당은 각기 호남과 부산·경남, 충청권에서 압도적인 지지를 받으며 총선에서 정치적 지역 대표성을 획득하게 된다.

법론』(나남, 2012), 291 쪽.
61) 박상훈은 알포드의 계급균열지수 계산식을 원용하여 광역지역이라는 특성을 기준으로 각 정당이 가장 표를 많이 획득한 광역지역의 득표 크기와 여타지역에서의 평균 득표 크기의 차이를 '지역균열지수」로 정의했다. 박상훈, 「한국의 유권자는 지역주의에 의해 투표하나: 제16대 총선의 사례」, 『한국정치학회보』 35집(2)호.(2001), 114 쪽.

13대 총선 시기부터 지금까지 이어지면서 표출되고 있는 지역주의 투표행태는 영남 출신의 박정희와 호남 출신의 김대중과의 71년 대선 때에 그 조짐이 시작되었다고 보는 것이 일반적이다.

유의동은 "지역주의가 정치 권력의 장악·유지·통치과정에서 중요한 변수로 나타나기 시작한 것은 경상도 출신의 박정희 후보와 호남 출신의 김대중 후보가 대결한 1971년 제7대 대통령 선거 때부터라고 할 수 있다. 이후 박정희, 전두환, 노태우로 이어진 39년의 군사정권 기간에 군과 지역주의가 통치과정의 두 가지 주요 자원으로 이용되었다"[62]고 밝히고 있다.

'한국에서의 지역 패권과 지역 차별은 군사독재의 산물'이라고 보는 황태연도 "박정희의 3선 개헌은 지역 패권 주의 신호탄으로서 3선 개헌으로 정권의 정당성이 손상되고 김대중 후보의 강력한 도전에 직면하면서 정권 안보를 위해 지역 패권을 추구하게 되는데, 경상도 지역에 자본을 집중투자하고 경상도 출신 정치인을 중용하고 영남 출신 경제인들에 대한 편파적인 경제적 지원과 정치적 특혜를 강화하면서 경상도를 자신의 집권 기반화 하였으며, 유신 정권 이후부터는 노골적으로 경상도의 지역 패권 메시지와 김대중 빨갱이론에 의존하여 유신체제를 지탱해 나갔다."[63]고 주장하고 있다.

---

[62] 유의동 「한국의 지역주의: 사회 각 분야 지도급 인사 구성에 나타난 지역편중도」, 『Korean Sociological Association Conference on Collectivism and Network』 (2003), 69쪽.

영남과 호남의 지역 차별은 권력의 인사행태에서도 드러났다. 영남 출신이 통치권을 행사했던 군사정권의 3·4공화국에서는 경상도 출신의 관료가 권력 구조 핵심인사의 50%(편중도 1.56)를 차지했고, 5·6공화국에서는 65%(편중도 2.02)나 차지했다. 대조적으로 호남 출신은 1961년부터 1990년까지 군사정권 전 기간에 걸쳐 핵심인사의 5%를 차지하여 편중도 0.22의 극히 낮은 비율을 보였다. 군사정권 전 기간에 걸쳐 호남 인사는 권력 구조 핵심에서 소외된 것을 보여주었다. [64]

호남을 저항적 지역주의, 영남을 패권적 지역주의라고 명명하면서 박정희 정권부터 형성된 지역 차별은 80년 신군부에 들어서서 김대중 죽이기와 광주 죽이기가 호남 전체를 분기시켰고 호남 주민들 사이에서는 이것을 기점으로 저항적 지역주의 흐름이 형성되고 암암리에 절망의 구렁텅이에서 서서히 지역주의적으로 단결하기 시작해, 광주민중항쟁은 한국 지역 문제의 심화 과정에서 한 획을 긋는 사건이 되었다.[65]

권위주의 정권으로부터 차별받아 온 호남은 저항적 지역주의를 공동체적으로 형성시켰으며, 광주민주화운동 이후 김대중을 중심으로 그 정치적 운동, 민주화운동으로 발전시켰다. 87년 민주화 이후 정치적 지역 대표체로서의 정당

---

[63] 황태연, 『지역패권의 나라』(도서출판 무당미디어, 1997), 43쪽.
[64] 유의동(2003), 73쪽.
[65] 황태연(1997), 44쪽.

운동으로 진전시켜 나갔다. 즉 현재의 전통 야당은 지역할거, 지역이기주의로서의 부정적 패거리적 성격이 아니라. 지역의 정치적 이해관계를 대변하고, 호남 지역민들의 정치적 결사체로서의 성격이 우선한다는 것이다.

마찬가지로 전통 여당 역시 대구·경북 등 영남지역을 중심으로 박정희 정권 시절부터 형성된 지역 패권성을 근간으로 형성된 정당 성격을 갖고 있다. 각종 선거에서 대구·경북에서 전통 여당에게 몰표를 주는 이유도 중앙권력 장악을 장악하고, 유지하기 위한 지역주의적 성격을 갖는다는 해석이다.

따라서 양대 정당인 전통 여당과 전통 야당은 패권적 지역주의와 저항적 지역주의에 그 기반 적 성격을 가지며, 기득권을 지키기 위한 권위주의적 정치문화와 민주화운동으로서의 정치문화를 대립적으로 갖는 특성을 나타내고 있고, 지금까지도 그 특성은 선거에 지속적으로 반영되고 있다.[66] 그리고 영·호남 지역의 독특한 민심으로 형성되어 있다.

한국 정당의 지역주의적 성격은 제13대 총선에서부터 제20대 총선까지 일관

---

[66] "군사독재가 끝나고 반독재 민주화 논리의 우선성과 억제장치가 해소되면서 전면으로 분출되기 시작한 거센 저항적 지역주의의 흐름은 1995년 6.27 지방선거, 1996년 4.11 총선에서 극명하고 더욱 세분화된 형태로 부각되었다. 그리하여 1996년 현재 국민의 92.8%가 우리나라에 지역갈등이 분명 존재한다고 확언하였고 93.3%는 지역갈등이 선거결과에 중대한 영향을 미치고 있다고 생각하게 되었다." 황태연(1997), 50쪽.

되게 지속 되었다. 지역을 기반으로 하는 한국 정당의 조직적 성격으로 인해 지역에서 우위를 점하기 위한 정파 간의 치열한 권력투쟁이 벌어졌다. 각 정당의 정치적 기반인 지역에서 자파의 정치인을 공천한다는 것은 바로 선거에서의 당선으로 이어졌기 때문에, 공천과정은 다른 지역에 비해 그 경쟁이 극심했다.

지역 지지자들의 선호도에 맞는 후보를 공천하기 위한 공천기준이 적용되었다. 전통 여당은 영남에서 보수적인 인물과 지역 연고가 확실한 사람을 공천했으며, 전통 야당은 상대적으로 진보적이고 정권대항적 경력을 가지고 있는 인물을 공천했다. 또한 정당개혁과 공천개혁이라는 이름으로 기반 지역에서의 속칭 '물갈이' 공천은 선거 시기에는 일상적으로 벌어졌다.

05 유용화의
국민공감정치

공천제도의 변화와 의미

한국 정당 공천과정에서 주요한 분기점은 2002년 새천년민주당 대선후보 경선이었다. 이때부터 한국 정당은 공천과정에서 경선제도를 본격적으로 도입하기 시작했으며, 공천 결정 권력에 당원과 지지자들, 그리고 일반 국민까지 포함시켰다. 그래서 2004년 시행된 제17대 총선 공천과정에서는 경선제도가 도입되었다.

1987년 민주화는 정당의 변화를 요구했다. 정당의 변화는 결국 공천방식의 변화가 직접적인 요인으로 작용했다.[67] 그동안 관례로 진행되어왔던 공천

---

67) 김용호는 "정당이 다른 정치집단과 구별되는 점은 권력을 차지하기 위해서 공직후보를 내는 것이기 때문에 공직후보 결정 방식은 정당의 성격을 결정하는 핵심적인 요소가 된다."라고 밝히고 있다. 김용호 「한국 정당의 국회의원 공천제도: 지속과 변화」, 『의정연구』제9권 제1호(2003), 7쪽.

권의 독점적, 배타적 지배구조는 1988년 제13대 총선 시기부터 서서히 변화할 수밖에 없었다. 물론 정당 권력의 독점성 와해 속도는 사회의 민주화 진행 속도에 비해 매우 더디고 느렸지만, 그 변화는 불가피했다. 1987년 민주화로 인한 한국 정당 국회의원 후보 공천과정의 변화는 크게 세 가지로 정리될 수 있다.

첫째는 민심과 국민 여론에 입각해서 정당공천 후보를 결정해야 하는 환경이 새롭게 조성되었다. 1987년 민주화는 국민이 직접 대통령을 선출하는 직선제 개헌을 단행하게 했다. 직선제 개헌은 군부 권위주의 정권 시절과 달리 국민이 직접 대통령을 선출하는 제도이다. 유권자인 국민이 선거에 직접 참여하기 때문에지지 여론이 선거 승패의 제1차적 요인이 되었다. 1987년 민주화로 국민의 요구와 민심 반영은 정치권의 일차적인 과제가 되었다. 그동안 정당 내부의 권력 관계에 의해서만 집행되어 왔던 정당공천에 일정 변화는 불가피해졌다.

둘째, 공천과정의 투명성과 공개성이 요구되었다. 1987년 민주화는 권위주의 정권을 종식시켰다. 권위주의 정권의 종식은 정당 내의 권위주의적이고 배타적인 권력 구조와 질서에도 영향을 주었다. 1987년 이전의 한국 정당의 공천은 전통 여당의 경우에는 최고 권력자가 낙점하는 상명하복식의 하향식 공천제도가 지배적이었으며, 전통 야당의 경우에는 각 정파 간의 협상과 지분에 따른 공천후보자 결정이 이루어졌다. 따라서 공천은 밀실에서 이루어졌으며, 정당의 최고 권력자와 지도부 등 핵심 소수 세력에 의해서만 공천 후보 결정이 이루어졌다.

그러나 1987년 민주화 이후 정당 공천과정의 밀실성도 서서히 와해되어 갔다. 형식적이라도 공식적인 공천심사기구를 구성해야 했으며, 공천 후보에 대한 공개모집도 시작되었다. 또한 공천 후보자 최종결정은 당내의 당무회의, 혹은 중앙위 등 공식적인 논의구조 절차를 밟아야 했다.

지도부의 밀실, 비밀 공천에 대한 반발은 갈수록 커졌으며 그 후유증은 심각하게 나타나기도 했다. 당내의 비밀협상, 밀실 공천 결정에 대한 사회적 비난 여론을 지도부는 의식하지 않을 수 없었다. 공천 후보자에 대한 주요 결정은 당내 권력 관계에 의해 은밀하게 진행하더라도, 추후 공개적이고 공식적인 후보 결정 과정을 반드시 거쳐야만 했다.

셋째는 공천 결정 과정 참여자 확대를 통한 공천방식의 변화이다. 이는 공천 결정 권력의 분화로 해석될 수 있으며, 공천의 민주화, 정당의 민주화로도 여겨질 수 있다. 2004년 제17대 총선부터 각 정당은 국회의원 후보선출 방식에 당원경선, 여론조사 경선, 국민 참여경선방식 등을 도입했다. 정당 소수 엘리트들에 의해 선출되었던 국회의원 후보 공천자들이 각 지역의 당원들과 지지자들에 의해 뽑히게 되어 당원 및 지지자들의 공천결정권 참여와 후보 간 경쟁의 폭이 확대되었다. 그리고 지역의 대표성과 공천 권력의 분권화도 강화되었다. 물론 제17대 국회의원 후보공천 시 전면적으로 상향식 공천방식이 도입된 것은 아니지만, 한국 정당 국회의원 후보 공천방식의 일대 변화에 대한 전기가 되었던 것은 분명하다. 제17대 시기 도입되었던 지역경선 방식은 제18대 국회의원 후보 공천 시에는 전혀 도입되지 못했으나, 제19대, 제20대 후보공천에서는 부분적으로 적용되었다. 정당 공천방식의 변화는 정당의 민주화는 물론 한국사회의 민주화에도 일정 영향을 미쳤다.

한국 정당에서는 당권을 장악한 주류·비주류 정당 엘리트들과 지역에서 활동하고 있는 중간활동가들, 당비를 정기적으로 내고 있는 기간(권리)당원, 당비를 내지는 않지만 당에 입당원서를 제출한 일반당원, 당원자격은 없지만 해당 정당의 지지자 그룹 등이 한국 정당 권력에 영향을 미치는 구성원들이라고 할 수 있다. 정당 민주주의 실현 여부도 역시 당원과 정당 지도부와의 권력 관계에서 연유한다고 할 수 있다. 정당 후보선출권에서 당원과 지지자들, 대의원들이 영향력을 더 발휘한다는 것은 정당의 권력 관계가 과점적, 독점형태가 아니라, 당내 민주주의가 관철되고 있음을 보여준다. 또한 각 지역의 지지자 혹은 핵심당원들을 기반으로 하는 공천 권력의 분권화가 이루어진다는 점을 나타내주는 것이다. 정당 후보 선출 방식도 일방적인 하향식 형태가 아니라, 당원과 지지자, 대의원들의 의사가 반영되는 상향적인 공천방식이 채택된다.

필드와 시아벨리스는 "정당은 정당을 대표하는 지도자, 정파의 지도자, 활동가들, 당원으로 구성된다. 이들이 결국 공천과정에서 궁극적으로 후보자를 결정하게 된다.[68]"라고 밝히고 있다.

그러나 한국 정당의 권력 관계는 당원과 대의원들의 의사가 모아져서 정당의 주요의사가 결정되는 형태로 형성되기보다 정파 엘리트들 간의 힘의 상대적 우월성에 입각해서 규정되어 왔다.

정파 간의 정당 내 권력이 균등한 상황, 배분적 상황이 되었을 때는 집단적 권력 관계 혹은 연합적 권력 관계가 형성되었으며, 정당 내의 권력이 독점적으로 형성되게 되면 1인 지배적 권력 관계 혹은 과점적 권력 관계가 존재해 왔다.

라핫과 하잔(Rahat and Hazan)은 후보결정권자의 확장 규모에 따라 공천의 민주성을 평가했는데, 1인 지도자, 정당 엘리트, 정당 대의원, 당원, 유권자의 규모에 따른 공천 결정 과정이 바로 정당 공천의 민주성이라고 밝히고 있다.[69] 즉 후보결정권이 누구에게 있느냐에 따라, 공천의 민주적 개혁척도를 평가할 수 있다는 것이다. 1인 지도자에게 후보결정권이 독점되어 있으면 공천의 배타성

---

68) Field, Bonnie N. and Siavelis, Peter M. (2008), p. 630.
69) Rahat, Gideon and Hazan, Reuven Y. (2010), pp. 35.

이 강해지고, 대의원, 당원, 유권자 층 등 순차적으로 후보결정권의 규모가 상대적으로 커져갈 때, 공천의 포용성이 높아진다는 논지이다.

라핫과 하잔은 공천방식의 변화는 권력의 분화과정을 낳게 되며, 참여의 확대와 공정한 경쟁, 대표성과 국민 요구의 반응성이 높아지는 결과를 가져온다고 밝히고 있다. "권력의 분산은 민주주의의 핵심이다. 공천방식이 권력을 정치주체들에게 분산시켜 주는 역할로 변화하게 되면 그것은 민주주의 발전에 기여하게 되며, 공천 결정권의 지역으로의 분권화는 정당이 역사적으로 장기간 자리 잡혀 있는 지역의 정체성에 영향 받는 것을 허용하는 것이며, 지역의 이해와 가치를 대표하게 만드는 권력의 분산을 의미한다."[70]라는 것이다.

물갈이 공천과 신진인사 영입

선거 시기에 현역 의원 교체는 두 가지 의미를 갖는다. 첫째는 구시대의 인물을 새로운 시대의 인물로 교체함에 따라 새로운 집단에 대한 대표성을 정당이 갖게 된다는 점과 둘째는 속칭 '물갈이' 전략으로 기득권을 버리는 정당의 변화와 개혁의 모습을 국민들에게 보여준다는 것이다.

---

70) Rahat, Gideon and Hazan, Reuven Y. (2010), p167, p170.

라핫과 하잔은 새로운 인물로의 교체를 유권자 대표성의 강화로 보았다. "정당공천 후보를 통해 보다 새로운 그룹에 대한 대의성을 정당이 갖기 위해서는 일정 정도의 현역 의원들은 그동안 정치적 대표성을 정치권에 나타내지 못했던 그룹의 새로운 인사들로 교체되어야 한다."[71)는 것이다.

한국 정당은 다선의원들을 표적으로 삼아, 새로운 인물로 교체를 시도했다. 현역 의원이 낙천 받은 지역구에는 그동안 정치권과는 거리를 두었던 인물, 새로운 분야에서 성공한 인물, 사회적으로 명망성을 얻고 있었던 인사들이 공천되었다.

1987년 민주화 이후 제13대 총선 공천부터 제16대 총선 공천까지 신진인사 영입대상 1호는 70-80년대 민주화 투쟁을 경험한 인사들이었다. 민주화운동에 헌신하고, 희생했던 인물들에 대해서 국민들은 그들의 과거 경험에 대한 존중과 존경의 마음을 갖고 있었기 때문이다. 그들을 영입한 정당은 민주주의와 중도·진보성향 유권자들의 대표성을 얻어낼 수 있었다.

88년 13대 총선을 앞두고 평민당과 통일민주당은 경쟁적으로 민주화운동 인사들을 영입했다. 평민당의 김대중은 재야인사들에게 일정 공천 지분까지 할애했을 정도였다. 민주화 운동 관련 인사들은 주로 수도권 지역에서 공천을

---

71) Rahat, Gideon and Hazan, Reuven(2010), p. 112.

받았는데, 수도권 유권자들의 의식 수준이 갈수록 높아지고 수도권 민심이 시대의 변화에 따라 가장 민감하게 반응했기 때문이다.

민주화 운동권 인사들의 영입은 야당뿐만 아니라 김영삼, 이회창 총재의 신한국당에서도 대거 이루어졌다. 특히 김영삼 대통령은 96년 총선 시 민주화운동 관련 인사들을 과감하게 영입하여, 개혁적 이미지를 강화시켰고, 보수정당의 체질마저 변화시켰다. 2000년 제16대 총선에서는 '젊은 피 수혈, 이라고 하면서 80년대 총학생회장 출신들이 여야 정당에 입당하여 선거를 치렀다. 신진인사 영입은 시대가 변화하면서 그 대상 그룹도 바뀌었는데, 1996년 제15대 총선 시기에는 전문직에서 성공한 사람들이 영입대상이었다.

인권변호사 출신들과 판사, 대기업의 간부들, 언론사의 기자와 앵커 등이 공천을 받았다. 정보통신기술의 발달로 인해 벤처기업 등에서 성공한 인사들도 영입 1호로 간주 되었다. 새로운 신진인사들의 공천 영입은 정당의 이미지를 새로운 활력으로 충전시켰으며, 그들을 지지하는 세력의 대표성을 정당이 넓힐 수 있는 계기로 작용했다.

현역 의원 재공천 탈락 정책은 구시대적 인물을 배제하고, 기득권을 포기한다는 고육책 인상을 유권자들에게 심어주기도 하였지만, 당내의 권력투쟁으로서 반대 정파의 힘을 약화시키기 위한 방편으로도 활용되었다. 제17대 총선

시 한나라당의 최병렬은 물갈이 공천을 감행한다고 하면서, 구시대의 인물들을 공천해 당내 분란은 물론, 대표직에서 물러나야 했다. 제18대 총선 공천시 주류세력이 된 친이계는 친박계 현역 의원들을 배제시키기 위해서 물갈이 공천이라는 대중처방을 활용했으며, 통합민주당은 민주계 인사들을 탈락시키기 위해 '물갈이'를 명분으로 표방했다. 제19대 총선에서는 새누리당이 '여론조사'를 통해 현역 의원 재공천 탈락 책을 추진했는데, 당 지지도보다 5% 이상 격차가 벌어지는 현역 의원들을 1차 적인 물갈이 대상으로 삼았다. 또한 제20대 총선 공천에서는 공천권을 장악한 친박 세력이 반대 정파 현역 의원들을 배제시키는 방법으로 '물갈이' 공천을 시도했다.

현역 의원 교체는 제19대 총선 공천 때부터는 제도화시키려는 움직임도 나타났다. 새누리당은 현역 의원 다면평가 방식으로 하위 25% 교체를, 민주통합당은 의정활동 평가 30점, 여론조사 40점, 다면 평가 30점 등의 기준을 정해 현역 의원 교체 시스템을 정립하려고 했다(한겨레 2012년 12월 13일). 제20대 총선 공천에서는 더불어민주당은 시스템 공천으로, 새누리당은 여론조사 방식으로 현역 의원 교체를 실시했다.

여성 및 청년층에 대한 대표성을 확대하려는 조치도 중요한 변화이다. 19대 총선부터 각 정당은 여성공천 비율 할애 및 청년우대 정책을 공식화했다. "새누리당은 지역구 공천의 30%를 여성에게 할당, 신인 여성 후보에게 20%의 가산점을 부여했으며, 민주통합당도 지역구 여성 후보자를 15% 이상 공천하고, 전략공천 시 여성 50% 공천, 신인 여성 후보에게 득표의 20% 가산점을 부여하여 여성의 대표성을 확대하는 공천방식을 결정했다. 청년층의 대표성을 확보하기 위해 새누리당의 경우 SNS 활동을 공천심사에 반영했으며, 민주통합당은 국민선거인단 모집에 모바일 투표 방식 도입과, TV 프로그램 슈퍼스타K 방식을 모방하여 청년 비례대표 후보를 경연대회를 통해 선발했다."[72]

한국 정당 공천의 변화 양상

시기	정당	주요 내용
제13대(1988)	민정당	공천자 공모, 공천결과 공천심사특위에서 발표
	평민당	민주화운동 인사 영입 및 공천지분 보장
	통일민주당	민주화 운동 인사 영입
제14대(1992)	민주당	민주화 운동 인사 대거 수도권에 공천
제15대(1996)	신한국당	민주화운동 및 노동운동 인사들 공천/ 현역 의원 대폭물갈이/ 구민정계 및 하나회, TK사단 낙천
	국민회의	재야 정치 세력과 통합/ 호남물갈이, 46% 현역교체/ 개혁성향 인물 수도권에 공천
제16대(2000)	새천년민주당	호남, 재야, 시민운동, 전문가그룹, 학생운동 지도부세력과 함께 창당/ 호남지역, 다선의원 물갈이
	한나라당	개혁공천, 수도권에 신진인사 영입/ TK 민정계, PK 민주계 낙천
제17대(2004)	열린우리당	집단적 지도체제. 대통령과 당의 분리, 수평적 당청관계/ 완전개방형 국민참여경선제/ 공천심사위원회 당내외부 인사

---

72) 박상운,「제19대 총선 공천의 특징과 한계」,『사회과학 담론과 정책』제5권 2호, (2012) 113쪽.

		동수로 구성/ 비례대표 순위확정위원회 선거인단 구성
	한나라당	여론조사 방식 도입/ 지역선거인단으로 경선(당원 10%, 국민 90%)/ 당내 외부인사 동수로 공심위 구성/ 비례대표 심사위 외부인사로 구성
제18대(2008)	한나라당	부정부패관련자 공직 후보자 신청자격 불허 / 공심위원장 외부인사
	통합민주당	부정비리전력자(금고형 이상) 공천배제/ 공심위원장 외부인사
제19대(2012)	한나라당	비대위 구성/ 정파해체선언/ 수도권 물갈이 / 지역구 여성 30% 공천/ 경선 시 이공계 출신자와 여성 20 가산점 / 후보자 여론조사 실시/ 국민경선(당원 20%, 일반국민 80%)
	민주통합당	국민경선(모바일 투표 도입)/ 현역 의원 다면평가/ 청년비례대표 경연대회 실시/여성, 지역구에서 15% 이상 공천, 여성과 정치신인에게 경선시 20% 가산점
제20대(2016)	새누리당	국민참여경선(안심번호제) 시도
	더불어민주당	시스템 공천, 선출직 공직자 평가위, 하위 20% 탈락

국민참여경선

87년 민주화 이후, 특히 제17대 총선부터 나타난 공천방식의 주요 변화 중 하나가 바로 상향식 공천방식의 정당 채용이다. 2002년 새천년민주당에서 실시한 제16대 대선후보 국민 참여경선은 공천 후보 결정 방식에서의 획기적인 변화였으며, 소수 지도부의 공작에 의해 선출되던 공천 후보를 당원과 국민 참여에 의해 직접 선출하는 일대 전환점을 마련했다. 국민 참여경선은 드라마틱한 경선 과정을 연출했으며, 국민적 관심 하에 민주적으로 정당 후보를 선출한다는 정당 이미지를 만들어냈다.

이현출은 "2002년 민주당 대통령 후보 선출과정은 선출과정을 획기적으로 일반 유권자들에게 개방한 것으로, 국민경선제로 치러지는 민주당 대선 후보 선출은 전체 7만 명의 선거인단으로 치러졌는데 그중에서 약 50%인 3만 5,000명을 일반 유권자 중에서 공모를 통하여 구성하였다. 개방성의 측면에서 획기적인 진전이 이루어진 것이며, 일반 유권자의 경우 지역별 인구 비례에 의해 배분하되, 성별·연령별 대표성을 반영하려 노력하였다. 일반 당원과 대의원의 경우에도 여성 30%, 40세 미만 30% 이상을 의무화함으로써 성별·연령별 대표성을 높이려 한 점이 돋보인다. 공모 대의원제도에 대한 국민의 반응은 폭발적이었는데, 응모한 유권자 수는 184만 명에 달했고, 경쟁률은 무려 48대 1에 달했다. 이 숫자는 후보 진영이 자금과 인맥을 동원했다고 하더라도 동원 이상의 국민적 참여에 대한 기대가 반영된 것이라고 볼 수 있다. 또한 전체 선거인단의 투표율은 58.5%였다."[73]고 밝히고 있다.

물론 정당이 공천방식의 변화를 시도하는 이유는 선거에서 승리하기 위해서이다. 특히 선거 목전에 정당의 지지기반이 흔들리면서 선거에서 패배할 위험이 높아가면, 정당의 파격적인 개혁조치가 필요하다.[74] 하지만 선거에서 승리하

---

73) 이현출, 「대통령 선거와 총선의 후보선출과정」, 『의정연구』 제9권 제1호(2003), 39쪽.

기 위하여 국민적 공감대와 시대의 흐름에 접근해 나가는 노력을 선거 활용론으로만 볼 수는 없다. 선거 승리는 결국 국민적 공감대에 얼마나 접근했느냐에 따라 결정되기 때문이다. 더욱이 선거는 국민이 심판하는 것이고, 선거에서 승리한다는 것은 국민이 지지해 주었다는 것을 의미한다. 비록 관철되지는 않았지만 20대 총선에서 새누리당 김무성 대표가 안심 번호제를 이용한 전면적인 국민 참여 경선제를 표방한 점 역시 적극적으로 평가해주어야 한다.

새천년민주당에서 분당하여 2004년 창당한 열린우리당은 당원도 지지기반도 불투명한 상황이었다. 친노세력 및 일부 진보세력으로 총선에서 승리한다는 것은 현실적으로 불가능한 일이었다. 열린우리당은 완전개방형 국민참여경선을 통해 개혁적인 국민정당의 이미지를 구축하고, 지지기반을 확보하고자 했다. 이후의 각 정당도 국민참여경선 방식을 당헌 당규에 삽입하고, 총선 시기마다 국민참여경선을 정당개혁의 명분으로 내세운 점은 국민참여경선 방식 등 상향식 공천방식이 국민적 공감대에 한발 다가가는 것이고, 그동안 나눠먹기식 혹은 정당 내 권력투쟁의 음모 속에서 결정된 공천과정을 국민과 함께 투명하게 하려는 노력이었다. 또 국민 참여성과 지역 분권성을 확대하려는 정당개혁의 일환으로도 해석될 수 있다.

---

74) 이현출은 "2002년 대선후보경선에서 새천년민주당이 개방형 경선을 실시한 배경요인은 재보선의 연패, DJ자녀의 구속 등 부패 스캔들을 통해, DJ가 헤게모니를 상실하면서 집권당의 위기를 불러왔기 때문이라" 고 밝히고 있다.

그러나 한국의 정당이 17대 총선 이후부터 지속적으로 국민참여경선 방식을 채택한 것은 결코 아니다. 18대 총선에서는 한나라당, 통합민주당 공히 중앙당의 공천심사위원회에서 후보자를 결정했다. 18대 총선에서 당권을 장악한 친이계는 중앙 집중적인 공천방식을 선택했으며, 386과 친노세력의 지지를 확실히 받고 있었던 통합민주당의 손학규 대표도 박재승이라는 외부인사를 내세운 공심위의 중앙 집중적인 공천방식을 택했다. 18대 총선에서 '공천권을 국민에게 돌려준다'라는 구호는 나오지도 않았다. 17대 총선에서 전격적으로 국민참여경선을 시행해 보니 당권파들의 입지가 줄어들었다고 판단했는지, 18대 총선 공천과정에서 국민참여경선 제도는 폐기되었다. 결국 18대 총선은 정당 외부인사들이라는 사람들이 참여한 공심위에서 치열한 권력투쟁을 통해 힘 있는 후보자들이 공천을 받는 퇴행성을 다시 보여주었다. 그만큼 공천 후유증과 논란은 심각했다. 항의 농성과 공천 불복사태가 이어졌다. 19대 총선은 다시 좀 달라졌다. 공천개혁이라는 선거용 명분이 필요했던 것으로 보인다.

19대 총선에서 새누리당은 극히 일부 지역에서만 지역 경선을 실시했으며, 민주통합당 역시 41% 지역에서 국민참여경선을 실시했다. 19대 총선 공천에서 새누리당은 민주통합당과 마찬가지로 국민 참여경선제 실시를 표방했다. 새누리당의 경우 당원 외에 일반 국민을 포함하는 선거인단 투표방식을 원칙으로 하되 여론조사, 면접, 후보 간 토론회 등을 활용했다. 하지만 국민참여경선(당원 20%, 일반국민 80%)이 실시된 지역은 6곳에 불과했다.[75] 새누리당이 대외 명분용으로만 국민참여경선을 포장했다는 것을 보여준다.

반면 민주당은 국민참여경선을 실시한 지역이 새누리당보다 훨씬 많았다. 민주당은 모바일 투표+선거인단 현장투표+여론조사, 후보간 합의시 100% 국민여론조사 방식을 결정했는데,[76] 국민참여경선은 86개 지역구(41%)에서 실시되었고, 25곳(11.9%)에서 여론조사 방식을 통해 후보를 선정했다.[77]

하지만 국민참여경선 방식을 채용하는 이유가 정당의 분권성 확대와 민주성 진전을 위한 것이라기보다, 경선을 정치 수단적으로 활용한다는 측면도 부각되었다. 해당 지역 후보자들의 정치적 배경 권력이 팽팽하거나 비주류 후보자의 자연적 도태 방안 등으로 당내 경선이 이용되었다는 것이다.

제19대 총선 당시 새누리당은 박근혜 비대위 상황이었다. 대구·경북지역의 지지기반을 가지고 있었으며, 차기 대선 유력주자였던 박근혜가 당권을 완전히 장악한 상황이었다. 따라서 당내 권력 관계는 박근혜 대표 중심의 우월적 관계였다. 즉 당내 권력 관계가 일방적 관계로 정립되었을 때는 각 지역의 후보공천과 관련된 권력투쟁은 중앙당에서 이미 결정되기 때문에, 굳이 지역경

---

[75] 김병록,「당내민주주의와 공천의 민주성」,『고시계』(2012), 123쪽.
[76] 윤종빈,「19대 총선후보 공천의 과정과 결과」,『한국 정당학회보』제11권 제2호(2012), 12쪽.
[77] 전용주「19대 총선과 정당 공천 방식의 변화: 진전 혹은 퇴보」,『시대정신』(2012년 여름호), 8쪽.

선 방식을 채택할 필요가 없었다.

반면 2012년 민주통합당은 친노 정파가 당권을 장악했지만 호남을 기반으로 하는 민주당 계열과 노총을 배경으로 한 손학규계, 386세력, 외부에서 혁신과 통합을 건설했던 이해찬과 문재인 등 외부 유입 친노 세력, 한명숙을 중심으로 하는 당내 친노 세력 등이 혼재되어 있는 상황이었다. 결국 제 정파가 힘의 우위를 따지기 힘든 지역에서는 국민참여경선을 실시할 수밖에 없었다. 이점은 2004년 열린우리당 당내 권력 관계가 집단적 권력 관계를 형성했을 때, 비 현역 지역에서 국민참여경선을 실시했음과 유사한 측면이 있다 할 것이다.

제20대 총선에서도 유사한 상황이 발생한다. 박근혜 대통령 권력을 중심으로 한 친박 세력이 정당의 권력을 장악함에 따라, 중앙당의 공관위에서 우선 공천제를 일방적으로 실시하고, 단수·복수 후보를 결정했다. 주류 세력의 지지를 확실히 받으면서 비상대권을 장악한 더불어민주당의 김종인 체제에서도 중앙 집중적인 공천방식을 시행했다. 그러나 힘의 우월적 관계가 분명히 드러나지 않는 지역이거나, 비주류후보가 지역위원장으로 있는 곳에서는 지역경선이 실시되었다.

2004년 이후부터 실시된 한국 정당의 국민참여경선은 정당 내 권력 관계가 분화되고 이완되었을 때 상대적으로 높은 비율로 실시되었다. 반면에 정당 내 권력 관계가 우월적 질서로 재편되었을 경우에는 중앙 집중적인 공천방식이 채택되었다.

즉 국민 참여경선제 실시지역은 중앙의 권력이 균형 상태를 이루고 있는 지역에서 실시되었다는 것이다. 지역 후보들이 잡고 있는 동아줄들 간의 힘이 팽팽하게 대립될 때 경선 방식이 채택되었다고 해석될 수 있다. 정치현실에서 나타나는 경선과 당내 권력의 연관성이라 할 수 있다. 이점은 국민참여경선이 제도화되기 전에는, 이를테면 법제화되기 전까지는 경선제도가 총선 시기마다 오락가락 할 것이라는 예측을 가능하게 된다. 실제로 17대 총선에서는 전격적인 지역참여 경선이 이루어졌지만, 18대 총선에는 경선 제로 상태였고, 19대 와 20대 총선에서는 부분적으로만 차용되었다. 즉 국민참여경선을 통해 공천 결정 과정을 국민적 공감 수준으로 접근시켜나가는 것이 아니라, 정략적 수준으로 혹은 필요에 따라 '써먹는' 수준으로 국민 참여가 격하되어 버렸다는 것이다. 국민참여경선 방식은 국민적 참여를 통한 민주성 확대라는 의미가 있음에도 불구하고 정당이 선거전략용, 외부표방용으로 활용되고 있다는 문제점이 노정된 것이다.

중앙당의 권한은 공천후보자에 대한 최종 승인 혹은 일차적 자격 심사에 국한되는 것이 적절하다. 중앙당은 지역의 경선이 공정하게 진행되도록 엄격하게 관리하는 역할을 자임하면 된다. 공천권을 지역에서 행사할 수 있도록 공천 분화권이 이루어져야 한다. 지역의 대의원들과 당원들, 그리고 지지자들이 경선 방식을 결정하고, 공천후보를 결정할 수 있도록 공천권을 넘겨주어야 한다. 그것이 본래 정당의 태동 배경과 역할로서의 지역 대표성 기능에도 맞는 것이다.

하지만 한국 정당은 전면적인 지역경선은 외면하고 중앙당에서 지역 경선 방식 및 여부를 결정한다. 소위 당내 주류 측의 직간접적 영향을 받는 공관위에서 단수 공천, 혹은 복수 후보선정을 통한 경선 여부를 결정한다. 더욱이 전략공천이라는 이름하에 지역의 의사는 완전히 무시하고 내리꽂는다. 중앙과 네트워크가 있는 후보를 지역에 내려보낸다. 공관위의 마술이 작용한다.

중앙당이 공천 방식 여부를 일방적으로 결정하는 것도 현 한국정당 공천제도의 큰 문제점이지만, 지역 경선방식도 고쳐질 필요가 있다. 경선에 참여하는 폭이 좀더 넓어 져야 한다. 통칭 당비를 정기적으로 납부하는 권리당원의 권한이 커져야 한다고 강조하면서 권리당원의 결정권을 50%까지 인정하고 있다. 반면에 일반 당원 혹은 지지자들의 권한은 인구대비와 다르게 축소되어있다. 공천의 대표성과 참여성이 지역에서 축소되는 현상이 발생하고 있는 것이다. 결국 후보자들은 권리 당원 모집에 과열 현상을 보이게 되어 잡음과 부정의 논란이 된다. 더욱이 권리당원 중 팬덤(fandom) 당원들이 집단적으로 경선 투표행위에 참여하여 공천 결정의 편협함이 발생할 수 있다. 이는 향후 정당 운영에서도 편향성을 보이게 되며, 지역을 대표해야 하는 국회의원들이 일부 팬

덤을 대표하거나, 팬덤 층의 눈치를 보게 되는 일도 나타나게 되는 것이다. 더욱이 현대 정당이 지지자 중심으로 전환된 지 이미 오래되었는데, 열렬지지자들 중심으로 정당 운영이 이루어진다는 것은 정당 민주성과 공공성에도 역행하는 일이다.

공천개혁과 선거결과

1987년 민주화 이후 변화된 환경과 민심의 향배를 반영한 공천개혁을 각 정당이 지속적으로 실시했다. 이는 선거에서의 승리를 위해 국민적 공감대를 얻기 위한 공천방식 변화와 정당개혁의 일환이라고 여겨진다. 그러나 한국 정당은 선거에서의 승리가 낙관되면 공천의 변화를 감행하지 않았다.

1988년 민정당은 6공 세력에서 5공 세력으로 권력을 교체하는데 공천권을 활용했으며, 민자당은 92년 총선에서 각 정파 간의 분배에만 공천권을 사용했다.

1988년 이후 한국 정당의 공천변화와 선거 연관성

구분	변화내용	선거 연관성
1988년 민정당	* 주도세력 교체에만 집중	참패
1988년 평민당	* 합의와 조정·양보 * 재야세력 수도권 배치	선전, 제1야당
1988년 통일민주당	* 민주화 세력 전진배치	선전
1992년 민자당	* 당내 권력 관계에 따른 지분형 공천 * 무특성의 공천	고전
1992년 민주당	* 창당 지분 공천 시에도 유지 * 합의에 따른 개혁세력 수도권 전진배치	선전
1996년 신한국당	* 구여권 기득권세력 배제 * 대구, 경북지역 물갈이 * 수도권 진보개혁세력 전면배치	선전
1996년 새정치국민회의	* 개혁세력 수도권 전진배치, 호남권 물갈이	선전
2000년 새천년민주당	* 호남 물갈이 부분적 시행 * 지역 기반 확충 부진	고전
2000년 한나라당	* 영남 물갈이 및 수도권 개혁세력 전진배치	선전
2004년 열린우리당	* 공천방식의 변화 * 개혁적 이미지와 공천방식 채용	선전
2004년 한나라당	* 박근혜 비대위의 수습 * 비례대표 공천 개혁	선전
2008년 한나라당	* 당내 반대 정파에 대한 배제, 배타적 공천, 권력투쟁에 몰두	고전
2008년 통합민주당	* 정파간의 권력투쟁	고전
2012년 새누리당	* 개혁적 인사 지도부에 배치 * 이명박 정부와의 차별성 강조	선전
2012년 민주통합당	* 주류 정파의 배타적 공천	고전
2016년 더민주당	* 일부 친노 정치인 배제, 당내분란 종식	선전
2016년 새누리당	* 극한적인 권력투쟁 몰두	고전

결과는 선거에서의 패배였다. 2008년 통합민주당과 2012년 민주통합당, 그리고 2016년 새누리당의 공천과정 역시 별다른 공천방식의 개혁 없이 선거에 임했다가 국민으로부터 외면당한 사례이다. 정당 내의 권력투쟁에만 몰두하고 공천방식의 변화 등 개혁적 모습을 보이지 않을 경우 선거에서 좋은 성적을 내지 못한다는 사실을 확인할 수 있다.

반면 어려운 여건 속에서도 공천방식의 변화 및 정당개혁에 매진한 정당은 해당 선거에서 선전했다는 사실도 알 수 있다. 즉 국민 여론과 공감대에 접근하기 위하여 공천개혁과 변화를 실시한 정당은 선거에서 선전한 반면, 변화를 거부하고 당내 권력 싸움에 몰두한 정당은 총선에서 실패했다는 인과적 연관성을 발견할 수 있는데, 크게 5가지 특징이 나타난다.

첫째는 무리한 공천은 본선 결과에서도 양호한 성적을 얻을 수 없다는 것이다. 정파 간의 권력투쟁만을 무기로 삼는 배제적이고 배타적인 공천은 그 과정에서 당내 분란을 야기시키고, 분열을 초래하여 지지층을 이완시킬 뿐만 아니라 국민에게도 대안세력으로서의 정당 모습을 보이지 않게 된다.

친박계 학살이라고 명명된 2008년 한나라당 공천과 2008년 민주통합당의 공천, 2016년 새누리당 공천이 이에 해당될 것이다. 2004년 최병렬의 한나라당 공천은 공천 파열음이 심각했으나, 박근혜 비대위원장의 대중성과 정치력으로 극복해 낸 예외 사항이라고 할 수 있다.

둘째 단순히 나눠 먹기 식의 무 특성 공천방식 또한 본선에서 좋은 결과를 기대할 수 없다. 국민에게 전혀 감동을 주지 않는 공천이 된다. 92년 민자당 공천이 이에 해당된다고 할 것이다.

셋째는 지역 기반을 충실히 하는 공천이 좋은 선거 결과를 가져올 수 있다. 한국 정당은 지역주의 정당 성격을 갖기 때문에, 지역 기반을 상실하는 공천은 선거에서 무조건 패배할 수밖에 없다.

지역에서 구세력을 퇴조시키고 신진세력을 등용하는 파격적인 물갈이 등 공천 개혁을 실시해야 탄탄한 지역 기반을 가질 수 있다. 나아가서 그 영향이 수도권에까지 미치게 된다. 평민당과 국민회의가 호남 물갈이를 확실히 단행해서 선전을 했지만, 2000년 새천년민주당은 호남에서의 개혁공천이 지지부진하기 때문에 본선에서 과반 달성에 실패했다.

넷째는 국민에게 감동을 주는 공천은 승리의 필수요소이다. 본선에서 선전, 승리한 공천은 반드시 수도권에 신선하고 참신한 인물을 내놓았으며, 시대 흐름에 맞는 사람들을 영입해서 공천했다. 1996년 신한국당이 수도권에서 파격적인 인물을 공천함에 따라 선전했으며, 88년 평민당의 공천과 92년 민주당의 공천도 이에 해당할 것이다. 선거는 국민의 정서와 감성에 어느 정도의 접근성을 갖는 공천을 하고 공감적 정치 행동을 벌이느냐가 승부의 결정적인 요소이다. 따라서 유권자들의 정서를 정확하게 파악하여 이에 맞는 후보자를 공천하는 일이 가장 중요한 요소이다.

다섯째 정파 간의 협력, 합의에 입각해서 시행한 경우이다. 이것은 정치 능력, 정치적 합의를 이룰 수 있는 인덕仁德의 정치력이라고 할 수 있는데, 1992년 민주당의 공천이 주요한 실례가 될 수 있다. 김대중과 이기택은 창당 정신에 따라 PK 지역에는 이기택 세력의 영향력을 인정해서 공천권을 인정하고, 호남지역에서는 김대중 세력의 지분을 상호 인정했다. 또한 수도권에서는 상호 협의하에 가장 경쟁력 있는 인물을 후보자로 선정했다. 선거 결과는 성공적이었다. 단순히 나눠먹기식 공천이 아닌 양보와 합의에 따른 공천의 의미로 해석될 수 있다.

06 유용화의 국민공감정치

공천방식의 변화와 국민공감정치의 현실

민주화 이후 한국 정당 공천방식은 변화 수준에 따라 두 가지 시기로 나눌 수가 있다. 첫째 시기는 13대 총선에서부터 제16대 총선까지로 1인 지배적, 혹은 권력 과점형의 하향식 공천 중심으로 이루어졌던 시기이다. 두 번째 시기는 제17대 총선 시기부터 현재까지로 당내 경선제도가 도입된 시기이다. 공천 권력 역시 균형화를 일정 추구해 나갔던 시기라고 할 수 있다.

17대 총선을 기점으로 나눈 이유는 경선제도 도입이다. 즉 공천과정에 민주성과 분권성이 도입되고 관철되어 나갔다는 유의미성이 있기 때문이다. 그러나 17대 총선에서만 국민 참여경선이 반짝였을 뿐 18대 총선은 경선 실시가 이루어지지 않았으며, 19대 총선부터는 단지 부분적으로만 국민참여경선이 시행되었을 뿐이다. 또한 19대 총선 이후부터는 권리당원의 비율이 경선에서 차지하는 비율이 높아져, 당내 경선의 공개성과 국민 참여성을 약화시켰다. 권리당원은 매월 일정액의 당비를 내는 당원인데, 당규상 6개월 전 혹은 1년전 권리당원부터 그 경선 자격을 인정한다고 해, 지역 후보자들간의 권리당원 확보 경쟁이 치열해지고 후유증마저 나타났다. 또한 일부 권리당원들의 정파성, 이념적 당파성이 과도하게 부각 되면서 당내 민주주의마저 약화되는 현상이 나타나고, 어떤 지역에서는 이념적 지향성이 강한 권리당원들이 지역경선을 좌우하는 현상도 나타났다.

16대 총선까지는 공천 결정 과정이 독과점적 행태를 명확히 보였고 혹은 당내 권력투쟁이 1차적 요인으로 작용했다는 점에서 지배와 권력투쟁의 시기라고 했으며, 국민참여경선이 시작된 두 번째 시기인 17대 총선부터 20대 총선까지는 공천개혁과 후퇴가 어우러져 있는 시기라고 볼 수 있다. 그래서 제2의 시기를 공천변화의 과정과 민심의 대응이라고 구분했다.

> (1) 지배와 권력투쟁의 시기
> - 제13대 총선에서부터 제16대 총선까지(1988년 - 2000년)

1) 87년 6월 항쟁과 민주화 요구를 무시한 공천은 심판받는다
- 제13대 총선 / 1988년의 여소야대

민정당의 세력 교체 공천

제13대 민정당의 총선 공천은 기존 전통 여당이 유지시켜 왔던 중앙집권적 공천 방식이 그대로 집행된 공천이었다고 평가할 수 있다. 대통령 권력의 수직적, 지배적, 배타적 속성과 신군부세력으로서의 정파의 우월적 당내 지위, 그리고 신군부세력이 대구·경북을 정치적 기반으로 했던 지역주의의 세 가지 요인이 강고하게 결합하여 만들어낸 공천이었다. 그러나 1987년 민주화 이후 형성된 정당 변화 및 공천개혁의 국민적 여론 요구는 반영되지 않았고, 공천을 통한 집권세력 내의 정파 교체만을 목표로 하였다.

신군부세력은 87년 격동기의 변화를 직선제 개헌 수용과 노태우라는 인물 교체로 정권 수성에 성공했다. 그러나 노태우 후보는 36.6%의 득표율로 당선되었다. 이는 헌정사상 국민 직선을 통해 당선된 대통령 중 가장 낮은 득표율이었다. 물론 신군부세력이 정권 연장에 성공했으나 1988년에 예정된 총선은 집권세력의 안정화 여부를 결정하는 중요한 선거였다. 따라서 집권에 성공한 노태우 정부는 두 가지 과제를 13대 총선에서 풀어야 했다.

노태우

첫째는 노태우 세력이 집권층 내의 기존 전두환 세력을 약화시키고 확실하게 스스로의 집권기반을 확충해야 하는 것이었고, 13대 총선에서 승리하여 정권의 안정을 도모해야 했다. 노태우 정부는 총선의 성공을 선거법 협상과 야권 분열 구도에 의지하려 했다. 노태우 정부는 일단 제13대 총선의 선거법 협상에서 권위주의 정권하에서 시행되었던 중선거구제를 폐지하고, 소선거구제에 합의했다. 이는 호남을 기반으로 하는 평민당의 이해와 대구 경북을 지역 기반으로 하는 민정당의 이해관계가 일치했던 것으로 보인다. 노태우 정부는 야권이 3개당으로 분열되어 있는 상황에서 소선거구제는 민정당이 어부지리 효과를 볼 수 있다는 판단도 고려했을 것이다.

두 번째는 공천과정을 통해 집권세력 내부의 교체를 단행해야 했다. 민정당에서의 권력 관계는 노태우 대통령 중심으로 이전하게 되었다. 노태우는 당헌 당규에 따라 총재이자 대통령으로서의 권력을 장악하게 되었다. 따라서 대통령 권력에 기반한 우월적인 공천권 행사가 가능한 상황이 된 것이다.

1987년 직선제 개헌 투쟁은 절차적 민주주의로서의 '대통령을 국민 손으로 직접 뽑는' 민주주의제도를 얻어냈다. 그리고 헌법을 개정하여 대통령의 장기집권 방지용으로 '대통령 단임제로서 임기 5년'을 명기했다. 그러나 단임제와 임기만 바꾸어 놓았을 뿐, 권위주의 시기에 가졌던 대통령의 막강한 권한은 온존되었다.

강력한 한국의 대통령 권한은 최장집이 지적했듯이 여당의 약화뿐만 아니라 더 심대한 현상, 여당을 전일적으로 지배하는 도구로 작용했다(최장집 : 2007, 162). 더욱이 전통적인 여당이 과거 권위주의 시절의 대통령 부속기관으로서의 정당, 국가 기구의 한 부분으로서의 정당 형태의 관습을 바로 벗어나는 일은 어려웠다. 왜냐하면 과거 권위주의 정권 시절의 당원들과 정당 엘리트들 대부분이 민주화 이후에도 커다란 인적 변화 없이 이어졌으며, 그 주요권한도 이전되었기 때문이다.

1981년 국가권력 위성 정당으로 창당 한 민정당의 주요강령은 그대로 노태우 6공화국의 민정당에도 계승되었다. 따라서 여당의 국회에서의 활동은 대의제 민주주의에 입각한 권력 견제 장치로서의 정치적 역할보다 대통령 통치의 보완물로 대통령 국정 운영의 한 보조 축으로 기능 될 것으로 예상되었다. 여당의 국회에서의 활동은 야당의 반대에 맞서 대통령 권력 운영을 보위하고, 정부의 입법안을 통과시키는 대통령 대리인으로서의 역할을 충실히 하는 임무가 기대되었다. 또한 검찰, 경찰, 국세청 등 주요 감찰기관뿐만 아니라, 국가관리 시스템 전반에 영향력을 갖고 있는 대통령 권력의 영향력은 정당 정치인들의 활동을 위축시키기에 충분했다.

대통령과 여당의 정당 내 권력 관계는 너무도 분명했기 때문에 당헌과 당규 상에 명확히 나타나 있으며, 공식적인 공천권을 당 총재인 대통령이 행사했다. 민정당의 당헌 당규는 총재의 절대적 권한을 명기하고 있으며, 총재가 임명한 대표위원은 총재의 대리인임을 공식화하고 있다.

1988년 1월 8일에 발표된 민정당 당헌에는 '총재는 당을 대표하고 당무를 통할한다'라고 되어 있다. 제27조 대표위원 조항에는 '총재가 임명한 대표위원은 총재의 명을 받아 당무를 총괄하고 각 기관을 지휘 · 감독한다'라고 나와 있다. 이는 제5공화국 시절의 민정당 당헌 당규 조항과 동일하다. 즉 대통령인 당 총재가 대통령직을 수행하기 위해 당을 떠나있으나, 대통령의 대리인 격인 대표위원이 당을 관리하게 한다는 것이다.

공천권도 마찬가지이다. 공천의 최종결정권은 총재가 갖고 있었다. 국회의원 후보자 추천을 규정한 당헌 제72조 1항을 보면 '지역구 선거 국회의원 후보자의 추천은 지구당의 의견을 들어 중앙집행위의 심사를 거쳐 총재가 결정한다' 라고 되어 있는 것이다. 따라서 노태우 대통령은 자신의 집권 기반 확충을 위해 공천권을 우월적으로 행사할 수 있었다.

민정당의 공천은 노태우 친위세력이 중심이 된, 노태우 대통령이 최종재가를 하는 중앙 집중적, 하향식으로 이루어졌다. 공천의 목적도 분명했다. 6공 세력의 새로운 재편이었다. 아직도 권력 여진을 갖고 있는 5공 실세들을 공천에서 배제 시키기 위해서는 대통령 권력을 장악한 노태우의 지원과 지시가 필수적이었다. 당은 형식적인 공천행사를 하는 집행 장소였을 뿐이었다.

금요일의 대학살

5공 세력의 제거는 민정당 창당 주역들에게 그 칼날이 먼저 향해졌다. 권익현, 권정달, 이종찬 등 3인이 표적이었다. '금요일의 대학살'이라고 부쳐진 공천은 89명의 현역 지구당 위원장 중 권익현, 권정달을 포함한 27명이 탈락되는 대폭적인 물갈이 공천이었다. 이외에도 윤길중, 이상익, 정석모, 김숙현, 이찬혁, 봉두완, 박경석 의원 등 중진급을 포함하여 20명 이상의 현역 의원들이 탈락했으며, 전두환의 친인척도 배제되었다.[78]

권익현　　　　　　권정달　　　　　　이종찬

공천과정에서 제5공화국 출범 당시 기존정치권에서 참여했던 인사들과 언론계 출신들이 대거 재공천에서 탈락했고, 이 자리를 1백여 명의 신진인사들이 채웠는데, 재력 인사들의 대거 진출(17%)과 운동권 출신 인사들이 그 자리를 메꾸었다. 특히 대도시 지역에 중소기업인, 부동산, 재벌, 병원장 등 재력가들이 차지했으며, 6·3세대의 박범진, 단국대 총학생회장 출신인 설영주, 부산대 총학생회장 출신인 안병해, 한양대 총학생회장 출신인 김영길, 연대 학생회장 출신인 안성혁 등이 공천되었다.[79]

공천의 객관성에 대한 반발도 거셌다. 즉 공천에 대한 '뚜렷한 기준이 뭐냐' 는 볼멘소리가 공천신청자들은 물론이고 당내 여기저기서 쏟아져 나왔다. 중앙

---

[78] 「권력막후 "금요일의 대학살" 13대 공천」, 경향신문 1993년 7월 24일.
[79] 「흥분, 체념, 반발, 진통 겪는 민정」, 경향신문 1988년 3월 17일.

당사에는 공천탈락자를 지지하는 당원들이 몰려들어 공천 결과에 대한 항의 시위 및 농성도 잇따랐다.80) 이는 공천의 독점성에 따른 당내 갈등표현이라고 볼 수 있다.

"당시 공천에 깊숙이 관여했던 한 인사는 양권(權)씨 등 민정당 창당 주역의 거세 작업은 노 대통령의 가족회의에서 결정되었으며 노 대통령의 동생인 재우 씨와 처남 김복동 씨, 동서 금진호 씨, 부인 김옥숙 씨와 고종사촌지간인 박철언 씨 등이 주역이라고 설명했다."81) 밀실 공천 작업을 통해 5공 인사들이 제거되고 자연스럽게 집권층의 인물들이 6공화국의 신실세로 바뀐 것이다. 노태우 대통령의 '대통령 집권기반확충형 공천'은 공천심사특위위원들이 비밀리에 안가에 모여서 숙의되었으며,82) 노 대통령의 수직적 지시와 보고에 의해 최종 결정됐다.

당시 공천특위에 참여했던 남재희는 자신의 회고록에서 당시의 상황을 전하고 있다. "노태우 대통령의 지시를 직접 받고 이를 당에 공식적으로 관철시킨 인물은 심명보 사무총장이다. 공천 작업은 주로 총책임자인 심명보 사무총장이 했다. 안가에서 전화를 쓸 수 있는 사람은 그 한 사람으로 제한되었다. 이춘

---

80) 「간판 없는 새인물 나열」, 동아일보 1988년 3월18일.
81) 김현섭·이용호, 『제6공화국 정치비화 1 권력 막후』(경향신문사, 1994), 198면.
82) "채문식 대표위원은 9일 공천심사특위가 구성되면 4-5일간 비밀장소에서 합숙하면서 외부와의 연결을 차단할 것이라고…" 「비밀장소서 합숙하며 공천 작업」, 경향신문 1988년 3월 9일.

구, 이대순 등 쟁쟁한 인물들도 출입은 물론이고 통화도 금지되었다. 그때는 핸드폰도 없던 시대다. 그러기에 심 총장이 내세우는 사람들이 윗선의 지시인지, 거물급들의 청탁인지, 그의 개인적 판단인지, 또는 그럴리야 없겠지만 그의 사리사욕에 따른 것인지 도통 알 수가 없었다. 그가 강조하면 모두 승복하였

심명보

다. 심명보 의원은 '의리의 돌쇠'라고 표현해야 맞을 인물이다. 노태우 대통령을 만들기 위해 문자 그대로 불철주야 신명을 바쳤다."83)

남재희의 증언에 따르면, 노태우의 최측근인 심명보 사무총장이 노 대통령의 지시를 받아 공천 작업을 진행했으며, 노 대통령의 의도대로 공천이 진행되었음을 알 수 있다. 결국 노태우는 당 총재이며 6공화국 대통령이라는 지위를 이용해 13대 총선 공천을 통해 기존 권력의 핵심에 있었던 5공 세력을 축출해내고 6공의 새로운 세력을 공천함으로써, 노태우 정권의 권력을 확충하는 발판으로 삼은 것이다. 또한 그 공천방식은 매우 비밀리에 진행되었다. 노태우와 최측근들이 공천 후보를 결정했으며, 민정당 당직자들은 공천내용을 받아 적어, 발표하고 실행하는 대통령의 부속비서실이었을 뿐이었다. 과거 박정희, 전두환 군사 권위주의 정권 시절의 공천 실현 양태와 크게 다르지 않았으며, 차이가 있다면 과거처럼 내놓고 공천권을 행사하지 않고, 그래도 공천후보자

---

83) 남재희, 『나의 사적인 회고록』(민음사, 2006), 204-207쪽.

를 처음으로 공모했다는 것이었다. 당의 공천심사특위에서 공천후보자를 발표하는 형식을 취했을 뿐이었다.

노태우 직계사단의 전면배치와 민심의 심판

13대 총선의 민정당 공천은 신군부의 실세들이 5공에 이은 권력 지속성을 확보하는 공천 양태를 보여주었다. 즉 대통령 권력을 장악해서, 대통령으로 전면에 나선 노태우와 신군부의 공존 형 공천이었다. 단지 달라진 점은 전두환을 중심으로 한 5공 친위세력만을 공천에서 배제 시키고, 노태우 직계사단을 대구 경북지역 중심으로 공천하여 신군부세력 내의 권력 관계를 적절하게 고려

13대 총선 민정당 대구지역 공천자 현황

중구	유수호	56	변호사	대구지법 및 고법 판사	당선
동구	박준규	62	무직	유엔총회 대표	당선
서구갑	정호용	55	무	육군참모총장	당선
서구을	최운지	60	국회의원	관세청차장	당선
남구	이정무	47	(주)대구백화점 부회장	대구시체육회상임 부회장	당선
북구	김용태	51	국회의원	11, 12대 국회의원	당선
수성구	이치호	48	국회의원	서울, 청주지방법원 판사	당선
달서구	김한규	47	홀트아동복지회장	재미한국총유학생 회장	당선

<중앙선거 관리위원회 홈페이지에서 발췌 정리>

13대 총선 민정당 경북지역 공천자 현황

지역	이름	나이	직업	경력	결과
포항시	이진우	54	변호사	11대 국회의원	당선
경주시	김일윤	49	국회의원	경주실업전문대 학장	당선
김천시 · 금릉군	박정수	56	대학교수	10, 11대 국회의원	당선
안동시	권중동	55	국회의원	노동부장관	
구미시	박재홍	47	국회의원	11, 12대 국회의원	당선
영주시 · 영풍군	김진영	49	축산업	경상북도자문위원	당선
영천시 · 영천군	정동윤	50	국회의원	12대 국회의원	당선
상주시 · 상주군	김근수	53	무	국가안전기획부 제1차장	당선
점촌시 · 문경군	이영화	56	정치인	문경 군수	
달성군 · 고령군	이용택	57	정치인	대한지적공사장	
군위군 · 선산군	김윤환	55	정무제1장관	대통령비서실장	당선
의성군	정창화	47	국회의원	11, 12대 국회의원	당선
안동군	류돈우	54	정당인	한국수출입은행장	당선
청송군 · 영덕군	황병우	56	국회의원	10대 국회의원	당선
영양군 · 봉화군	오한구	53	국회의원	11, 12대 국회의원	당선
영일군 · 울릉군	이상득	52	코오롱상사사장	범민족올림픽추진위원회이사	당선
월성군	황윤기	53	정치인	군산·안동·경주·포항시장	당선
경산군 · 청도군	박재욱	50	정치인	11대 국회의원	
성주군 · 칠곡군	장영철	51	정당인	인동장씨(본향)종친회 회장	당선
예천군	유학성	61	국회의원	국가안전기획부장	당선
울진군	김중권	48	정치인	서울고등법원 판사	당선

〈중앙선거 관리위원회 홈페이지에서 발췌 정리〉

했다는 것이다. 6공화국이 신군부의 연장적 성격을 갖는다는 것을 공천과정에서 확인하는 징표였으며, 안정적인 집권 연장을 위한 신군부 내의 합의점으로 추정된다. 오직 전두환 친위세력만을 낙천시키는 수준에서 권력 내부의 질서를 개편한 것이다.

13대 총선에서 공천을 받은 하나회 멤버들은 정호영(대구 서구갑), 박준병(보은, 옥천), 정동호(의령, 함안), 이춘구(제천), 허삼수(부산 동구), 이대희(대천 보령), 정순덕(충무), 이학봉(김해), 유학성(예천) 등이다. 12·12 쿠테타를 감행한 신군부의 실세들이 그대로 온존되었으며, 여권의 지역 본산인 영남지역 중심으로 공천을 받았다. 구 공화당계로 남재희, 정동성, 김윤환 등이 공천을 받았다.

노태우의 TK사단도 이때 공천을 받아 형성되었는데, 김윤환, 박준규, 박철언, 정호영 등이 선두주자로서 그리고 최운지, 유수호, 박우병, 황윤기, 이정무, 이원조, 강재섭, 유학성, 이치호, 정동윤, 정창화, 이상득, 장영철, 박정수 등이 대구경북 지역에 포진하며 그 세력을 형성했다.

13대 총선 민정당 공천 결과를 보면 노태우는 전두환 친위세력을 제외한 여타 신군부세력과 연합하여 그 지배세력을 더욱 공고히 했으며, 박철언, 김윤환 등을 중심으로 TK사단을 형성해 한국 정통 여당의 지역적 기반인 대구 경북지역에 그 영향력을 확대시켰다. 또한 최측근인 박철언을 중심으로 한 월계수회 멤버들이 공천을 받도록 배려했다. 월계수회는 6공화국 노태우의 친위조직이라고 할 수 있다.

월계수회(박철언) 회원 현황

박철언	1942	경북 성주	서울대 법대	13-15대
나창주	1934	전남 나주	건대 정외과	13대
이도선	1932	전남 광양	전남대 농대	8-10대, 13대
박승재	1934	전남 무안	고대 정외과	13대
이상희	1935	경북 대구	서울대 영문과	13대
김길홍	1942	경북 안동	한국외대 영문과	13-14대
김정길	1935	경기 용인	한학 수학	13대
이재황	1948	경북 포항	한양대 경영	13대
신영순	1936	인천	고대 의대	13대
강우혁	1938	인천	서울대 행정	13-14대
강재섭	1948	대구	서울대 법대	13-16대

<조의환, 「한국 정당 파벌에 관한 연구」, 동국대학교 박사학위 논문(2001), 277쪽>

대구·경북지역에 재공천받은 현역 의원은 전체의석 29곳 중 8곳에 불과했다. 나머지 21곳이 교체된 것이다.

반면에 수도권에서는 1987년 이후 형성된 민주화 변화의 바람을 반영시킨 공천 결과는 나타내지 못했다. 수도권에 5공 때 공천받았던 현역 의원들을 상당수 다시 공천했다. 서정화(용산, 12대 국회의원), 이세기(성동갑, 민정당 사무총장), 김영구(동대문을, 민정당 총재비서실장), 천명기(중랑을, 8, 9, 10대 국회의원), 배성동(도봉을, 11, 12대 국회의원) 등이 재공천 되었다. 새롭게 공천받은 인물 역시, 신선하거나 당시의 시대적 흐름과는 배치되는 후보자들이 많았다. 눈에 띈다면 영화배우 신영균과 이순재 등이었다.

과거 민주화운동에 참여했던 인사들은 찾기 어려웠다. 이점이 바로 민정당을 13대 총선에서 패배시킨 주요 요인이었다고 본다. 야당인 평민당과 민주당은 민주화운동에 참여했던 인사들을 대거 영입하여 수도권에 포진시킨 반면, 민정당은 5공 세력을 6공 세력으로 교체한다는 변화 외에는 별다른 공천특징을 보여주지 못한 것이다. 더욱이 5공 친위세력의 제거는 지배층의 교체 외에는 별 감동을 주지 못했다. 유권자들은 민정당은 시대의 흐름을 반영하지 못하는 공천을 했으며, 신군부세력의 연장이라고 보았다. 따라서 수도권의 선거 구도는 과거 권위주의 정권 시대의 여권 인물과 민주화 시대에 맞는 야권의 인물 대결 양상으로 위치 지워지게 되었다.

결국 민정당은 여소야대라는 13대 총선 결과 성적표를 받을 수밖에 없었다. 야권의 분열을 통해 소선구제에서 이득을 보려 했던 선거전략의 실패였으며, 87년 민주화 이후 봇물처럼 터진 국민의 변화 요구를 반영하지 않은 구태의연한 공천 결과라고 할 수 있다.

DJ, YS의 민주화운동 인사 영입

1988년 대선에서 김대중과 평민당은 패배했지만 김대중은 차기 유력대권 주자로 여전히 그 정치적 위상을 유지했으며, 호남의 지역적 지지는 어느 누구보다 강했다. 또한 동교동계는 김대중과 후원-수혜 관계의 정파로 평민당에서 자리 잡고 있었다.

김대중

제13대 총선을 앞두고 평민당이 해결해야 할 과제는 두 가지가 있었다. 첫째는 호남에서 의석을 석권하여 정치적 지역 기반을 확실하게 다지는 일이었다. 정치적 지지기반인 호남지역에서 의석수를 확실하게 확보하는 문제는 당의 정치적 영향력을 행사할 수 있는 정치적 토대였다. 만약 지역에서 의석수 석권에 실패한다면, 기본적 지지계층을 결집시키지 못하는 현상이 나타나게 되고, 김대중의 대권가도에 결정적인 장애 요소가 되는 일이었다.

둘째, 수도권에서 최대 가능한 의석수를 확보하는 일이었다. 수도권의 선전 여부는 제1야당으로서의 위치를 차지하는 일이었으며, 김대중의 대권가도에 결정적 영향력을 미치는 일이었으며, 창당한 신생 정당의 정치적 운명과 직결되는 일이었다. 1987년 분출한 국민 여론을 어떻게 수용하여 공천에 반영하는 일이 가장 중요했다.

김대중은 1970년대 민주화운동 과정에서 함께 투쟁해 온 재야 인사들을 대거 영입하여, 이들의 민주화 투쟁 경력을 평민당의 간판으로 삼았다. 또 공천에 대한 일정 지분도 공유했다. 박영숙을 총재권한대행으로 세웠다. 박영숙은 김대중과 재야에서 함께 민주화운동을 함께 한 인물이었고, 당시 시민운동, 여성운동의 대부로 불렸던 사람이다. 문동환 목사 등 재야 입당파들을 당무위원으로 임명했다. 영입된 인사들 대부분이 1970-1980년대 김대중과 함께 민주화운동을 했던 사람들이었다. 이들은 1987년 대선후보 단일화 과정 논란에서 김대중을 지지하는 즉 '비판적지지'에 속했던 재야인사들이었다. 재야 입당파 영입은 김대중 정당의 외연을 넓히는 것이었으며, 평민당의 지역 정당 이미지를 희석화시키고 13대 총선의 분수령이라고 할 수 있는 수도권 본선 경쟁력을 높였다.

재야 영입파들의 입당으로 기존 호남 출신 당료들의 입지를 약화시키는 결과도 만들어냈고, 거센 반발도 야기시켰으나,[84] 결과적으로는 평민당의 이미지 탈색과 김대중과 평민당의 외연성을 확대시키는 계기가 되었다. 또한 저항적 지역주의를 근간으로 하는 호남의 정치 세력과 민주화 운동세력이 결합하는 방식으로서의 정당형성이었다. 호남지역과 민주화운동의 정당으로서의 결

---

84) "이들은 조직책 심사과정에서 김 전총재가 시종일관 실질적으로 주관했다고 주장하면서 전 당원과 국민 앞에 사과할 것을 요구한 뒤, 조직책 심사위의 재야 측 인사가 20-30년 간 전통야당을 지켜 온 당료들을 공천에서 배제한 것은 평민당을 접수하겠다는 저의를 드러낸 것이라고 주장" 「공천 탈락 국장급 200여명 당풍쇄신위 구성」, 경향신문 1988년 3월 31일

합은 이후 한국 야당의 정통성으로 인정되어 지속적으로 이어져 왔다.

평민당의 제13대 총선 공천은 김대중과 동교동계에 의해 주도되었다. 그러나 평민당은 민심을 감안하여 재야 입당파에게도 상당 부분의 지분을 할애했다. 평민당 공천 특위위원장은 동교동계인 김영배가 맡았다. 그러나 공천특위에 재야 입당파인 이해찬과 임채정도 선임되었다.85) 물론 김대중과 동교동계의 공천 지분은 상대적으로 우위를 차지했다. 수도권은 재야 입당파 중심으로 호남지역은 동교동계 중심으로 공천이 되었다.

김영배

평민당은 3월 30일 공천 확정자 148명을 발표했다. 현역 의원 24명 중 18명만을 공천했으며, 전직 의원은 30명 중 15명이 공천을 받는데 그쳤다. 입당 재야인사들은 거의 대부분 지역구 공천을 받았다.86) 재야인사 영입파로 서울지역에서 공천을 받은 사람으로는 고광진, 임채정, 김학민, 양성우, 이해찬 등이다. 박영숙 총재권한대행은 정치 1번지라고 불리는 종로에 공천을 받았다. 수도권 등에서 공천받은 운동권 및 재야 출신 인사는 20명에 육박하였다. 김대중의

---

85) "평민당은 15일 조직강화 특위위원장에 김영배 사무총장, 위원에 최영근 당무지도위원. 허경만 총무 안동선의원 임채정 당무위원 이해찬 당무위원 이길재 대외협력위원장을 임명했다" 「평민당 조직강화특위 구성」,경향신문 1988.3.15.
86) 「평민당 공천 백48명 발표」, 동아일보 1988년 3월 30일

전 현직 특보 또는 비서관이 8명(권노갑, 최운상, 정웅, 한화갑, 김경재, 이협, 설훈, 홍기훈)이 공천을 받았다. 또한 학계와 법조계 출신 대다수가 평소부터 친 김대중계의 인사들이었고 순수 경영인 출신은 김원길 전 청보식품 사장 1명뿐, 관료나 언론계 출신의 신규영입은 없었다.[87)]

또한 5·18 민중 항쟁동지회 회장이고 전남대 총학생회장 출신인 정상용을 광주 서구 갑에 공천했으며, 광주 북구에는 5·18 광주민주화운동 당시 신군부의 발포 명령을 거부했던 광주 31사단장이었던 정웅 장군을 공천했다. 이리에 공천을 받은 이협은 평민당 당보 주간을 하면서 검증받은 인물이었으며, 김원기(정주), 손주항(전주시을) 역시 신민당과 민추협 활동을 함께 해왔었다. 정균환(고창), 김충조(여수), 조순승(구례, 승주), 박상천(고흥), 류준상(보성) 등은 김대중과 오래전부터 인연을 맺어 왔거나, 범 동교동계로 분류되는 인물이었다. 김대중의 고향인 신안과 목포에 공천받은 한화갑과 권노갑은 김대중의 비서 출신이었다.

13대 총선 평민당 광주지역 공천자 현황

동구	신기하	47	국회의원	12대 국회의원	당선
서구갑	정상용	38	정치인	전남민주청년 협의회장	당선
서구을	박종태	68	정치인	평화민주당당무지도위원	당선
북구	정 웅	60	정치인	보병제31사단장	당선
광산구	조홍규	45	정치인	신민당보민주전선편집국장	당선

〈중앙선거 관리위원회 홈페이지에서 발췌 정리〉

---

87) 「투사 중심 체질개선 모색」,동아일보 1988년 3월30일

김영삼은 오랫동안 정치적 역정을 같이 했던 김명윤을 총재 대행으로 임명했다. 김명윤은 검사 출신으로 1984년 민추협 활동을 함께 해왔던 인물이었다. 87년 대선 과정에서 김영삼 후보를 지지했던 재야인사들도 영입했다. 인권변호사 출신의 강신옥과 노무현, 판사 출신의 이인제와 장석화, 김광일 등이 통일민주당에 입당했다. 김영삼은 김명윤 총재 대행을 공천특위 위원장에 앉혔으며, 특위 위원에 상도동계가 아닌 김상현 등을 임명했다.88) 공천심사기구가 이전 계파 간의 철저한 지분에 의해 공천을 재분배하던 방식89)을 지양하려는 모습도 보여주었다.

김명윤

---

88) "민주당은 14일 김명윤 총재직무대행을 위원장으로 하고 김상현 김수한 박종률 황명수 김동영 최형우씨등을 위원으로 하는 7인 공천심사특위를 구성했다." 「민주당 공천심사특위 구성」, 매일경제 1988년 3월14일

89) "1973년 1월19일 공천심사위원회를 구성한 신민당은…실제로 야당의 공천은 담합과 철저한 계파 분배로 이루어졌다. 심사기준을 마련해 놓고 처음에는 그에 따르는 듯 했지만 막상 심사에 들어가면 이미 설정해 놓은 기준이나 규정은 무시되고 계파간 안배가 가장 중용시 되는 것이 야당 공천의 가장 큰 문제점이었다"(40면) "구신민당 중진과 민주화 추진협의회 소속 인사들이 대거 참여하여 창당된 신민당은…정당공천 방식에 있어서는 여전히 계파간의 철저한 안배위주로 진행되어 일차로 민추계와 비민추계가 50% 씩 나누어 했고, 민추계의 몫을 다시 김영삼계와 김대중계가 반반씩 나누어 공천했다."(14면) 성석영 「한국 정당의 국회의원후보 공천과정에 관한 연구: 당내 민주주의 분권화와 포괄성을 중심으로」, (고려대학교 석사학위 논문, 2010).

김영삼과 상도동계는 공천권을 확실하게 장악했던 것으로 보인다. 당시 동아일보(1988. 3. 26. 3면) 기사를 보면 그 정황이 정확히 드러난다. "공천심사가 시작된 후부터 김 전 총재는 상도동 자택과 민족문제연구소에 연일 진을 치며 성화를 부리는 공천 희망자들을 피하기 위하여 서울 시내 둘째 아들 집을 비롯한 친지들 집으로 외출, 잠행을 계속, 공천 희망자들은 김 전총재가 새벽 조깅을 나가기 전부터 진을 치고 모두들 독대만을 애걸하는가 하면… 공천심사 언저리가 이토록 요란스럽기는 하지만 사실 이번 민주당 공천은 밀실 작업으로 다 이루어지고 공천심사위의 활동은 충격 완화용 모양 갖추기라는 인상이 농후, 왜냐하면 김 전 총재의 조직 참모인 서석재의원이 특명 비밀작업을 통해 이미 1-3차 심사의 차수별 공천자까지 분류해 명단을 넘겨준 상태이기 때문…"

민주당은 3월 29일 공천자 명단 187명을 발표했는데, 현역 의원이 53명 중 41명이 공천됐고, 12명을 탈락시켰다. 이는 야당 공천 사상 최대의 현역 의원 교체율이었다. 또한 김영삼 전 총재, 김명윤 총재권한대행, 김상현 부총재 등 전직 의원은 27명이 공천됐으며, 당료 출신이 47명, 김영삼 전 총재의 특보 출신 7명이 전원 공천됐다.90)

김상현

---

90) 「민주당 공천자 백87명 발표」, 동아일보 1988년 3월 29일자, 1면.

13대 총선 민주당 부산 지역 공천자 현황

중구	김광일	48	변호사	대구지법 판사	당선
서구	김영삼	60	정치인	민족문제연구소 고문	당선
동구	노무현	41	변호사	대구지방법원 판사	당선
영도구	김정길	42	국회의원	12대 국회의원	당선
부산진구갑	정재문	51	국회의원	12대 국회의원	당선
부산진구을	김정수	50	국회의원	부산직할시약사회장	당선
동래구갑	박관용	49	국회의원	11, 12대 국회의원	당선
동래구을	최형우	52	정당인	8, 9, 10대 국회의원	당선
남구갑	허재홍	51	(주)신풍개발대표	민주산악회남구,해운대구지부장	당선
남구을	정상구	63	국회의원	5, 7, 12대 국회의원	당선
북구갑	문정수	48	국회의원	12대 국회의원	당선
북구을	신상우	50	정당인	8, 9, 10, 11대 국회의원	당선
해운대구	이기택	50	국회의원	7, 8, 9, 10, 12대 국회의원	당선
사하구	서석재	53	국회의원	11, 12대 국회의원	당선
금정구	이대우	46	교수	부산대 교수	

〈중앙선거 관리위원회 홈페이지에서 발췌 정리〉

민주화 열기와 새로운 변화에 대한 유권자들의 정서에 공감될 수 있는 인물을 공천했다. 인권변호사로 명성을 얻고 있었던 노무현 변호사를 부산 동구에, 김광일 변호사를 부산 중구에 공천했고, 김영삼 본인이 직접 부산 서구에 출마해 바람을 일으키려고 했다. 김정길(부산 영도), 박관용(부산 동래갑), 황낙주(창원), 김봉조(거제), 김동영(거창), 백찬기(마산갑), 강삼재(마산을) 등 모두 상도동계 인물이었다. 또한 김동주(양산), 서석재(부산 사하) 최형우(부산 동래을) 등은 김영삼과 민주화 투쟁을 함께해 온 비서 출신이자 동지들이었다. 지역 기반의 중요성을 감안,

지역에서 민주화운동에 헌신했던 참신한 인물을 상징적으로 공천한 것임을 알 수 있다.

2) 나눠먹기식 공천의 결과

김영삼, 김종필, 노태우의 정치 승부

노태우 대통령은 13대 대선에서 대통령으로 당선되었으나 득표율은 매우 저조했다. 역대 대통령 선거에서 최저의 득표율인 36.6%를 얻었다. 반면에 김영삼 후보는 28%, 김대중 후보는 27%를 얻어 두 사람이 얻은 표를 산술적으로 합치면 55%, 즉 과반이 넘는 득표율로서 노태우 후보를 14% 이상 앞섰다. 수치상으로 볼 때 노태우 후보는 김대중과 김영삼이 분열만 하지 않았다면 대통령으로 당선될 수 없었다. 제13대 총선에서도 노태우의 민정당은 유사한 결과를 받았다. 1988년 제13대 총선에서 민정당은 노태우가 대선에서의 얻었던 득표율보다 더 적은 34%의 득표율을 얻었을 뿐만 아니라. 의석수에 있어서도 야3당이 얻은 164석보다 39석이 적은 125석을 민정당이 얻었다.

민자당 13대 국회의원 총선 결과(단위: 석, %)

정당	의석수	의석률	득표율
민주정의당	125(87/38)	41.8	34.0
평화민주당	70(54/16)	23.4	19.3
통일민주당	59(46/13)	19.7	23.8
신민주공화당	35(27/8)	11.7	15.6
한겨레 민주당	1(1/0)	0.4	1.3
무소속	9(9/0)	3.0	4.8
기타	–	–	1.2
계	299(224/75)	100	100

〈출처 : 김호진, 『한국정치체제론』(서울: 박영사, 2003), 379쪽〉

국회 권력의 야당 장악이라는 초유의 사태가 발생했다. 노태우 정부는 국회 권력이 야3당에 의해 장악됨에 따라 국정 운영을 야3당과의 협력과 힘겨루기 과정에 의존할 수밖에 없었다. 대통령 권력으로 국회 권력과 싸워서 힘의 우위 관계로 통치하거나, 아니면 국회와의 협력적 관계를 통해 양보와 타협의 정치력을 발휘하는 수밖에 없었다. 더욱이 5공 청산 요구 등 군부 권위주의 정권하에서의 각종 비리가 지속적으로 터져 나오면서 6공의 기반마저 잠식해가는 상황이었다. 노동계를 필두로 하는 기층 계층에서의 민주화 요구 역시 만만치 않았다. 전노협 등 제조업 노조의 조직 증가뿐만 아니라 전국교직원노조, 사무금융노조, 연구전문직노조, 언론노조, 출판노조 등 사무직에서도 폭발적으로 노동조합이 결성되어 갔다.

국민적 지지기반이 취약한 노태우 정권으로서는 감당하기 어려운 상황으로 가고 있었다. 보수층은 기득권이 위협받는 위기로 인식했다. 그 위기에 대한 출구전략으로 보수 대연합 구도가 기획되었으며 3당 합당이 추진되었다. 노태우 6공 세력이 처음 접촉한 사람은 김종필이었다. 본래 같은 뿌리였던 6공 세력과 김종필은 보수층이라는 정치적 지지기반은 동일했던 것이다. "정계개편 논의는 지난해 6월 김종필 공화당 총재가 미국 방문을 앞두고 이른바 색깔론과 내각제 개헌의 필요성을 주장하면서 제기됐다. 김종필 씨는 방미를 마치고 귀국한 직후 7월 노태우 씨와의 단독회동을 통해 정계개편 문제를 공식 제기했고 정가에서는 민정. 공화 양당의 통합론이 파다하게 떠돌았다. 그러나 이 같은 1단계 움직임은 이종찬 당시 민정당 사무총장을 비롯한 창당 주도 세력의 반발 등 내부요인으로 일단 불발됐다. 2단계 논의는 10월 2일 김영삼. 김종필 두 총재의 골프 회동이 시작되면서 구체화 되었다."[91]

제13대 총선에서 평민당에게 제1야당의 지위를 내준 김영삼으로서는 정국주도권을 평민당의 김대중에게 내준 형국이 되어버렸다. 3년 남은 대선 가도의 길이 평탄해 보이지 않았다. 김영삼은 자신이 여권으로 들어가 대선후보가 된다면 자신의 부산 경남의 지역적 기반과 보수 온건 노선을 통한 중산층 지지, 그리고 대구 경북 및 보수층의 지원으로 대통령으로 당선될 수 있다는 선거 구도를 기대했다. 노태우, 김종필의 보수 대연합 구도, 그리고 김영삼 대권 야심

---

91) 윤석인, 「3당 합당의 의미」, 『창작과 비평』 18(1990), 315쪽.

의 정치적 이해관계가 3당 합당으로 모아졌다. 1990년 1월 22일 3당의 총재 3명은 전격적으로 합당의 공동선언문을 발표했다. 여소야대의 정국이 순식간에 거대 여당과 군소 야당 구조로 뒤바뀌었다. 국회 의석 과반이 넘는 개헌선을 훨씬 초과하는 218석의 새로운 민자당이 탄생했다.

노태우, 김종필, 김영삼 세 명의 합의로 탄생한 민자당은 당 내부 권력 구조 역시 3인에 의한 지배 질서를 취했다. 지분은 5:3:2로 합의했으며 당내 의사결정 구조도 노태우 총재 독단으로 이루어질 수 없었다. 당헌 당규의 변화도 이루어졌다. 1987년 민정당의 당헌 27조에는 '대표위원은 당 총재가 임명하는 것'으로 되어 있었다. 그러나 1990년 2월 15일 제정된 민자당의 당헌에는 '대표최고위원은 전당대회에서 선출된 최고위원 중 총재가 지명하는 것'으로 바뀌었다. 공직자 후보추천조항도 역시 새롭게 바뀌었다. 총재 1인의 지명권을 인정하지 않았다. 당규 공직 후보자 추천규정 제9조, 추천자 결정은 '당무회의 심의를 거쳐 총재가 최고위원들과 협의하여 국회의원 후보자를 결정하는 것'으로 신설되었다.

당내 권력 구조도 완전히 달라졌다. 전통적인 대통령 집권 여당에서 볼 수 없는 형태로 바뀐 것이다. 초대 대표최고위원은 김영삼으로 임명되었으며, 김종필은 최고위원이 되었다. 김영삼은 대표최고위원직을 90년 5월 9일부터 14대 대선 직전인 92년 8월 27일까지 맡게 되었다. 이제 민자당의 권력 관계는 최대

1990년 1월 22일 노태우, 김영삼, 김종필의 3당 합당 선언 후 탄생한 민주자유당 창당식에서 김영삼 전대통령이 노태우 대통령, 김종필 전 신민주공화당 총재, 박태준 민자당 대표와 손을 들고 있다.

지분을 갖고 있는 민정계와 그리고 민주계, 공화계의 권력 연합적 성격을 갖게 되었다.

탁월한 지분 나눠먹기식 공천, 그러나 민심은 아니었다

노태우, 김영삼, 김종필 3정파의 지분을 바탕으로 하는 정파 연합적 권력 관계는 92년 14대 총선 공천 결정 과정에서도 그대로 지속되게 된다. 노태우, 김영삼, 김종필 3자에게 공통적으로 마주칠 수밖에 없었던 것은 '민자당에서 과연 누가 차기 대선 후보로 선정될 것인가'였다. 1992년 14대 대선을 생각할 때, 6개월 전에 열리는 14대 총선은 3정파 입장에서 볼 때는 정치적 승부수를 던져야 하는 전초전이었다. 대선 후보경선은 결국 조직싸움이 좌우하기 때문에 6개월 전에 결정되는 공천에 따라 조직 세가 결정될 수밖에 없었다.

유력 대권 주자인 김영삼은 이번 총선에서 가능한 민주계 사람들이 공천을 많이 받도록 해야 했으며, 김종필도 차기 대선 경선 및 본선에서 정치적 영향력을 최대한 발휘하는 길은 공화계가 공천 싸움에서 밀리지 않는 것이었다. 노태우는 복잡한 정치 공학을 풀어야 했다. 대선 경선에서 최대한 영향력을 발휘해야 하고, 남은 임기 동안의 안정된 국정 운영, 그리고 퇴임 이후의 안전판까지 고려한 공천 지분을 확보해야 했다.

공천권 집행에 대한 책임은 대통령이면서 당 총재인 노태우에게 달려 있었다. 노태우는 자신의 지분도 확실히 챙기면서 김영삼, 김종필의 지분도 적절히 보장해주어야 하는 정치적 역량을 발휘해야 했다. 92년에 시행될 14대 총선은 거대 여당이 된 민자당과 노태우 정부에 대한 중간평가적 성격이 강한 선거였다. 또한 대구·경북과 부산·경남 그리고 충청권이 호남지역을 고립시킬 수 있다는 선거환경을 갖고 있었다. 즉 선거 구도상 여당에게 유리한 지형을 갖추고 있었다. 따라서 민자당은 정파 지분 배분에 충실한 공천에 치중할 뿐 민심을 공천후보자 결정 과정에는 반영하지 않았다.

민자당의 14대 공천은 내부 지분에 따라 충실하게 이루어졌다. 정파 연합적 성격의 권력 관계를 현실적 당내 힘에 따라 분배하는 공천 결과를 보인 것이다. 이러한 권력지분 배분형 공천은 고도의 정치적 역량이 필요했다. 협상과 조정, 그리고 상호 간의 교환을 통한 정치적 실리 챙기기가 가장 중요했다.

조정 실무적 역할은 허주 김윤환 사무총장이 맡았다. "민자당 공천은 안기부, 내무부 등 정보 관계 기관에 의해 조사된 정보를 청와대 사정 수석실이 취합하고, 이를 바탕으로 손주환 정무수석, 서동권 안기부장, 김윤환 사무총장이 시내 어느 호텔에서 사실상 공천 작업을 벌이기 시작했다. 지난 1월 27일 당 공천심사

김윤환

위원회의 합숙심사가 시작되기 이전에 200여 지역구에 대한 공천을 사실상 완료하고 나머지 40여 지역에 대해서는 조정하지 못한 것으로 알려졌다.

1월 27일부터 시내 올림피아호텔에서 합숙에 들어간 15명의 당 공천심사위원들은 이 40여 곳에 대한 조정 작업을 거듭했으나 10여 곳만이 계파 간 합의에 성공하고 나머지 30여 지역구는 복수 후보를 설정한 채, 3일 만에 심사 활동을 사실상 마무리했다. 합숙 3일째인 29일 김윤환 사무총장은 심야에 호텔을 빠져나와 김영삼 대표, 손주환 정무수석 등과 연쇄 접촉하고, 복수 후보로 선정된 30여 지역구에 대한 막후 조정 작업을 거듭했다."[92]

민자당 14대 공천 정파별 분포도

구분	민정계(130명)	민주계(47명)	공화계(28명)
서울	서정화, 나웅배, 이세기, 김만제, 김정례, 박완일 이종률, 이순재, 강성재, 김명섭, 김영구, 김기배, 남재희, 강성모, 이종찬, 오유방, 김중위, 박명환, 장기홍, 박범진, 안상혁, 박주천, 유용태, 양경자, 김만연(25명)	황병태, 김덕룡, 박용만, 백남치, 김우식, 김동규, 서청원, 노승우, 김충일, 김수환, 이원종, 김도현, 김병태(13명)	김용채, 류기수, 신오철, 김규현, 최후집(5명)
부산	김진재, 류흥수, 허삼수(3명)	최형우, 신상우, 김정수, 박관용, 문정수, 허재홍, 김운환, 정재문, 정상천, 곽정출, 김동오, 송두효, 이재국(10명)	
대구	유수호, 김복동, 박준규, 이치호, 김한규, 김용태, 최재욱, 박철언, 강재섭, 이정무(10명)		
인천	이승윤, 서정화, 이강희, 심정구, 강우혁, 조영장(6명)	정정훈(1명)	
광주	고귀남, 이영일, 지대섭(3명)	문준식(1명)	김용호(1명)
대전	남재두(1명)		김홍만, 윤성한, 박충순, 이인구(4명)
경기	이자헌, 조경묵, 이해구, 이한동, 이성호, 정동성, 전용원, 정영훈, 정창현, 이용희, 장경우, 김인영, 이영문, 황철수(14명)	이인제, 신하철, 최기선(3명)	이병희, 이대엽, 김문원, 김병룡, 이택석, 박명근(6명)

---

92) 박재성, 「민자당 공천분포와 노태우의 후계구도」, 『사회평론』 92권 3호(1992), 179 쪽.

강원	심명보, 한승수, 정재철, 김재순, 홍희표, 이용선, 김문기, 함종한, 이민섭(9명)	류승규, 김일동, 박경수 (3명)	최종완(1명)
충북	박준병, 정종택, 민태구, 이춘구, 신경식, 김종호(6명)		이종근(1명)
충남	임재길, 김현욱, 이긍규(3명)	황명수, 류한렬, 박태권 (3명)	김종필, 김용환, 윤재기, 김제태, 조부영, 정일영, 오장섭(7명)
경북	유학성, 김중권, 박세직, 금진호, 박정수, 서수종, 김근수, 장영철, 이상득, 황병우, 류돈우, 정동윤, 황윤기, 이진우, 김동권, (15명)	오경의, 신영국(2명)	구자춘(1명)
경남	신재기, 정동호, 김영일, 배명국, 김채겸, 김태호, 권해옥, 정순덕, 안병규, 박희태, 신상식, 노인환, 나오연(13명)	황락주, 심완구, 김봉조, 강삼재, 백찬기, 조만후, 김종하, 서정의, 이강두 (9명)	
전북	조남조, 이연택, 황인성, 고명승, 임방현, 강현욱, 이건식, 원병연, 양창식, 이효종, 공천섭(11명)	최용안, 신동욱(2명)	정원조(1명)
전남	구용상, 지연태, 이용식, 김선규. 이상하. 이도선, 조기상, 유경현, 나창주(9명)	배종덕, 안희석(2명)	김우경(1명)
제주	고세진, 이기빈(2명)	강보성(1명)	

〈출처: 박재성, (1992) 183쪽〉

2월 1일 발표된 민자당 공천자를 보면 현역 의원 155명 중 20명을 떨어뜨렸다.

탈락된 현역 의원 지구당위원장 수는 민정계가 11명, 민주계는 4명, 공화계는 5명이었다.[93] 약 13%의 현역 의원 교체율로서 이는 역대 집권당의 현역 의원 평균 탈락률 30%에 크게 못 미치는 수준이었다.[94] 언론에서는 3당 합당 당시의 지분인 5대3대2에서 공화계 일부가 잠식당한 6대2대1의 지분이 공천에서 관철된 것으로 평가했다. 노태우의 민정계와 김영삼 상도동계의 뒷거래가 성사된 것으로 본 것이다. 김영삼은 자신을 대통령으로 밀어준다는 조건하에 민정계의 다수 지분을 허용해 주고, 반면 노태우는 자신 직계의 지분을 확실히 챙겨서 집권 후반기의 안정은 물론, 퇴임 이후에도 대비하는 실속을 차렸다는 것이다. 결과적으로 내각제 합의가 지켜지지 않은 김종필만 손해를 보았다는 분석이다.

"민자당의 14대 총선 후보 공천 결과는 한마디로 계파정치의 현실을 그대로 반영한 것이었다.…이는 기본적으로 민정, 민주, 공화계가 현재의 당내 세력 판도를 총선 이후까지 끌고 가기 위해 계파지분을 유지 시킨 현상 유지정책의 결과이나 3당 통합으로 공급과 수요의 절대적 불균형을 이룬 민자당의 구조적 특성과 한계를 노출한 것으로 지적되고 있다"

"공천자를 계파별로 보면 민정계가 1백 58명, 민주계 52명, 공화계 27명으로 분

---

93) 「여야 총선체제 본격돌입」, 한겨레 1992년 2월 2일.
94) 송충식, 「노대통령 총선후 범 민주계 주도 겨냥」, 『월간 중앙』 194(92.3), 195쪽.

류…3당 통합 이후 유지되어온 민정, 민주. 공화계의 지분(5대3대2)에서 민정계가 민주·공화계 일부를 잠식한 6대2대1의 비율로 드러나 민정계의 신장이 두드러지고 있다."

"이번 공천에서 가시적으로 드러난 특징은 노태우 대통령의 친위세력이 크게 강화된 반면 5공인사 영입은 거의 배제됐다는 사실이다. … 노 대통령이 퇴임 이후 후계자인 차기 대통령의 보호나 5공세력과의 화해 등으로 생존의 길을 모색하기 보다 정치적으로 독자입지를 구축, 자립하겠다는 의지를 표출한 것으로 보인다."

"YS로서는 민자당의 대통령 후보가 되기 위해서는 노 대통령의 지원이 절대적으로 필요하다고 판단한 것으로 볼 수 있으며, 노 대통령 입장에서는 차기 대통령이 누가 되든 자신의 협조와 지원 없이는 국정 운영이 어려울 만큼 독자 세력을 확보하겠다는 구상을 보여주고 있다."[95]

---

95) 송충식, 「노 대통령 총선 후 범 민주계 주도 겨냥」,(월간중앙 92년 3월호) 195쪽.

제14대 총선 민자당 대구·경북지역 공천자 현황

대구						
중구	유수호	60	국회의원	부산지방법원부장판사	당선	
동구갑	김복동	59	정당인	육사교장역임	당선	
동구을	박준규	66	국회의장	민주정의당대표위원	당선	
서구갑	문희갑	54	국회의원	대통령경제수석 비서관		
서구을	강재섭	43	국회의원(전국구)	민자당 기획조정실장	당선	
남구	이정무	50	국회의원	한국청년회의소중앙회장		
북구	김용태	55	국회의원	조선일보편집국장	당선	
수성구갑	박철언	49	국회의원	체육청소년부장관	당선	
수성구을	이치호	52	국회의원	서울.청주지법판사		
달서구갑	김한규	51	국회의원	홀트아동복지회회장	당선	
달서구을	최재욱	51	국회의원	경향신문사사장	당선	
경북						
포항시	이진우	58	변호사	국회사무처사무총장		
경주시	서수종	50	정당인	자유평론사이사장	당선	
김천시·금릉군	박정수	60	국회의원	제10, 11, 13대 국회의원	당선	
안동시	오경의	52	국회의원	서강대 경영대학원 수료		
구미시	박세직	58	한국문화연구원 이사장	서울올림픽조직위원장	당선	
영주시·영풍군	금진호	60	한국무역협회 상임고문	상공부장관	당선	
영천시·영천군	정동윤	54	국회의원	제12, 13대 국회의원		
상주시·상주군	김근수	57	국회의원	국가안전기획부제1차장		
점촌시·문경군	신영국	48	국회의원	(주)남북대표이사		
달성군·고령군	구자춘	59	국회의원	서울시장	당선	
군위군·선산군	김윤환	59	국회의원	현, 민주당자유당사무총장	당선	

의성군	김동권	48	쌍마섬유 대표	민자당재정분과위원장	당선
안동군	류돈우	58	국회의원	한국주택은행장	당선
청송군·영덕군	황병우	60	국회의원	민자당경상북도위원장	
영양군·봉화군	강신조	57	정당인	경제기획원해외협력기획단장	당선
영일군·울릉군	이상득	56	국회의원	제13대 국회예산결산특별위원	당선
경주군	황윤기	57	국회의원	경주.군산.안동.포항시장	당선
경산시·경산군·청도군	이영창	59	경찰대학교수	치안본부장	당선
성주군·칠곡군	장영철	55	국회의원	노동부장관,관세청장	당선
예천군	유학성	65	국회의원	중앙정보부장	당선
울진군	김중권	52	국회의원	제11, 12, 13대국회의원	

〈중앙선거 관리위원회 홈페이지에서 발췌 정리〉

정파 지분에 따라 배분된 민자당 공천은 각 정파가 기반으로 삼고 있는 지역별 힘 관계에 따라 정확하게 배분되었다. 민정계는 대구·경북 지역 전 지역구에서 공천되었다. 대구지역 8곳 전 지역이 김복동(대구 동구갑), 박준규(동구을), 강재섭(서구을), 박철언(수성갑), 이치호(수성을) 등 민정계로 채워졌다. 경북 역시 마찬가지였다. 박세직(구미), 김윤환(군위, 선산), 이상득(영일, 울릉), 유학성(예천), 김중권(울진), 등 민정계 후보자들이 독차지했다.

민주계는 부산과 경남지역에서 강세를 보였다. 부산은 민주계가 민정계에 비해 확실한 우위를 보였고, 경남지역은 6대 4정도(민정계6, 민주계4)로 공천을 배분했다. 박관용, 최형우, 문정수, 김운환, 김형오 등 민주계가 부산에서, 강삼재,

서정의, 황낙주 등의 민주계는 경남에서 공천을 받았다.

충청권은 공화계에 상당한 지분이 돌아갔다. 충남과 대전은 공화계, 충북은 민정계가 강세를 보였다. 김용환(대천, 보령), 김종필(부여), 조부영(청양, 홍성) 등 공화계 대부분이 충남에서 공천을 받았다. 지역 기반에 따라 공천 배분을 함에 따라 잡음은 최소화되었다.

수도권에서는 기존 현역 의원 및 지구당 위원장 중심으로 공천하여, 공천에 따른 잡음을 없앴다. 결국 기득권을 가지고 있었던 민정계 우위의 공천이 수도권에서 이루어졌다. 3계파의 절묘한 협상에 의한 공천은 내부 잡음 및 불만을 최소화했다. 또한 집권 후반기로 접어들던 노태우 정부에 대해, 여권 내의 갈등을 최소화시키는 결과였다. 민자당 내의 유력대권 주자인 김영삼이 최대계파인 민정계와의 협력체계만 끌어내면, 대선후보 경선에서 유리한 구도로 가져갈 수 있다는 정치적 계산이 반영된 공천이었다. 당내 다른 대권 주자인 이종찬은 자신의 계보 14명만 챙기는데 만족했어야 했기 때문이다.

그러나 민자당 공천은 변화한 정치적 환경과 유권자 정서 등을 반영한 공천은 아니었다. 내부 권력 관계에 따른 지분 배분형 공천에 주력했다. 이를 두고 당 일각에서는 노태우 대통령과 허주의 환상적 조정력이 빛나는 공천이라고 했지만, 총선 당일 유권자들의 선택은 완전히 달랐다. 1992년 3월 24일 실시된 14

대 총선에서 민자당은 기존 의석수 219석에서 70석이나 모자라는 149석에 만족해야 했다. 이는 여론의 향배를 보여주는 수도권에서 패배했기 때문이었다. 또한 인위적인 3당 합당에 대한 유권자들의 심판이었다.

총선 결과는 예견될 수 있었다. 즉 민자당의 권력이해 관계 측면에만 치중한 당 운영은 총선에서의 유권자 정서 중심의 선거전략을 짤 수 없는 환경이었다. 김용호는 3당 합당의 문제점에 대해 "3당 합당은 이념과 정책에 기반을 둔 것이 아니라 오히려 정치적 이해관계에 따라 이루어졌다. 그들 자신은 3당 합당이 '보수 대연합'이라고 주장했으나, 보수 대연합이 앞으로 지향해 나갈 구체적 정책적 목표를 명시하지 않았다. … 결국 3당은 정치 이념상의 차이가 없었기 때문에 통합이 가능했으나 이념적·정책적 기반을 공유하는 것이 아니라 권력과 이해관계를 중심으로 뭉친 것이다"[96]라고 지적하고 있다.

김대중과 이기택의 협력적 공천

1990년 1월 22일 전격적으로 선언된 3당 합당의 여파는 평민당에게는 충격적이었다. 88년 선거 이후 조성된 여소야대 국면에서 정국의 헤게모니를 쥐면서

---

96) 김용호(2001), 250−251쪽.

제1야당으로서의 입지를 굳혀가던 평민당으로서는 거대 여당과 대결해야 했으며, 지역적으로는 영남과 충청에 의해 호남이 포위된 형국이 되어버린 것이다. 인위적으로 조성된 3당 합당 국면을 벗어나기 위해서는 남아있는 야권이 모두 합쳐서 힘을 모으는 길밖에 없었다. 평민당은 재야세력이 결집한 신민주연합과 합당해 신민주연합당(약칭 신민당)을 발족시켰고, 김영삼 세력이 탈당해 버린 통일민주당은 1991년 2월 이부영이 이끄는 민주연합과 통합을 선언했다.

1991년 3월 26일에 실시된 기초의원 전국선거와 6월 20일 광역의회 선거에서 집권당인 민자당이 압승을 거두게 되자, 야권 통합의 물살은 바빠졌다. 전국적으로 치러진 광역의회 선거에서 총 866석 중 민자당이 654석을 얻었으며, 신민당은 165석, 민주당은 21석, 민중당은 1석, 무소속은 115석을 차지하는 결과가 나왔다. 3당 합당의 위력이 지방선거에서 드러난 것이며, 정국운영의 중심축이 노태우 정부와 민자당으로 확실하게 이동하게 되었다. 만약 이러한 현상이 지속된다면 1992년에 치러질 14대 총선과 차기 대선의 결과 역시 야당에게 치명적인 패배를 안겨주게 되어, 김대중을 중심으로 한 정권교체는 불가능할 것이라는 예상이 지배적이었다.

김대중의 신민당은 이기택과 통추 세력이 중심이 된 민주당과 통합협상을 벌여 1992년 9월 10일 합당을 선언했다. 통합선언의 합의 내용은 다음과 같았다.
① 통합의 당명은 민주당으로 할 것

② 김대중과 이기택을 공동대표로 하고 양자 간이
합의제로 당무를 처리하되 공동대표 연장자인 김
이 당을 대표해 중앙선관위에 등록할 것
③ 신당의 지도체제는 최고위원 10명이 집단지도
체제(공동대표 포함)로 하되 양측 5명씩 동수로 구성
할 것
④ 중앙당의 당직 배분은 신민6, 민주4의 비율로 하며 재야인사는 각기지분
내에서 영입할 것 97)

이기택

양당이 통합한 민주당의 권력 관계는 6대4의 지분에 입각한 연합적 성격을 보이고 있는데, 신민계와 민주계는 14대 총선을 앞두고 91년 11월 12일 공천심사위원회를 구성했다. 조직 강화특위는 신민 5명, 민주 5명 동수로 구성했다. 위원으로는 김원기 사무총장이 위원장을 맡고, 유준상 정책위원장, 김대중 비서 출신인 권노갑 의원, 김말룡 당무위원, 이길재 대외협력위원장(이상 신민계), 김정길, 이철, 노무현, 유인태, 김성식 등이 확정됐다.98) 그러나 조직강화 특위에서의 줄다리기는 치열했고, 계파 간의 자기 몫을 챙기기 위한 수 싸움도 간단치 않았다. "조강특위의 첫 쟁점은 서울지역의 지분문제였으며, 2차 합숙에서는 똑같은 논쟁만 되풀이하는 힘겨루기의 연속이었다.

---

97) 김용호 『한국 정당 정치의 이해』, 나남, 2001, 261-261쪽.
98) 「조강특위 10명 확정 민주당」, 한겨레 신문 1991월 11월 13일.

2차 합숙에서 양 계파의 내심을 어느 정도 파악한 신민, 민주계는 합숙을 해제하고 계파별로 돌파구 마련을 위한 차선책을 강구 했고 마지막 3차 합숙을 통해 1백 76곳의 공천자를 내정하는 데 성공했다. 또 미결지역은 양 대표에게 넘겨져 직계들을 중심으로 공천을 해나갔다."99) 공천 결과는 창당 지분 합의의 6대 4원칙이 지켜졌다. "우여곡절을 겪은 공천 결과 민주당 조직책의 계파별 분포도는 신민계 104명, 민주계 80명, 기타 23명이다. 기타 인사도 대체적으로 신민계가 우세하기 때문에 전체적으로 6대 4의 비율을 유지하고 있다."100)

6대 4 지분에 입각해서 이루어진 공천현황에서 신민계와 민주계는 부산 경남 지역, 호남지역에서는 부딪힐 일이 없었다. 각 정파의 지역 기반에 따라 공천지분을 넘겨주면 되는 일이었기 때문이다. 신민계는 호남공천권 지분을 민주계는 부산경남 지역 공천권 지분을 나누어 가졌다.

김대중과 동교동계는 광주, 호남지역에 자파의 사람들로 공천했다. 광주에서는 신기하, 정상용, 임복진, 박광태. 이길재, 조홍규 등을 공천했다. 전남지역에는 권노갑, 김충조, 허경만, 김장곤, 조순승, 박상천, 류준상, 김인곤, 한화갑,

---

99) 김현섭,「김대중 대권가도 대의원 60% 확보」,『월간중앙』194(1992,3) 206-207쪽.
100) 김현섭,(1992,3),209쪽.

민주당 세력 간의 분포 관계

신민계(104명)	민주계(80명)	기타(24명)
※ 김대중 직계(77명) 김경재,최훈, 이원형, 양성우, 김병오, 안동선, 신기하, 조홍규, 이윤수, 안동선, 신동균, 오우영, 허경구, 최극, 윤완중, 오탄, 이협, 김태식, 이희천, 최재승, 허경만, 황의성, 김명규, 이영권, 김인곤, 장소택, 강금식, 김원길, 김상현, 김영배, 박문수, 조철구, 임복진, 손민, 문희상, 최정택, 서화택, 박영록, 김경래, 박주진, 송준빈, 김원기, 홍영기, 최락도, 권노갑, 신순범, 조순승, 박상천, 김봉호, 한화갑, 강정수, 조세형, 손세일, 임춘원, 이경재, 한광옥, 유인범, 박광태, 박만원, 이석현, 이희숙, 나진우, 함영회, 김철배, 채영석, 조찬형, 정균환, 강철선, 김충조, 박태영, 홍기훈, 유준상, 유인학, 유상기, 윤병한 ※ 정발연(6명) 정대철, 이상수, 박실, 김종완, 김덕규, 한영수 ※ 평민연(14명) 고광진, 임채정, 이상우, 오대영, 이길재, 권운상, 이흥록, 김영진, 박석무, 정상용, 정기영, 한영애, 장영달, 이해찬 ※ 신민연(7명) 신계륜, 김영주, 김준희, 김호산, 동영화, 장한량, 안택	※ 이기택직계(42명) 강수림, 안동수, 김희완, 이기택, 하근수, 이서용, 이교성, 지일웅, 허석, 김성식, 강갑중, 김원웅, 장충준, 배갑상, 이상섭, 이희원, 정동호, 김수흥, 정기호, 홍문표, 김호일, 김정태, 김동관, 안동율, 백승홍. 김현, 조정무, 황규선, 장만준, 김형중, 박기환, 최두환, 정원병, 손태인, 김영백, 이병현, 최기천, 곽용식, 최욱철, 이진구, 김장곤, 최기술 ※ 민연(18명) 이부영, 유인태, 서중현, 김동현, 김윤현, 박욱규, 고영하, 황백현, 김진태, 유남선, 이광희, 박계동, 김재규, 이호웅, 배용진, 김민석, 이강철, 원혜영, 서동우, ※ 비주류(20명) 김정길, 이철, 김현규, 명화섭, 박규식, 김재천, 김택수, 임대윤, 송천영, 성종대, 공정무, 노무현, 이규택, 김종택, 조순형, 홍사덕, 김형광, 안영배, 이중재	정병철 조상태 제정구 이준희 함종현 정기수 백성남 김대한 송철호 권처흥 유홍재 백신종 신용석 조성준 조원석 김성태 신언권 김호길 안희대 김종준 홍순우 양승부 강승훈 이수종

〈김현섭(1992), 209쪽〉

전북에도 장영달, 김원기, 정균환, 최재승(김대중 비서), 김태식 등 기존 국회의원 혹은 김대중과 연관이 있는 인물들이 태반이었다. 대선을 앞두고 지역 기반을 확실하게 다지겠다는 의도가 보였다.

부산 경남 역시 이기택과 관련 있는 인물이거나 민주당 인사들이었다. 노무현, 김정길과 이흥록(민주당 당무위원), 정인조(민추협 운영위원), 손태인(이기택 고대 후배), 성종대(이철 비서관), 김재천(민주당 부대변인), 박상곤(지구당 위원장) 등이었다.

문제는 서울을 비롯한 수도권 지역이었다. 호남과 경남지역은 각 정파 내부에서 조정이 가능했지만, 수도권 지역은 양 정파 간의 합의와 조정이 필요했다. 물론 신민계와 민주계는 창당 지분합의 원칙에 따라 공천합의를 이루었다. 또한 민주당 측의 개혁적 인물들과 신민당의 영입 인사들을 서울을 비롯한 수도권에 배치했다. 유인태(도봉갑), 고영하(노원갑), 이부영(강동갑), 이호웅(인천 남동갑), 조성준(성남 중원), 원혜영(부천 중구을), 제정구(군포, 시흥), 김민석(영등포을), 박계동(강서갑), 신계륜(성북을) 등은 민주화운동 경력을 갖고 있는 신선한 인물들이었다. 또한 군 장성 출신들도 영입했다. 김진호 전 합참의장, 나병선 전 6군단장, 임복진 전 2군 사령관, 황의성 전 해군본부 군수 참모부장 등이었다. 이들은 안보관이 취약하다면서, 좌파로 공격을 받았던 김대중 대표에 대한 보완적 성격을 갖는 공천 인물들이었다.

창당 지분원칙을 지키고 양보와 타협을 통해 공천 합의를 이루어 내고, 적재적소에 경쟁력 있는 인물을 공천한 점은 유권자들에게 신뢰감을 주었다. 1992년 3월 24일에 실시된 선거에서 민주당은 97석을 얻었다. 이는 13대 총선 때의 75석보다 19석이 증가한 수치였다. 김용호는 14대 총선 결과를 다음과 같이 평가했다.

"3월 24일 실시된 14대 총선에서 유권자의 71.9%가 투표한 결과 민자당이 전체 의석의 과반수에 1석이 모자라는 149석을 얻어 13대의 218석에 비해 무려 69석이나 줄어들었고, 민주당은 97석을 차지하여 13대보다 19석이 늘어났다. 민자당이 과반수 의석을 차지하지 못한데 반해 민주당은 전체의석의 3분의 1에 가까운 의석을 확보하였다. 특히 지난 선거에서 평민당이 영남에서 얻은 득표율에 비해 부산과 대구에서 10배가 넘는 신장세를 보였고, 충청에서도 지난 선거 때 구 통일민주당과 평민당을 합한 지지율을 모두 상회하였으며 경기와 인천에서는 30%를 넘으면서 민자당과 불과 3-5%밖에 차이가 나지 않아 선거결과에 크게 … 선거결과 민자당이 과반수 의석에도 미달되어 내각제 개헌이 더 이상 불가능하게 되었다."[101]

---

101) 김용호(2001), 267쪽.

3) YS 공천개혁이 이룬 성과

김영삼 대통령이 직접 진두지휘한 제15대 신한국당의 공천은 대통령 권력을 통한 과감한 공천 물갈이가 특징이었다. 구 민정계 인사들과 하나회 등 지금까지 정통 여당을 이끌어왔던 주류 세력을 낙천시키고, 개혁적이고 참신한 인사들을 수도권에 공천 후보로 낙점했다.

또한 전통적 지역적 기반인 대구·경북지역에도 자파 정치인 및 새로운 인물로 교체했으며, 김영삼 대통령 자파 정파 세력을 지역의 주요 근거지에 공천했다. 3당 통합으로 민자당에 입당한 김영삼은 민정계, 민주계, 공화계의 복잡한 관계 속에서도 노태우 대통령과 민정계 주류의 지원을 얻어 민자당의 대통령 후보가 되었다. 그리고 1992년 오랜 숙원이었던 대통령 권력에 올랐다.

대선 전에 실시되었던 민자당에서의 14대 총선 공천은 민정, 민주, 공화계의 지분에 따른 공천이었다, 따라서 김영삼이 대통령 권력을 얻었다 할지라도 민자당을 김영삼이 완전히 장악할 수는 없었다.

김영삼은 집권 후 대통령 권력을 활용해 145개의 지구당위원장을 자파세력으로 교체했다. 자신의 측근들을 당 주요 요직에 앉혔으며, 국정 운영의 핵심세력으로 상도동계를 등용시켰다. 당헌 당규도 대통령이며 총재인 자신의 권력이 확실히 보장될 수 있도록 개정했다. 3당 통합의 지분에 따라, 협의적 성격이 강했던 최고위원 체제를 폐지하고, 당 총재가 직접 임명하는 대표위원체제로 바꾸었다.

15대 총선을 앞두고 김영삼 대통령에게는 우호적인 환경이 조성되지 않았다. 3당 합당으로 민자당을 창당했던 김종필이 탈당하여 충청권을 기반으로 자민련을 창당했으며, 민주화 이후 처음 전국적으로 시행된 1995년 6월 전국 동시지방선거에서 패배했기 때문이다. 광역단체장 15곳 중 민주당과 자민련에게 각기 4곳, 8곳을 내주고, 민자당은 5곳만 승리했다. 또한 기초단체장선거에서도 전체 177곳 중 70석만 당선되고 107곳을 야당에게 내어주고 말았다.

김영삼은 다가오는 15대 총선과 97년 대선에 준비해야 했다. 김영삼은 15대 총선을 앞두고 당명을 신한국당으로 바꾸고, 공천과정에서 당의 체질과 권력관계를 바꾸려는 과감한 수술을 단행했다. 그리고 공천과정에 깊숙이 개입했다.

전면에 나서 공천과정 진두지휘 - YS 공천자 직접 낙점

과거 민정당 시절 노태우 대통령은 전면에 나서지 않았다. 최측근 대리인인 심명보 사무총장을 내세워 공천을 집행했다. 그러나 김영삼 대통령은 뒤에서 조종하거나 대리인을 통해 공천과정을 진행 시키지 않았다. 아예 공천 전반을 직접관여하겠다고 공표한 뒤 공천 전 과정을 지배했다.102)

공천대상자 실사 등 실무 작업은 당에서 진행했고, 청와대 정무수석실의 역할은 물갈이 대상 선정과 영입 인사 접촉이었다. 청와대 이원종 정무수석은 당의 강삼재 사무총장과 매일 접촉, 그 내용을 김영삼 대통령에게 바로 보고 했다.103)

강삼재

공천과정에 대해 김영삼도 그의 회고록에서 분명히 밝히고 있다. "나는 여당인 신한국당 총재로서 4·11 총선의 중요성을 감안해 새로운 인물을 발탁하는데 많은 노력을 기울였다. 나는 공천의 전 과정을 하나하나 꼼꼼히 챙겼다. 당에서 추천한 단일 후보까지 바꿀 정도로 내가 직접 최종인선을 했다. … 공천의 실무 작업은 신한국당의 강삼재 사무총장과 청와대의 이원종 정무수석에게 맡겼다. … 강삼재 총장과 1주일에 한 번 이상 직접 만났고, 하루에도 몇 번씩 전화로 공천과정에 대해 보고를 받았다. 나는 당에서 천거한 복수의 후보자 명단을 놓고 한 사람 한 사람씩 최종 결정을 해나갔다."104) 즉 공천과정은 철저하게 하향식으로 김영삼의 재가 하에 이루어졌다. 김영삼은 자신의 친위부대

---

102) 「신한국당 공천 실세중진 배제 김대통령이 직접결정」, 매일경제 1996년 1월 6일.
103) 「청와대 여 공천 진두지휘」, 동아일보 1996년 1월 9일.
104) 김영삼 『김영삼 대통령 회고록: 민주주의를 위한 나의 투쟁』(2001), pp. 198-199.

를 공천을 통해 전진 배치시키고, 개혁적인 외부 영입인사(이회창, 이홍구, 박찬종) 등을 통해 당의 체질마저 바꾸려했다.

김영삼은 집권 이후 이미 1백45명의 지구당 위원장을 물갈이한 바탕에서 또다시 30명에 가까운 현역 의원을 공천과정에서 밀어냈다.[105] 신한국당 내의 계파세력 판도를 이번 공천과정에서 역전시켰다. 3당 합당 이후 절대 우세를 점해 온 민정계가 비주류세력으로 밀려나고 민주계가 당 우위에 서게 된 것이다. 김영삼 대통령의 의도대로 공천이 진행된 것이다.

하지만 당의 모든 공천자를 상도동계와 김영삼계로 바꾸지는 못했다. 기존 권력을 공유했던 민정계의 지분을 일정 인정할 수밖에 없었다.
김영삼은 이러한 당내 권력 관계를 고려하면서 자신이 직접 공천후보자를 낙점했다. "공천자 전체 2백32명을 계파별로 분류하면 민주계와 친 민주계가 1백22명을 차지하고 있고, 민정계 및 친 민정계는 1백10명이다. 3당 합당 당시 계파별 지분이 민정⑤, 민주③, 공화② 이었던 점을 비춰볼 때 지각변동에 가까운 변화라는 것이다. 또한 신진인사 56명 중 범민주계가 42명으로 압도적으로 많다.

---

[105] 매일경제 1996년 2월 3일자 『강력한 친정체제 구축 의지』.

제15대 총선 신한국당 서울 공천자 현황

종로구	이명박	54	국회의원	현대건설(주) 회장, 6·3동지회 회장	당선
중구	박성범	56	정당인	KBS워싱턴 특파원	당선
용산구	서정화	63	국회의원	내무부장관, 신한국당 중앙상임위의장	당선
성동구갑	이세기	59	국회의원	제11, 12, 14대 의원, 민주정의당 원내총무	당선
성동구을	김학원	48	변호사	성동무료법률상담소, 성동정책연구소	당선
광진구갑	김영춘	34	정치인	청와대 대통령비서실 정무비서관	
광진구을	김충근	45	지구당위원장	동아일보사 사회부 차장, 동아일보 초대 북경특파원	
동대문구갑	노승우	57	국회의원	한국외대정책과학대 교수, 제14대 국회의원	당선
동대문구을	김영구	56	국회의원	11~14대 국회의원	당선
중랑구갑	김철기	39	정당인	(전)새누리신문사장	
중랑구을	김충일	50	정당인	당선국회 정책연구위원	당선
성북구갑	심의석	58	정당인	해동화재보험(주) 사장	
성북구을	강성재	57	정치인	동아일보사정치부기자	당선
강북구갑	정태윤	42	정당인	민중당 대변인	
강북구을	이철용	47	소설가	제13대 국회의원	
도봉구갑	양경자	55	정치인	12. 13대 전국구 국회의원	
도봉구을	백영기	55	한국방송영상사장	통일민주당도봉갑지구당 위원장	
노원구갑	백남치	52	국회의원	경찰대 교수	당선
노원구을	박종선	40	정당인	대통령비서실정무비서관	
은평구갑	강인섭	59	국회의원	제14대 국회의원	
은평구을	이재오	51	정당인	민중당 사무총장	당선
서대문구갑	이성헌	37	정당인	연세대 총학생회장	
서대문구을	백용호	39	정당인	이화여대 교수	

지역구	성명	나이	직업	경력	결과
마포구갑	박명환	57	국회의원	국회행정위원회 간사	당선
마포구을	박주천	54	국회의원	국회 원내부총무	당선
양천구갑	박범진	56	국회의원	조선일보 정치부 기자	당선
양천구을	구본태	48	정당인	충남대학교 행정학과 교수	
강서구갑	유광사	53	의사	서울시의회의원(초대), 유광사산부인과 병원장	
강서구을	이신범	46	정당인	환경관리공단이사역임	당선
구로구갑	김기배	59	국회의원	제12, 13, 14대 국회의원	
구로구을	이신행	51	(주)기산 대표이사	기아 자동차 부사장	당선
금천구	이우재	59	정당인	민중당상임대표	당선
영등포구갑	김명섭	57	구주제약대표	제13대 국회의원	당선
영등포구을	최영한	55	국회의원	방송연기자	
동작구갑	서청원	53	국회의원	조선일보 기자	당선
동작구을	유용태	57	정당인	한국공인노무사 회장	당선
관악구갑	이상현	50	정당인	신한국당 관악구갑지구당위원장	당선
관악구을	박홍석	44	미디어리서치고문	경향신문사 기획부 차장	
서초구갑	최병렬	57	정당인	조선일보 편집국장	당선
서초구을	김덕룡	55	국회의원	제13, 14대 국회의원	당선
강남구갑	서상목	48	국회의원	제13, 14대 국회의원	당선
강남구을	정성철	51	변호사	경실련초대상임집행위원장	
송파구갑	홍준표	41	변호사	서울지방검찰청검사	당선
송파구을	맹형규	49	정당인	연합통신 정치부 기자	당선
송파구병	최한수	48	건국대교수	한국여성정치문화연구소자문위원	
강동구갑	이춘식	46	정당인	신한국당 기획조정 위원, 민자당 청년국장, 민자당 조직국장	
강동구을	김중위	56	국회의원	국회예산결산 특별위원회 위원장	당선

〈중앙선거 관리위원회 홈페이지에서 발췌 정리〉

홍인길 전 청와대 총무수석, 황병태 전 주중대사, 박태권 전 충남지사, 한이헌 전 청와대 경제수석, 이성헌 전 청와대 비서관 등 청와대 출신 민주계 인사들과 이신범, 심재철 부대변인, 이재오 전 민중당 사무총장, 이우재, 정태윤, 김문수 등 재야 학생운동 출신 등 개혁그룹, 소장파로 분류되는 김무성, 이원복, 김영춘 등은 모두 김영삼 대통령과 가까운 인물들이다.

신한국당의 공천 결과는 3당 합당의 산물인 계파 간 정립체제가 무너지고, 명실상부한 'YS'당으로 변모가 가속화되었으며, 계파판도의 변화는 총선 이후 본격화될 여권의 대선 레이스에 중대한 파장을 미칠 수 있는 대목[106]이었다. 이 때에 공천받아 국회에 입성한 새로운 인물들이 아직도 정치권 주요 위치에서 활약 중이다.

김영삼 대통령이 공천개혁과 인물 교체를 통해 여당의 체질을 확실하게 변화시키고 새로운 정파를 보수 여당 내에 창출시킨 것이다. 이명박(종로), 박성범(중구), 김영춘(광진갑), 정태윤(강북갑), 이재오(은평을), 이성헌(서대문 갑), 이신범(강서을), 이우재(금천), 정성철(강남을), 홍준표(송파갑), 맹형규(송파을), 박인제(송파병) 등은 사실 신군부세력이 지배하던 민정당, 민자당에서는 공천자 대상에 거론될 수도 없는 개혁적인 인물들이었다. 이들 중 일부는 과거에 민주화운동 좌파그룹에서 활동하던 사람들도 있었다.

---

[106] 「민주계 122명 우위」 경향신문 1996년 2월 3일

하나회와 TK사단, 구 민정계 우수수 떨어져

김영삼은 자신의 지역적 기반인 부산에서도 참신하고 새로운 인물들을 대거 공천했다. 부산 중구에 하나회 출신 허삼수를 낙천시키고 정의화를 공천했으며, 부산 서구에는 자신의 최측근인 홍인길을, 영도구에는 김형오를, 남구을에는 김무성을, 북구 강서을에는 한이헌을 공천했다. 물론 최형우, 서석재, 박종웅, 박관용, 김운환, 홍인길 등 민주계 핵심인사들도 낙점받았다. 김영삼 민주계의 부산지역 석권 현상이 나타났다.

대구·경북에서는 기존 하나회 TK사단을 전멸시키고 새로운 인물들로 교체했다. 전통 여당 지역 기반인 대구지역의 주류세력 교체 시도였다. 그러나 민정계가 지배하던 대구 경북지역은 김영삼의 의도대로 선거결과가 나오지는 않았다. 대구·경북지역 유권자들은 지역지도자로 김영삼을 인정하지 않은 것이다. 낙천하여 탈당한 후보자들이 대구·경북에서 대거 당선되었다. 신한국당 내부의 반발, 특히 민정계의 반발은 대단했다. 특히 TK사단과 하나회는 조직적으로 반발했으며, 탈당하여 무소속으로 혹은 자민련에 입당하여 총선에 출마했다.

민정계의 김윤환 대표는 "청와대와의 최종협의 과정에서 대구 경북지역 공천자에 대한 자신의 의견이 제대로 반영되지 않았다면서 강하게 반발한 것으로 알려졌다."107) 허삼수(부산 중구), 정성천(중구), 허재홍(남갑), 곽정출(서구)등 탈락한 민정계 의원들은 무소속으로 출마하겠다고 반발했다. "곽 의원의 경우 지지당원 3백여 명이 26일 집단 상경, 여의도 중앙당사에 홍인길 전 청와대 정무수석의 공천 내정이 '낙하산 공천'이라고 항의했으며, 12 · 12, 5 · 18 수사와 관련해 구속될 것으로 알려진 허삼수 의원은 자신의 모습을 비디오에 담아두는 등 '옥중출마' 태세에 들어갔다."108)

하나회 출신의 배명국(진해), 권해옥(거창, 합천)은 "당을 위해 피눈물 나는 노력을 했는데 대가가 공천탈락이냐고"109)고 불만을 토로했으며 "반 신한국당 정서가 강한 경북지역에서 탈락한 의원들은 대체로 설욕전을 다짐했다. 일부 의원들은 자민련에 입당하겠다고 공공연하게 밝혔다."110)

실제 대구 지역은 신한국당에서 공천을 받지 못한 민정계, TK사단, 구 하나회계 의원들이 탈당하거나 자민련으로 출마했다. 대구 서갑에서는 5 · 18 사건으로 구속된 정호영이, 수성갑에서는 월계수회 창설자이며 노태우정권의 황태자라고 불렸던 박철언이, 수성을은 이치호가 탈당하여 무소속으로 출마했다. 노태우의 처남인 김복동은 대구 중구에 자민련으로 당적을 바꿔 출마했으며,

---

107)「공천발표하던 날 신한국당 분위기 어수선」, 동아일보 1996년 2월 3일.
108)「신한국 텃밭 공천 몸살」, 경향신문 1996년 1월 27일.
109)「공천탈락 의원 두고 보자」, 한겨레 신문 1996년 2월 3일
110)「공천탈락 의원 두고 보자」한겨레 신문 1996년 2월3일.

남구에는 이정무, 달서 갑에는 최재욱 의원이 탈당하여 자민련으로 출마했다.

김영삼의 15대 총선 신한국당 공천은 수도권에서의 집권 여당 약진이라는 결과를 낳았다. 새로운 인물로 대거 교체한 공천개혁 성과라고 볼 수 있다. 신한국당은 서울 전체 47곳 중 27곳에서 승리했으며, 인천 11곳 중 9곳에서, 또 경기 38곳 중 18곳에서 승리했다. 전체 수도권 의석 96석 중 54석, 과반이 넘는 56%의 의석을 차지했다. 또한 부산은 21석 전체를, 경남에서도 23석 중 17곳을 차지했다. 그러나 전체의석이 과반을 넘지 못했다. 139석만 차지했다. 그 이유는 김종필의 자민련이 충청권을 석권했으며, 민정계 공천 제거에 대한 대구경북 민심의 반발로 인한 대구·경북 지역 이탈 현상이 있었기 때문이다. 그러나 만약 김영삼이 수도권에 새로운 인물로 교체하지 않았다면 신한국당은 15대 총선에서 참패했을 것이다.

15대 신한국당 공천과정은 내부의 권력투쟁이 그 어느 때 보다 치열했다. 김영삼의 민주계와 구 민정계와의 공천 투쟁이 벌어진 것이다. 물론 대통령 권력을 장악한 민주계가 승리했으며, 구 민정계와 하나회 등 과거 신군부 잔여세력은 공천탈락을 통해 당을 떠나야 했다. 그러나 '정치 환경 변화와 유권자 정서, 라는 선거 승패 요인 측면에서 보았을 때, 김영삼의 공천개혁은 시대적 명분을 얻었으며, 그 결과는 유권자의 표심으로 나타났다. 신한국당은 공천과정을 통해 민주계와 민정계 세력이 공존하는, 그러나 민주계가 우월적인 당내 권력 관계를 형성하게 되었으며, 이는 한국 전통 여당의 조직적 성격과 인맥을 변화시키는 시발점이 되었다고 볼 수 있다.

김영삼의 공천개혁은 보수 세력도 시대의 흐름에 따라가야 한다는 국민적 공감대를 읽은 과감한 정치 행보였다. 군사 권위주의 정권 세력을 일소하고 새롭고 건강한 보수 정치 세력을 재건하겠다는 김영삼의 개혁 드라이브에 대해 국민은 귀중한 한 표로 응수했다. 국민공감정치의 일면을 보여준 행보였다.

신한국당 세력 판도-1996년	
범민주계(41)	**범민정계(33)**
※ **김영삼 직계(23)** 황낙주, 박성범, 강성재, 한이헌, 김석원, 한승수, 김정수, 이윤성, 최연희, 강삼재, 최병렬, 이경재, 홍준표, 서청원, 강재섭, 박관용, 이완구, 김형오, 박종웅, 서석재, 김도언, 황병태, 김기춘 ※ **김덕룡계(10)** 김덕룡, 박범진, 이명박, 김학원, 김충일, 이재오, 이신범, 이우재, 목요상, 서한샘 ※ **최형우계(8)** 최형우, 백남치, 송천영, 손학규, 노승우, 김기수, 차수명, 김기재	※ **김윤환계** 오세응, 서상목, 김중위, 유흥수, 김진재, 이웅희, 이해구, 함종한, 박우병, 신경식, 김종호, 김종하, 하순봉, 박희태, 양정규(15) ※ **이한동계** 이한동, 김영구, 서정화, 현경재, 이택석, 이용삼, 박주천, 심정구, 최영한, 맹형규, 박종근(11) ※ **기타** 서정화, 이세기, 윤영탁, 강경식, 권익현, 이강두, 이강희(7)

〈한겨레신문(1995년 2월 13일자) 국민일보(1996년 2월 3일 자) 발췌 재 정리〉

김대중의 전일적 지배와 물갈이

제15대 새정치국민회의의 공천은 지역의 절대적 정치적 기반을 가지고 있는 김대중이라는 인물과 당내 주도권을 장악한 동교동계, 그리고 유력 대권 주자로서의 미래 권력이 상호 보완적으로 받쳐진 상황에서 민심도 반영되어 이루어졌다. 수도권의 선거승리를 위하여 새정치국민회의는 개혁적인 인사들을 외부에서 영입하여 공천했다.

1992년 대선에서 패배한 김대중은 정계 은퇴를 선언했다. 그러나 약 2년간의 영국 생활 뒤 귀국한 김대중은 다시 대권 도전에 대한 생각을 굳히고 1995년 정계에 복귀하여, 1995년 지자체 선거에 개입했다. 수도권과 호남지역을 돌며 민주당 후보에 대한 지원 유세를 벌이는 등 사실상의 정치 활동을 재개해 정계 복귀를 예고했다."[111]

지자체 선거의 여세를 몰아 김대중은 새정치국민회의를 창당했다. 김대중이 창당을 선언하자 호남과 수도권 의원들 중심으로 참여를 밝히게 된다. 당시 민주당에는 95명의 현역 국회의원이 있었는데 이 중 65명이 참여 의사를 밝혔다. 유력 대권후보 움직임에 따라 대세가 탈당으로 가닥이 잡힌 것이다.

---

111) 이영훈 『파벌로 보는 한국 야당사』(에디터, 2000), 237쪽.

참여의원들을 보면 호남에 지역구를 갖고 있는 의원들은 거의 대부분 탈당, 참여했다. 동교동계로 분류되며 김대중과 오랜 기간 정치역정을 함께 한 의원, 수도권에 지역구를 갖고 있으나 인구 분포 상 호남 출신 주민 비율이 높은 지역의 의원들이었다.

국민회의 창당 시 합류한 민주당 의원	
김대중계	권노갑, 강철선, 김덕규, 김명규, 김병오, 김봉호, 김영배, 김영진, 김인곤, 김충조, 김태식, 문희상, 박광태, 박상천, 박 실, 박태영, 손세일, 신계륜, 오 탄, 유준상, 유인학, 이길재, 이석현, 이원형, 이종찬, 이 협, 이희천, 임복진, 임채정, 장석화, 장영달, 정균환, 정대철, 정상용, 조순승, 조세형, 조순형, 조흥규, 채영석, 최두환, 최낙도, 최재승, 한광옥, 한화갑
김상현계	김상현, 신기하, 안동선, 김원길, 이윤수, 김장곤, 신순범, 이영권
국민회의지지 전국구	국종남, 김옥두, 김옥천, 나병선, 남궁진, 박정훈, 배기선, 박은태, 이동근, 이우정, 장재식, 조윤형

<이영훈 『파벌로 보는 한국 야당사』에서 재편집>

새정치국민회의의 내적 구성은 과거 평민당과 큰 차이가 없었다. 오히려 평민당 시절보다 더 강력한 리더십을 김대중이 발휘할 수 있었다. 1988년 평민당은 재야세력을 대거 영입함에 따라 일정 재야지분을 공천과정에 할애해야 했다. 그러나 새정치국민회의는 김대중을 정치적으로 선택한 사람들로 새롭게 구성한 정당임에 따라 김대중의 우월적 권력 관계가 보다 확실해졌다. 새정치국민회의 총재 역시 과거 평민당처럼 다른 인물을 내세울 필요도 없었다, 김대중

이 직접 총재를 맡았다.

새정치국민회의 창당 목적은 보다 분명했다. 2년을 앞두고 있는 대선에서 김대중을 대통령으로 당선시켜서 정권교체를 이루는 것이었다. 그 대중적 기반은 호남지역이었다. 호남의 정치적 이해를 대변할 인물로서의 김대중은 호남지역의 절대적 지지를 받는 대통령 후보였기 때문이다. 따라서 공천결정권 역시 김대중 총재에게 전일적으로 부과되었다. 실제 당내에서 공천심사위원회를 구성했으나, 누구나 공심위는 형식적일 뿐 실제적인 결정은 김대중 총재가 행사할 것으로 알고 있었다.

김대중 총재는 자신의 분신이라고 일컬어지는 권노갑을 공심위원으로 임명하고 김대중의 의중을 정확하게 알고 있는 권노갑이 김대중을 대신해서 공천과정 전반을 관여했다. 공식적으로 김 총재는 조직책 선정, 즉 총선 공천의 권한을 조직 강화특위에 맡겼다. 그리고 김 총재는 권 의원을 조강특위 위원에 임명했다.

공천은 권 의원을 통해 전달되는 김 총재의 의중에 가장 많이 좌우되리라는 것이 국민회의의 상식이 됐다. 실제로 네 차례의 조직책 선정과정에서 경합이 심했던 곳의 조직책은 권 의원이 누구와 손을 들어주느냐에 따라 승패가 갈렸다. 김대중 총재와 권노갑의 관계는 절대적 충성, 신뢰 관계였다. 권노갑 의원은 "한번은 국회의 소속 상임위에서 가는 외국 여행에 동참하기 위해 김포공항으로 가다가 '지금 시간 있나,'라는 김 총재의 전화 한 통화에 두말없이 승용차를 돌린 일도 있다."112) 또한 권노갑은 김 총재의 의도에 맞추어서 공천 낙점을 결정했을 뿐만 아니라, 악역도 담담했다. '호남물갈이'로 현역 의원을 교체하라는 김대중 총재의 지시를 현실정치에서 관철시켜 나갔다는 것이다.113) 즉 표면적으로는 권노갑이 공천을 좌지우지하는 모양새를 띠었으나, 김대중의 대리인으로서의 역할이었지 실제 새정치국민회의의 제15대 공천은 당내 권력 관계 측면에서 보면 김대중의 1인 지배적 공천으로서 성격 지울 수 있다.114)

1996년 15대 총선은 다음 해 대선을 앞둔 전초전 성격을 갖고 있었다. 공천에서 절대적 지배적 권한을 쥔 김대중과 동교동계는 우선 국민회의의 텃밭인 호남지역 물갈이부터 단행하고 새롭고 참신한 인물을 공천했다.

호남의 지역구 의원 37명 가운데 17명을 바꾼 46%의 파격적인 교체율이었다. 호남 물갈이를 통해서 당의 이미지를 쇄신하여 서울과 수도권의 표심을 얻을

---

112) 「국민회의 공천 낙점 김심 대리인」, 동아일보 1996년 1월 12일.
113) 동아일보 1996년 1월 12일: 국민회의 공천 낙점 김심 대리인.
114) "국민회의는 1일부터 시내 모처에서 공천심사위원들의 합숙심사에 들어가 4일 공천자를 일괄발표할 예정이다. 그러나 공천심사의 핵심인 호남물갈이의 칼자루를 쥔 사람은 김대중 총재다. 김총재와 공천심사위원장인 조순형 사무총장, 실무책임자인 권노갑의원 등 공첨심사 핵심 3인은 심사착수에 앞서 29일 공천대상자에 대한 1차 검토 작업을 벌였다. 실질적인 공천작업인 셈이다." 「국민회의 물갈이 막판조율」, 경향신문 1996년 3월 1일.

정동영　　장영달　　정세균　　정동채　　김옥두

뿐만 아니라. 시대적 변화와 흐름을 얻기 위함이었다. 더불어 김대중과 정치적 대척점에 서 있던 현역 의원들… 김상현, 유준상 및 3-4선 의원들은 공천에서 배제했다. 그 자리에는 방송인 출신의 정동영 등 정치신인과 김대중의 비서 출신인 김옥두, 정동채 등 충성도 있는 후보자들로 낙점되었다(한겨레 신문 1996년 3월5일: 전문직 45% 호남 새얼굴 9명).

국민회의 공천전략은 일단 지지기반인 광주와 호남에서 구태의연한 인물들은 정리하고 새로운 인물들을 공천함으로써, 김대중과 국민회의가 차기 대권에 성공할 수 있는 새로운 시대변화를 수용하는 정당임을 보여주는 것이었다. 핵심적 지지 지역인 광주와 호남에서부터 지지여론을 불러일으켜서 수도권에서 승부를 보겠다는 심산이었다.

MBC앵커 출신인 정동영과 개혁적 인사인 장영달을 전주에, 경제인 출신인 정세균을 무주진안에, 한겨레 신문 기자 출신인 정동채를 광주 서구에 공천했으며, 판사 출신인 박찬주를 보성에 낙점했다. "김 총재는 정계 은퇴 번복과 20억 수수 등의 부담을 안은 채 4·11총선에 임하면서 다음 해의 대통령선거도 시야에 넣고 있다. 이런 김 총재가 서울과 수도권의 지지표에 활력을 불어넣고 지지를 더욱 확산시키기 위해서는 텃밭인 호남부터 면모를 새롭게 해야 한다고 판단한 결과다."115)

나머지 지역은 김대중 직계와 탈당을 함께한 범동교동계 인사들이 공천을 받았다. 공천권 전권을 쥐고 있음에 따라 김대중 직계의 진출이 눈에 띄었다. 고향인 목포·신안에 아들인 김홍일과 비서 출신인 한화갑을, 순천시 갑에는 오랫동안 김대중을 보좌해 온 김경재를, 동교동계 5인방으로 알려져 있는 최재

김홍일

승, 윤철상, 김옥두에게도 공천장을 주었다. 호남지역의 공천특징은 물갈이를 통해 구 인물과 반대 세력을 제거하고, 상징적인 몇몇 인물을 앞에 세운 뒤 김대중 직계 위주의 공천을 한 것으로 보인다. 다음 해의 대선을 앞두고 직계 정치인들을 통해 지역 기반을 확실하게 다지고자 하는 의도로 보인다.

---

79) 「전문직 45%..호남 새얼굴 9명」,한겨레 신문 1996년 3월 5일
115) 「호남교체율 46%」,동아일보 1996년 3월 5일

추미애   유재건   신계륜   김근태   천정배

김대중은 수도권 지역에 승부를 걸었다. 가희 파격적인 공천이라고 할 수 있다. 양심 판사로 알려진 추미애를 광진에, 성북갑에는 국제통인 유재건을, 고대학생회장 출신인 신계륜을 성북을에, 재야의 상징이라고 불린 김근태를 도봉갑에, 서울대 총학생회장 출신인 김민석을 영등포을에, 신기남(강서갑, 인권변호사), 정한용(구로갑, 탤런트), 심재권(강동을, 민족통일국민연합 출신), 박우섭(인천 남구갑, 민청련), 이호웅(인천 남동구을, 사회운동), 최민화(수원 권선, 민청련 상임위의장), 김영환(안산갑, 노동운동가), 문학진(하남 광주, 한겨레 신문 기자), 유선호(군포, 인권변호사), 천정배(안산을, 인권변호사) 등을 공천했다.

호남에서는 자신의 안정적 지지기반을 재확인하고, 수도권에서는 호남당 이미지를 대거 탈각시키면서 진보적이고 개혁적인 인사들을 공천함으로써 국민회의 바람을 일으키고자 하는 의도였다.

15대 총선에서 국민회의는 총 78석을 얻어 제1야당으로서의 기반을 굳힘과 동시에 김대중의 대권 프로젝트에 한발 다가설 수 있는 정치적 영향력을 확보했다. 선거에서의 선전은 국민 여론에 부응하는 인사들을 대거 수도권에 포진시키고, 호남에서 절대다수의 신뢰를 받았기 때문이었다. 국민 여론을 등에 업은 유력 대권주자의 공천이 정파와 지역주의 변수와도 강하게 결합하면서 당내에서 큰 잡음 없이 물갈이를 통한 공천변화를 이룬 성과였다.

김대중의 물갈이 공천이 성공할 수 있었던 것은 호남지역의 민심을 정확히 읽었기 때문이다. 개혁적이고 참신한 인물들을 호남에 낙점해서 구태와 기득권에 머물지 않겠다는 정치적 의도를 분명히 보여 준 것이다. 또한 수도권에서도 민주화운동 인사 영입에만 그친 것이 아니라, 전문직 중 개혁적인 인사들을 배치함으로써 수도권 개혁진영의 공감대에 접근했다.

4) DJ와 이회창의 젊은 피 수혈 경쟁

1997년 정권교체를 이룬 김대중의 정치적 기반은 정당으로서는 새정치국민회의였다. 김대중 대통령은 지역적으로 호남에만 치우쳐 있는 새정치국민회의의 약점을 보완하기 위해 전국적 형태의 새로운 정당을 창립하려고 했다. 정당 창당과정은 외부에서 재야세력과 전문가 그룹, 386세력 등을 중심으로 신당을 창당한 뒤, 새정치국민회의와 합당하는 절차를 밟았다.

신당 창당에는 재야 정치단체인 국민정치연구회의 이재정 전 성공회대 총장과 새정치국민회의의 정균환 의원이 맡았다. 외양적으로 신당 창당이었지만, 실제는 정균환 의원이 김대중 대통령의 밀명에 따라 외부 영입 인사들을 별도로 만나 신당에 합류시키는 작업을 했다. 창당된 새천년민주당은 사회 저변층

정균환

의 자발적 참여와 지지를 이끌어낸 정당은 아니었다. 작위적으로 만들어진 새정치국민회의 외연 확장용 신당이었다. 재야인사와 시민운동 세력, 전대협 출신 인사들만 갖고는 전국적 정당의 내용을 갖출 수는 없었다. 단지 당시의 야권 정치 세력들을 새천년민주당이라는 새로운 간판 하에 집결시키는 의미를 가질 뿐이었다.

새천년민주당의 당 대표로는 시민운동을 오랫동안 이끌어왔던 서영훈을 내세웠다. 그가 대표직으로 내정되어 청와대로 김대중을 만나러 가니, 김대중이 김옥두를 사무총장으로 써달라고 했다는 뒷이야기[116]는 잘 알려져 있다. 서영훈은 얼굴마담 그 이상도 그 이하도 아니었다.

---

116) 경향신문 1999년 9월15일.

이재정　　김민석　　김중권　　안동선　　김기재

하여튼 새천년민주당의 권력 관계는 김대중 대통령과 당 요직을 차지하고 있는 동교동계가 다른 개별 정치 세력보다 우위에 있었으며, 대통령에 의한 수직적 관계가 지배하고 있었다. 그것은 당원 대부분을 차지하고 있는 호남지역 주민들에 기반한 김대중의 카리스마적 리더십과, 대통령 권력, 그리고 정파로서의 동교동계의 정치적 영향력에 기인한 당내 질서였다.

새천년민주당은 1월 28일 공천심사위원회를 구성했다. 장을병 지도위원을 위원장으로 하는 9인 공천심사위를 구성했는데, 김옥두 사무총장과 정균환 특보단장이 참여해 실질적인 투톱 체제를 갖췄고, 여성과 청년층의 배려 차원에서 신낙균 지도위원과 김민석 총재비서실장이 각각 포함됐다. 이재정 정책위의장

장을병

이 재야 대표 격으로, 안동선 지도위원(경기), 김중권 전 청와대비서실장(대구, 경

북), 김기재 전 행자부장관(부산, 경남) 등이 지역 배려 차원에서 포함됐다. … 공천 작업을 주도하고 있는 청와대와 당의 핵심라인이 모두 동교동계로 채워져 정실에 치우친 밀실 공천이 재연될 가능성이 있다는 것이 당내의 우려였다.[117]

실제 공천 작업은 당을 장악하고 있는 동교동계에 의해서 진행됐다. 김대중은 새천년민주당 창당 이후 당권을 동교동계에 일임했다. 대통령집권 중반기를 넘어가는 시점에서 누수 현상을 막기 위해서는 여당에서 확실하게 대통령의 정치 행위를 받쳐주어야 된다는 생각이었을 것이다. 또한 16대 총선을 대비한 포석이었다. 16대 총선 공천과정을 전일적으로 지배해, 대통령 권력의 안정된 정치기반을 조성하는 일이 주요 목적이었다.

김대중의 그림자로 불리는 권노갑은 고문직으로 당사에 매일 출근했으며, 핵심 당직은 동교동계 비서 출신들이 맡았다. 동교동계 5인방으로 알려져 있던 사람들이 전면에 나섰다. 사무총장은 김옥두, 조직위원장은 윤철상, 기조위원장은 최재승이었다. 공천 실무 결정라인을 동교동계 비서 출신들이 장악한 것이다.

공천심사원장을 맡은 장을병 교수는 공천심사기준을 발표했다. "16대 총선에서 승리를 거두기 위해서는 가장 중요한 일이 국민의 지지를 받는 후보를 출마

---

117) 「여야 공천 작업 어떻게」, 한겨레 신문 2000년 1월 29일.

시키는 일이며, 공천의 1차적인 조건은 공정성"[118] 이라고 밝혔다. 그러나 16대 민주당의 공천은 역시 청와대에 있는 김대중 대통령의 재가가 필수였다. 동교동계가 사전에 스크린 한 다음 대통령에게 보고됐다. 공천 영입인사 등을 전담하고 있던 정균환과 김민석은 그 구조를 너무나 잘 알고 있었다. "당시 공천 실무 작업을 주도하던 당내 인사는 정균환 총재특보단장과 김민석 총재 비서실장이었다. 이들은 공천심사보고서가 완성되면 김 대통령에게 들고 가기 전에 이를 들고 꼭 어딘가를 다녀왔다. 그리고 그곳을 다녀오면 누구 이름을 지우고, 누구 이름을 넣으라는 식의 수정사항이 있었다. 심지어 공천심사의 기초가 되는 여론조사 결과도 수정사항에 부합할 때까지 몇 차례나 계속됐다. 실무관계자들은 이구동성으로 그곳이 신라호텔일 것이라고 짐작했다. 그리고 나서야 보고서가 김 대통령에게 보고됐다."[119] 신라호텔은 권노갑 고문이 정치권 외부인사들을 만나기 위해 항시 사용하던 장소였다.

현역 의원 교체와 젊은 피 수혈

새천년민주당은 이번 총선에서 과반 이상의 의석을 확보해 여당의 안정적인 집권기반을 만드는 일이 가장 중요했다. 결국 공천과정에서 유권자들의 정서

---

118) 「국민지지 후보출마가 중요…민주당 공천심사위원장」, 한국경제 신문 2000년 2월 3일
119) 윤석진 「김대중 정권의 넘버2, 권노갑의 파워」, 『월간중앙』(2001년 11월호), 130쪽.

를 어떻게 읽고, 국민 여론과 함께 할 수 있는 공천 작업이 중요했다. 특히 자민련과의 연합공천이 결렬되었기 때문에 민주당 스스로 과반의석을 확보해야 했다.

첫 번째 공천전략은 현역 의원 교체였다. 특히 호남의 다선의원을 대상으로 물갈이를 단행해서 새로운 면모를 보이는 일이 우선 돼야 했다. 공천만 받으면 당선된다는 호남지역에서 기득권을 내려놓게 만드는 일은 우호적인 여론을 조성하기 때문이었다. 그러나 호남의 다선의원들을 정리한다는 것은 너무나 어려운 일이었다. 이들 태반이 그 힘든 시절을 참고 견디며 김대중 대통령 만들기에 헌신한 사람들이었기 때문이었다.

그 악역은 권노갑이 맡았다. 권노갑은 자신 스스로 불출마를 선언하고 호남의 다선 의원들의 불출마를 설득하러 다녔다. 이것도 모자라 동교동계 비서 출신들인 최재승, 윤철상도 지역구 공천대상에서 제외시켰다. 즉 공천탈락자들의 당내 반발을 막기 위한 방책 중 하나였다.

민주당은 호남에서 35% 교체율을 보였다. 전체적으로 현역 의원 26명을 공천에서 탈락시켰다. 공천에서 탈락한 의원은 서울 서대문 갑의 김상현, 광주의 조홍규, 이길재, 이영일 의원 등이었다. 그러나 예상보다 큰 폭은 아니었다.

김봉호　　　허인회　　　우상호　　　이인영　　　임종석

호남의 29개 선거구 중에서 김봉호(해남, 진도), 전북의 김태식(완주, 임실) 의원 등 현역 의원 18명을 재공천했다. 그래서 권노갑 고문 등 동교동계 핵심들의 희생만큼 소기의 성과를 얻지 못했다는 평가가 나왔다. "충성파는 살아남았다는 등의 무수한 화제와 뒷말을 남겼다. 공천청문회에서 앞장섰던 한영애, 박광태 의원이 호남에서 무리 없이 공천을 받았으며, 조찬형 의원도 … 권노갑 고문 및 최재승, 윤철상의 지역구 포기 등 동교동계 핵심인사들에 대한 읍참마속도 빛이 바래는 분위기… 김봉호도 살아났다"[120] 는 것이 언론의 평가였다.

새천년민주당의 공천전략은 수도권의 젊은 피 수혈에게 기대할 수밖에 없었다. 386세대를 대거 공천해서 세대교체와 함께 정권의 신선함을 보여주려는 의도였다. 주요 대학에서 86, 87년에 총학생회장을 하던 운동권 인사들을 영입해서 서울 등에 배치했다. 허인회, 이승엽, 우상호, 이인영, 임종석, 김윤태 등

---

[120] 「민주당 공천화제 7선, 충성파는 살아남았다」, 동아일보 2000년 2월 18일.

을 서울의 요충지에 공천해서 수도권 민심을 잡으려는 공천전략을 폈다.

그러나 총선 결과 민주당 단독으로 과반수를 얻는 데는 실패했다. 15대 총선 97석에 비해 18석이나 증가하고 서울 45개 지역구에서 28석을 얻었지만, 대구와 부산, 그리고 경북과 경남에서 한 석도 얻지 못하고 전패했기 때문에 한나라당이 제1당이 되었다. 젊은 피 수혈로 내세운 386세대도 임종석을 제외하고 낙선했다. 새천년민주당이 전국 정당을 표방했지만 호남 지역과 민주화 세력이 결합한 정당으로 얻을 수 있는 의석수의 한계가 다시 증명되었으며, 영남의 민심이반과 함께 영남 지역주의의 견제가 견고함도 보여주었다.

이회창의 전격적인 승부수

2000년 제16대 총선 한나라당의 공천은 유력 대권주자가 정파 간의 치열한 권력투쟁을 통해서 그 공천 결정권을 지배한 특색을 갖는다. 또한 공천권을 장악한 이회창과 유력 대권주자 정파는 국민 여론을 반영하여 수도권에 개혁적이고 참신한 인물을 공천했으며, 기반 지역인 대구·경북과 부산·경남 등에서 제 정파 세력을 몰아내고 자파 세력들을 공천했다.

이회창

97년 대선 패배 이후 한나라당은 조순을 당 총재로 세워 수습 행보를 시작했다. 하지만 50년 만에 처음 야당이 된 한나라당은 내부분열과 혼란으로 당 체제 수립에 진통을 겪게 된다. 결국 1988년 8월 31일 김윤환 등 영남세력의 지원으로 이회창이 당 총재직에 오르게 된다. 이회창은 55.7%의 과반을 약간 상회하는 대의원들의 지지를 받은, 불안한 상태에서 당권을 장악하게 된 것이다.

이한동

한나라당은 YS의 민주계와 구 민주당에서 합류한 이기택계 그리고 김윤환 등의 구 민정계, 수도권을 기반으로 한 이한동계로 팽팽하게 나누어져 있었다. 당내 권력 관계 역시 총재와 정파를 대표하는 부총재단으로 구성된 집단지도체제 형태를 띠고 있었다. 따라서 이회창은 차기 대권을 장악하기 위해서는 내부 정파 간의 권력투쟁에서 승기를 잡아야 했다. 2000년 공천권을 앞에 두고 98년 후반기부터 치열한 당내 권력투쟁이 시작되었다. 이회창의 제1표적은 대구·경북 지역 구 민정계의 김윤환 의원이었다.

다음 표적은 당내 최대 계파를 형성하고 있었던 민주계와의 싸움이었다. 이회창은 민주계의 반 이회창 세 확산 움직임에 정면으로 승부수를 걸었다. 전격적으로 '민산'의 3인방에 대해 당직을 박탈하는 조치를 취했다. 이회창 총재는 9일 민산 회장과 사무처장인 김명윤, 강삼재 의원과 박종웅 의원 등 「핵심 3인방」의 당직을 박탈했다. 김명윤 의원은 상임고문직에서 해촉되었고, 강삼재, 박종웅 의원은 당무 위원직을 박탈당했다.

이회창은 99년 벽두부터 2000년 총선 공천에서 제 정파를 정리하고 자신의 정치적 기반을 확실히 만들겠다는 생각을 했으며, 그 생각을 공개적으로 표명했다. 1월 29일 30%의 지분을 약속받고 대선 전에 합류했던 이기택 부총재와의 면담에서 "당내 계파 및 계파지분을 인정하지 않을 방침이"라고 선전 포고를 했으며, 2월 2일 신년기자회견에서는 "과감한 공천개혁을 단행하겠다"고 표명했다. 이회창의 최 측근이었던 윤여준 총선 기획단장은 "총선에서 몇 석을 얻는 게 중요한 것이 아니라 그 다음(대선)이 중요하다"고 누누이 강조해 왔으며, 이는 출신과 성분이 다른 각종 계파가 잡다하게 뒤섞인 다 목적 군으로는 차기 대선 고지를 점령할 수 없다는 판단"[121]이라고 밝히기도 했다.

1996년 김영삼의 영입으로 당에 들어온 이회창은 사실 홀홀단신으로 신한국당에 입당했었다. 그리고 "이 총재 측은 기회가 있을 때마다 다음 총선을 계기로 이회창 당으로 거듭나야 한다"고 역설했다는 것이다. 이와 같은 총선 구도는 이미 윤여준 총선 기획단장 등 이 총재의 핵심 측근들이 마련한 장기 대선 플랜인 것으로 알려졌다.[122] 이회창 측 입장에서 볼 때는 2000년 16대 총선 공

---

121) 「한나라당 공천표 물갈이론 업은 금요일 대숙청」, 동아일보 200년 2월 19일.
122) 「한나라 공천 의미」, 서울신문 2000년 2월19일.

천에서 당내의 중진 그룹들을 정리하지 못하고 확실한 자기 기반을 마련하지 못하면, 차기 대선에서 한나라당 후보가 된다는 것은 쉽지 않다고 판단했다. 영남지역에서의 반 김대중 정서와 다시 정권을 찾아와야 한다는 여론을 등에 업고 자신의 카리스마적 리더십을 정립할 수 있는 기회가 16대 총선이라고 보았다. 하지만 당내의 민주계와 구 민정계, 구 민주당 세력의 반발은 만만치 않았다. 즉 공천과정에서의 권력투쟁에 승리해야 한다는 승부수를 던질 수밖에 없었다.

새벽에 바뀌어 버린 공천자 명단 – 이회창식 깜짝쇼

이회창의 공천 투쟁은 전격적으로 집행되었다. 마치 기습적인 군사작전을 방불케 하는 공천 실력행사였다. '당내의 제 정파들과 협의, 합의하에 공천을 할 것이며, 당 총재인 자신은 공천과정에 개입하지 않고 공심위에 공천을 맡기겠다'는 말은 당내 제 정파를 방심하게 만드는 전술 책이었다.

이회창의 기습적 공천 작전은 2월 18일 1차 공천자발표 전날인 17일 밤에 이루어졌다. 이미 공천심사위원회를 자신의 최측근 세력으로 편성했던[123] 이회창

---

[123] 이회창 측 주류인 양정규 부총재와 이회창이 영입한 홍성우 변호사를 공동 공천심사위원장으로 임명했으며, 외부 인사로는 이연숙 전 정무장관을 공심위원으로 선임했다. 공심위원인 하순봉 사무총장과 이부영 원내총무는 이총재 측과 긴밀히 협의했다.

은 논란이 되었던 공천자 명단을 바꾸어 버렸다. 예상치 못한 결과가 하루밤 사이에 벌어진 것이다. "한나라당이 18일 예상을 뛰어넘는 '대폭 물갈이, 를 단행한 공천자 명단을 발표하자 당직자들조차 믿어지지 않는다는 표정이었다. 이회창 식 '깜짝쇼'라고 불려졌다. 이부영 원내총무가 '현역기득권 지키기'를 공개 비판하는 등 논란이 벌어지는데도 아무 말 하지 않고 잠자코 있던 이총재는 17일 밤 공천심사위에 '개혁공천' 구상을 전달, 대폭 물갈이 '깜짝쇼'를 연출했다.[124] 2000년 2월 18일 발표된 한나라당 공천을 두고 '금요일의 대학살'이라고 불릴 정도로 파격적이었다. 이회창 측은 '물갈이 공천'이라고 했지만 공천에 탈락한 반대 정파 측에서는 '전횡, 독재, 학살'이라는 거친 표현이 나왔다. "이회창 총재는 새벽 공천 작업에 기습적으로 개입해서 18일 공천명단을 바꿔 버렸는데, TK 민정계와 PK 민주계가 철저히 배제된 공천이었다. "이총재는 현역 지역구 의원 109명 중 신상우(부산 사상), 오세응(성남 분당) 의원 등 28명(26%)을 공천에서 탈락시켰다. 영남지역의 경우 현역 의원 58명 중 부산에서 7명, 대구에서 2명, 경남 5명, 경북 2명 등 16명(27%)이 물갈이 되었다.[125] 특히 김윤환과 이기택도 공천자 명단에 없었다. 낙천자들은 대부분 PK 지역의 민주계와 대구·경북의 민정계들이었다.

---

124) 「한나라당 공천화재 7선 이회창식 깜짝쇼 연출」, 동아일보 2000년 2월 19일.
125) 「김윤환, 이기택씨 공천탈락」, 경향신문 2000년 2월 19일.

16대 총선 한나라당 주요 낙천자 명단

김윤환(구미), 이기택(부산 해운대), 김덕룡(서울 서초), 백남치(노원갑)
김정수(부산 진을), 이상희(부산 남), 김도언(부산 금정), 서훈(대구 동구)
임재출(경주), 김호일(마산, 합포), 허대범(진해), 김영진(원주), 한승수(춘천)

이회창은 한나라당의 전통적 지지기반인 영남지역에 포진하고 있던 민주계와 김윤환 민정계를 쫓아내고 새로운 인물들을 공천했다. 일단 영남지역에 이회창 직계를 심지 않고는 자신의 대권가도가 불가능하다고 보았을 것이다. 전격적으로 이루어진 이회창의 공천 기습 작전에 대한 당내 반발은 대단했다.

종로에 공천을 받은 조순 명예총재는 공천을 반납하겠다고 밝혔다. "이번 공천은 공천개혁과 계파 불인정이라는 명분을 내세워 자기 세력의 부식만을 획책한 사천이었다"[126]고 비난했으며 상도동계 김광일도 공천을 반납하겠다고 했다. "한나라당 공천은 독재자 이회창의 본성을 드러낸 민주정치에 대한 폭거이고 이회창 씨와는 정치를 같이 할 수 없기 때문에 공천을 거부하고 한나라당을 탈당한다"고 밝혔다. 김덕룡 부총재도 "이번 공천은 기준 없이 이루어진 이회창 총재의 전횡이었다면서, 이 총재에 맞서 공천재검토 및 당내 민주화 투쟁을 벌인 뒤 여의치 않을 경우 또 다른 투쟁에 나설 계획"[127] 이라고 밝혔다.

---

126) 「한나라당 공천 파문 한나라당 탈락 중진 신당 추진」, 동아일보 2000년 2월 21일.
127) 「한나라당 공천 파문 한나라당 탈락 중진 신당 추진」, 동아일보 2000년 2월 21일.

정태근   오세훈   원희룡   박근혜   고진화

영남지역의 구민정계와 민주계 배제 공천을 단행한 이회창은 수도권에서도 대폭적인 물갈이를 통해 새로운 인물을 공천했다. 특히 새천년민주당에서의 '젊은 피 세대교체' 바람을 차단하기 위하여 이회창은 젊은 인사들을 대거 공천했다. 30-40대 인사 62명으로 전체의 28.8%에 달했다.

정태근(서울 성북갑, 연대총학생회장), 오세훈(강남을), 원희룡(양천갑, 변호사), 고흥길(분당갑)특보, 오경훈(양천을), 고진화(영등포갑, 성대 총학생회장), 박종운(부천 오정) 등이 젊은 피로서의 대표적인 영입 인사이며, 대구 경북지역의 기존 세력을 대체하고자 박정희 전 대통령의 딸인 박근혜(대구 달성)를 공천했으며, 한승민(서울 동대문갑, 미스 서울 출신), 오양순(고양 일산갑), 허남주(전주덕진) 등 여성 인사도 상징적으로 공천했다.

이회창의 당내 권력투쟁 일환으로 집행한 공천개혁은 성공했다. 2000년 4월 13일 시행된 16대 총선에서 한나라당이 새천년민주당을 누르고 제1당 지위를

제16대 총선 한나라당 서울지역 공천자 현황

선거구명	공천자명	나이	직업	경력	당선여부
종로구	정인봉	46	변호사	판사(7년 재직)	당선
중구(서울)	박성범	60	국회의원	KBS방송 보도본부장	
용산구	진영	49	변호사	서울지법 판사	
성동구	이세기	63	국회의원	고대 교수, 통일·체육장관	
광진구갑	김영춘	38	정당인	고려대학교 총학생회장	당선
광진구을	유준상	57	정치인	전 국회의원(4선)	
동대문구갑	한승민	38	정당인	세종대학교 국제경제연구소 전임연구원	
동대문구을	김영구	60	국회의원	제11,12,13,14,15대 국회의원	당선
중랑구갑	김철기	43	정당인	한국기독청년협의회(EYC)총무	
중랑구을	강동호	56	정당인	민자당 인권옹호분과위원회 위원장	
성북구갑	정태근	36	시민운동가	연세대학교 총학생회장	
성북구을	강성재	61	국회의원	동아일보 사회부, 정치부 기자	
강북구갑	유광언	55	정당인	정무제1차관	
강북구을	전대열	59	언론인	한국경제일보 논설위원	
도봉구갑	양경자	59	정치인	제12, 13대 국회의원	
도봉구을	백영기	59	정치인	한국방송영상 사장	
노원구갑	최동규	63	정당인	동력자원부 장관	
노원구을	장두환	51	한나라당노원을 지구당위원장	이회창 총재 정무특보	
은평구갑	강인섭	63	정당인	제14대 국회의원	당선
은평구을	이재오	55	국회의원	민중당 사무총장	당선
서대문구갑	이성헌	41	정당인	연세대학교 총학생장	당선
서대문구을	정두언	43	정당인	국무총리 공보 비서관(1999년)	
마포구갑	박명환	62	국회의원	한나라당 서울특별시지부 위원장	당선
마포구을	박주천	58	국회의원	한나라당 사무부총장	당선

선거구	성명	나이	직업	경력	결과
양천구갑	원희룡	36	변호사	법무법인 춘추변호사	당선
양천구을	오경훈	36	정당인	서울대학교 총학생회장	
강서구갑	김도현	57	지구당 위원장	문화체육부차관, 평통 사무차장	
강서구을	이신범	50	현직 국회의원	제15대 국회의원	
구로구갑	김기배	63	재단법인 백숭복지재단 이사장	제12, 13, 14대 국회의원	당선
구로구을	이승철	35	공인노무사	한나라당 부대변인	
금천구	이우재	63	국회의원	서울대학교 총학생회장	
영등포구갑	고진화	37	세종리더쉽 개발원이사	성균관대학교 총학생회장	
영등포구을	정병원	63	정당인	한나라당영등포구을지구당위원장	
동작구갑	서청원	57	국회의원	한나라당사무총장	당선
동작구을	김왕석	47	중앙대학교 정경대학 교수	선거보도감시연대회의 공동의장	
관악구갑	김성식	41	정치인	CBS시사평론가	
관악구을	권태엽	36	정당인	현직교사 10년 5개월	
서초구갑	박원홍	57	현 국회의원	제15대 국회의원 원내부총무	당선
서초구을	김덕룡	59	현 국회의원	제13,14,15대 국회의원	당선
강남구갑	최병렬	61	정치인	전12,14,15대국회의원	당선
강남구을	오세훈	39	변호사	환경운동연합법률위원장 겸 상임집행위원역임	당선
송파구갑	맹형규	53	국회의원	제15대국회의원	당선
송파구을	최한수	52	대학교수	건국대 정치대학장 및 국제대학원장	
강동구갑	이부영	57	국회의원	제14, 15대 국회의원	당선
강동구을	김중위	60	국회의원	환경부장관	

〈중앙선거 관리위원회 홈페이지에서 발췌 정리〉

윤여준   홍사덕   고흥길   신경식   박창달

차지한 것이다. 특히 한나라당은 전통적인 여권의 기반인 영남지역을 석권했다. 부산 17석, 대구 11석, 경북 16석, 경남 16석 등을 얻었다. 영남지역 석권 결과는 이회창이 당내 권력투쟁에서 승리했다는 의미로 해석될 수 있다. 공천 반발에 탈당해서 신당을 창당한 민국당은 강원도에서 1석을 얻는 데 그쳤다.

이회창 총재가 감행한 공천 투쟁이 성공함에 따라 이 총재는 당내 기반이 탄탄해졌으며, 당내에서 반대그룹을 형성했던 민주계와 구 민정계, 구 민주당 중진들을 일거에 몰아내는 데 성공했다. 또한 차기 대권의 유력주자로 급부상했다. 당내의 대권후보로서 정적이었던 대권 주자들도 총선에서 사라지게 되었다. 다양한 계보로 구성됐던 한나라당의 세력 판도가 4·13총선을 거치면서 이회창 총재 중심으로 재편된 것이다. 이회창은 대대적인 공천 물갈이로 친정체제를 구축하는 발판을 마련했으며, 강력한 라이벌인 조순 명예총재와 김윤환, 이기택이 당을 뛰쳐나가면서 자연스럽게 정리됐다.

이회창은 공천을 통해 지구당 위원장의 절대다수를 자파 계보로 확보했다. "직계인 윤여준, 고흥길, 이원창 당선자 등 핵심 측근이 원내에 진입했다. 하순봉 총장과 신경식 특보단장 등 핵심 당직자도 여의도 재입성에 성공했다. 비례대표를 포함, 당선자 133명 중 75명이 이회창 계열로 분류될 만큼 친청체제가 확고해졌다. 중도로 분류된 인물도 대부분 이회창계에 가깝다. 홍사덕 선대위원장은 차 차기를 노리며 이회창 친위부대에 합류하였다. 김윤환 계보로 분류되던 이원형·박창달 당선자는 이 총재에게 마음을 주고 있으며, 김영구 부총재와 유흥수·전용원 당선자 등 옛 민정계 인사도 이회창 대세론을 따르는 분위기다."[128]

이회창 측 인사들이 기획하고 의도했던 대로 새누리당은 '이회창 당'으로 재탄생 했다. 한국전통 여당에서 뿌리를 이어오던 민정계가 그 맥이 끊어지게 되었으며, 김영삼의 민주계도 그 세력이 급격히 축소·분화되었다. 새누리당 정파에서 남은 세력은 오직 이회창계 뿐이었다. 영남지역에서 한나라당의 이회창을 택한 이유는 차기 대선 승리의 인물론이 적중했으며, 기존 영남지역의 대표적 정치인들에 대한 구태가 더 이상 설자리가 없다고 판단했기 때문일 것이다. 또한 이회창식의 과단성 있는 공천개혁에 대해 공감대를 형성했기 때문이다. 또한 50년 만에 처음으로 호남에게 정권을 빼앗긴 영남은 반드시 차기 대선에서 정권을 탈환해야 한다는 표심을 강력한 리더십을 표방한 이회창에게 주었

---

[128] 「4.13 총선 이후 한나라 세력판도 변화」, 세계 일보 2000년 4월 20일.

다고 볼 수 있다.

제16대 총선 공천에 대해 이준한은 라핫과 하잔의 비교 분석 틀에 입각해 한나라당과 민주당의 공천에 대해 평가했는데, 후보자격은 폐쇄적이었으며, 선출 방식에 있어서도 매우 중앙 집중적이었다고 밝히고 있다. "후보자 선출권이 당 총재나 당 대표 등 지도자들(민주당의 김대중, 한나라당의 이회창)의 의향에 따라 구성된 소수정예의 공천심사위원회에 있었으며, 밀실 작업을 거쳐 국회의원 후보자들을 내정하고 발표하였다. 또한 공천 심사위원회도 별도의 비공식채널(민주당은 정균환, 한나라당은 윤여준)을 통해 당 지도자가 임의로 공천을 관장해 지구당 유권자의 참여의 여지가 원천적으로 막혀 있었다."[129]는 것이다.

---

[129] 이준한,「국회의원 후보 선출의 방법과 과정에 대한 비교 연구」,『의정연구』제9권 제1호 (2003), 102쪽.

(2) 공천변화의 과정과 민심의 대응
— 제17대 총선에서부터 제 20대 총선까지(2004년-2016년)

1) 국민 참여경선의 시작

새천년민주당은 2002년 12월 대선전에 노무현을 대선후보로 그대로 밀고 가자는 친노파와 지지율이 떨어진 노무현 후보를 교체해야 한다는 반노 그룹으로 나누어진 상태에서 선거를 치렀다. 대선이 끝나자마자 친노와 반노의 대결은 시작되었다.

2003년 9월 20일 신당파 의원들이 탈당해 독자적으로 원내교섭단체 '국민 참여 통합신당'을 구성하게 되면서 새천년민주당은 분당사태를 맞게 되었다. 그리고 2003년 11월 11일, 새천년민주당 신당추진위 탈당파 40명과 한나라당 탈당파 5명, 여기에 개혁당의 김원웅, 유시민 등 2명이 가담함으로써 총 47석의 열린우리당이 창당되었다(김용철 외 2015, 107-110).

유시민

열린우리당 창당 멤버

새천년민주당 탈당파의원	이상수, 천정배, 이창복, 김원기, 유재건, 장영달, 천용택, 송석찬, 이강래, 이해찬, 강봉균, 김근태, 송영길, 임종석, 정동영, 김덕배, 설송웅, 송영진, 이호웅, 이원성, 박병석, 김희선, 남궁석, 이종걸, 문석호, 정세균, 정장선, 김태홍, 김택기, 배기선, 김성호, 신기남, 정동채, 임채정, 신계륜, 홍재형, 김명섭, 정대철, 김덕규
한나라당 탈당파의원	이우재, 김부겸, 김영춘, 안영근, 이부영
개혁당	김원웅, 유시민
전직 국회의원 (민주당 탈당)	김태랑, 박석무, 박양수, 오영식, 유선호, 이미경, 이석현, 이용희, 이재정, 허운나

〈문화일보 2003년 9월 20일 기사 참조 작성〉

새천년민주당에서 탈당하여 만든 열린우리당의 슬로건은 '정치개혁'이었다. 정당 체제는 물론 공천방식도 변화시키려고 했다. 열린우리당은 민주당을 탈당한 명분과 노무현 정부의 집권당으로서의 새로운 면모를 보여주어야 했다. 기존 정당과의 차별성을 보여주어야 했다. 지역주의 정당을 극복하는 모

김원웅

습과 중앙 집중적이고 1인 지배적 정당에서 탈피한 형태를 나타내려고 했다. 지도체제의 변화를 꾀했다.

당내 권력 관계를 집단적 권력 관계로 변화시켰다. 대통령과 당과의 관계를 재설정했다. 당과 대통령의 분리, 수평적 관계를 못 박았다. 〈당헌 제126조〉에

당원이 대통령에 당선되었을 경우, 명예직의 경우를 제외하고는 임기 동안 당직을 가질 수 없게 하였다. 기존 정당의 총재 1인의 우월적 권력 관계도 인정하지 않았다. '총재'라는 직함 대신 '당의장'이라고 바꾸었다. 당의장의 우월적이고 절대적인 권한을 방지하기 위하여 상임중앙위원회의 권한을 강화했다.

열린우리당은 당과 국회의 이원적 지도체제를 시행했다. "원내대표는 국회에서 당을 대표하고 원내당무를 총괄한다. 〈당헌 제49조 제1항〉"라고 명기했다. "열린우리당의 쇄신은 중앙당과 원내정당을 분리하면서, 후보 선출권은 당원에게 부여하는 방식으로 진행되었다. 원내정당과 원외 정당을 분리, 운영하는 '투톱시스템을 도입하였다' … 이는 강한 지배 연합을 토대로 한 중앙권력의 단점적 지배가 아닌 분점적 지배로 이어졌다."[130]

공천결정권 역시 기존 정당과 같이 당 총재의 전일적 권력이 시행되지 못하게 했다. 또한 공천의 상향식 제도도 당헌에 명시했다. 〈당헌 제98조 제1항〉에 "모든 공직 후보 추천방식은 국민참여경선 또는 완전개방 형식으로 한다."라고 규정했다. 열린우리당의 당규에는 국민 참여경선 방식에 대해 매우 자세한 사항들이 나와 있다. 국민 참여경선에 대해서 열린우리당이 당 운을 걸고 시도하려 했던 모습이라고 볼 수 있다.

---

130) 박경미,「정당 이합집산의 조건 : 열린우리당의 변화(2003-2007)」,『한국과 국제정치』제24권 제3호(2008 가을), 41쪽.

열린우리당은 '상향식 공천은 그동안 공천의 계파별 나눠 먹기' '권력형 공천의 폐해에 대한 문제점을 극복하는 대안'이라고 강조했다. 열린우리당의 당내 권력 관계는 대통령 권력의 우월성이 지배하지는 않았다. 창당 핵심 엘리트들의 집단적 권력 관계가 형성되었다고 볼 수 있다. 또한 정당 내의 정치 엘리트들의 친노적 정체성과 유대성이 매우 강했을 것으로 여겨지며, 창당주역들의 공천이 보장되는 방식만 이루어진다면 내부분란의 소지는 별로 없었다. 열린우리당은 공천권에 있어서 대통령 권력의 영향력을 완전히 삭제시켰다.

공천심사위원들도 외부인사로

열린우리당은 공심위 위원장을 명망성 있는 외부인사가 맡았으며, 공심위 구성도 외부인사와 당내 인사 동수로 구성했다. 김광웅 전 중앙인사위원회 위원장이 공심위 위원장으로 임명되었다.[131] 열린우리당 공천심사위원 중 외부 심사위원은 김광웅 서울대 교수와 김문환(서울대), 권만학(가톨릭대), 조기숙(이화여대)교수, 소설가 김주영, 박재동 화백, 윤지희 참교육학부모회 전 회장, 이재철 변호사 등이다. 당 내부 심사위원은 김성순(의원), 조성준(의원), 송훈석(의원), 최영희(의원), 박강수(대전시지부장), 정오규(부산시지부장)[132] 등 이었다.

---

131) 경향신문 2004년 1월13일: 소설가 김주영씨 공천심사위원.
132) 「여의도의 저승사자들-외부공천심사위원들 칼날 잣대로 정치생명 좌우」, 문화일보 2004

당 외부인사들을 공심위 위원으로 위촉한 것은 공천과정의 당내 기득권세력의 독점성을 방지하고 공정성을 보여주려는 시도였다. 또한 사회적 명망성을 갖고 있었던 당 외부의 심사위원들이 참여함에 따라, 공공성 및 부정부패 등 도덕성의 결여를 보이는 후보자들에 대해서는 자격 심사에서 엄격한 잣대를 적용하려고 했다.

중앙당 공심위에서 결정했던 사항은 두 가지였다. 후보자에 대한 자격 심사와 해당 지역을 단수후보로 공천할 것인지, 복수 후보로 공천할 것인지를 결정하는 일이었다. 중앙당의 공심위가 사전 후보결정권을 갖는 방식이었다. 후보결정권을 지역으로 넘기기 전에 중앙당에서 후보자 범위를 결정하고, 단수공천·복수공천 등 경선 후보 방식도 결정하는 방식이었다. 그러나 중앙당 지도부가 후보 결정 권한을 전적으로 공심위에 넘겨준 것은 아니었다. 당 외부 심사위원에 대한 임명권이 당 의장에게 있기 때문에 지도부와 연관이 있는 인사들이 당 외부 심사위원으로 임명되었으며, 정치적 성향이 유사한 인사들을 추천·임명했다. 또한 당 내부 심사위원들이 당 내부 사정에 대해서 상세히 알고 있고, 정무적 경험 역시 당 외부 심사위원들보다 더 풍부했기 때문에, 결국 후보자에 대한 최종 결정 작업에서는 당 내부 심사위원들의 발언권이 더 강했다. 결국 외부인사들이 참여한 공심위가 창당 과정에 참여했던 현직 국회의원들의 기득권을 제한할 정도로까지는 나아가지 못했다.

년 2월 28일.

따라서 열린우리당 창당에 참여했던 현직 국회의원들 대부분이 재공천을 받게 되었다. "중앙당의 '공직 후보자 자격심사위원회'에서는 단수후보로 추천할 것인지, 국민참여경선을 실시할 것인지를 결정했는데, 현직 의원의 공천율은 90.9%에 달해 현직 의원의 압도적인 재공천율을 보였다."[133]

하지만 열린우리당이 파격적으로 채용한 국민 참여경선 공천방식은 신당의 개혁적 모습을 보여주었다. 중앙당의 공심위는 전체 234개 지역구 중 84개의 지역에서 경선 실시를 결정했다. 약 35.6% 지역에서 경선이 실시된 것이다. 나머지 지역은 공심위에서 단독후보를 공천했다. 경선 실시지역에서는 단독 후보자인 경우에는 자격심사위의 합의를 거쳐 선정하고, 복수일 경우에는 여론조사나 실무자를 파견하여 현지 조사와 자격심사위의 인터뷰를 거쳐 결정하도록 했다.[134]

약 84개 지역에서 실시한 국민참여경선은 무작위 표본 추출방식으로 구성된 선거인단에 의해 경선을 치루는 방식이었다. 따라서 선거인단은 당원뿐만 아니라 일반 유권자들도 참여했다. 후보자들 간의 합의가 이루어지면 여론조사 경선도 가능했다. 그러나 국민참여경선을 당헌·당규에까지 넣어가며, 마치 모든 공천

---

133) 김영태 「17대 국회의원선거의 공천제도와 공천 - 지역구 후보공천을 중심으로」, 『한국 정당학회보』(2004), 118쪽.
134) 박경미, 「정당 이합집산의 조건: 열린우리당의 변화(2003-2007)」, 『한국과 국제정치』 제24권 제3호(2008년 가을), 42쪽.

이 국민들이 참여할 것처럼 표방한 열린우리당은 전체 공천지역의 절반에도 턱없이 못 미치는 35.6%의 경선비율을 보였다. 매우 아쉬운 대목이다.

하지만 후보결정권이 이전 공천과 비교해서 상당 폭넓어진 것만은 분명했다. 경선에 참여한 지역의 유권자들이 경선 후보들을 결정했기 때문에, 후보결정권의 중대한 변화라고 볼 수 있다. 물론 열린우리당이 후보공천 결정권 확대를 처음으로 실시한 정당은 아니었다. 2002년 새천년민주당에서 대선 후보경선을 했을 때 국민참여경선이 처음으로 실시되었으며, 한나라당도 국민참여경선 방식을 바로 차용했다. 그해 실시된 지방선거 후보공천 방식에서도 새천년민주당은 각 지역에 후보결정권을 완전 위임하여, 해당 지구당의 선택에 따라 국민참여경선이 광범위하게 실시되었고, 2004년 총선에서 제3당으로 전락한 새천년민주당의 총선경선방식이 오히려 더욱 분권화되었다고 평가할 수 있다. [135]

열린우리당은 새천년민주당을 탈당하여 합류한 의원들 및 지구당 위원장 대다수가 공천을 받았으며, 이전부터 친노 그룹과 친교를 맺고 있었던 정치인들도 공천을 받았다. 열린우리당 현역 의원이 있거나 탈당 지구당 위원장이 존재하는 곳은 공천신청자도 극소수였으며, 단수추천지역으로 선정됐다. 만약 분

---

[135] 2004년에 새천년민주당도 경선을 실시했는데, 공천방식 결정권을 지구당 상무위원회에 위임했다. 당원경선, 국민참여경선, 여론조사 경선 등을 지구당 상무위원회에서 결정토록 했다. 중앙당 공심위는 후보자격에 대한 심사와 단수후보로 공천할지 복수 후보로 결정할 것인지만 결정했다.

당사태가 없었다면 민주계 정치인들과 치열한 경선을 벌였을 것이다.

열린우리당 창당멤버였던 임종석(성동을), 김영춘(광진갑), 김희선(동대문갑), 김덕규(중랑을), 유재건(성북갑), 김근태(도봉갑), 임채정(노원병), 신기남(강서갑), 김명섭(영등포갑), 이해찬(관악을), 이부영(강동갑), 안영근(인천 남구을), 이호웅(인천 남동구을), 최용규(부평을), 송영길(계양을), 이종걸(안양 만안), 배기선(부천 원미을), 정장선(평택을), 천정배(안산 단원갑) 의원 전원은 공천을 받았다.

단지 불법자금 혐의로 구속된 정대철, 이상수 의원 등이 공천을 못 받았을 뿐이었다. 대신 정대철 의원의 아들인 정호준이 서울 중구에, 이상수 의원 보좌관인 이화영이 중랑갑에서 공천을 받았다.

현역 의원 외에 공천을 받은 자들은 대선 시 노무현 후보 캠프에서 활동했거나(최재천, 정청래, 김진애 등), 새천년민주당 지구당 위원장으로서 탈당 대열에 합류했던 인사들이었다(우상호, 이인영, 허인회 등). 당연히 경선 자격을 얻지 못한 후보자들의 반발이 거셌다.[136) 친노 영입 인사들의 경우에는 전략 공천을 실시하여 지

---

136) "열린우리당은 전략 지역에 대한 낙하산식 공천이 문제가 되고 있다. 정치개혁의 시발점으로 삼았던 경선 원칙이 이런저런 이유로 '단수 공천'으로 변질되면서 공천 신청자들의 반발이 확산되고 있는 것이다. 2월 23일에는 김진표 전 경제부총리 · 권기홍 전 노동부장관 · 유인태 전 정무수석 등이 단수 공천된 지역 공천 신청자와 지지자들이 당의 일방적 공천에 반발, 집단 행동에 나서 당직자들과 몸싸움을 벌이기도 했다.

역에서 경선을 준비했던 후보자들을 배제시키고 낙점을 주었기 때문이었다.

경선이 시행된 곳 역시 친노성향의 후보자들이 유리했다. 왜냐하면 조직적 움직임이 일사분란한 노사모 등 친노성향 유권자들이 경선에 대거 참여했기 때문이다. 지역 기반이 있거나 조직동원능력이 있는 후보들이 경선에서 승리한 경우가 많았다. "경선에 앞서 선거인단 구성에 있어 후보들에 의한 동원이 우려되었는데, 선거인단이 무작위로 선정되었음에도 실제로는 각 후보 지지자들이 대거 선거인단에 뽑힘으로써 부분적으로 조직선거가 이루어져 튼튼한 지역기반(조직기반)을 갖고 있는 후보에게 유리한 결과를 가져오는 사례들이 적지 않았다."137)

그 중 이호윤(서울 도봉을), 이미경(수원 팔달), 정재학(경북 청도) 씨 등은 22일부터 당사 앞에서 천막농성 중이다. 또 27일에는 같은 처지에 있는 황상모(부산 서구) · 배병헌(울산 울주) · 정기영(충북 충주)씨 등 중앙의 낙하산 공천으로 경선 기회를 빼앗긴 10여 개 지역 출마자들이 여의도 소재 미래정경연구소 사무실에서 비상대책위를 갖고 '민주경선을 위한 비상대책위원회'를 결성하고 정치적, 법적, 물리적 힘까지 동원해 경선 원칙을 관철시키기는데 공동 대응할 것을 결의했다.
그러나 우리당 공천심사위 관계자들은 최근 영입한 인사들이 경선에서 줄줄이 낙마한 것에 충격을 받고 전략적 공천을 강행하겠다는 입장인 것으로 알려졌다. 정동영 의장과 김한길 총선기획단장도 "경선 원칙을 지켜야 하지만 당 입장에서 불가피한 측면이 있다"고 밝혀 당분간 공천 분란이 계속될 전망이다. 「정치판 피의 3월 공천전쟁이다」, 주간한국 2004년 3월 2일.
137) 정진민 "17대 국회의원 선거에서의 상향식 공천제도와 예비후보 등록제" 『한국정 당학회보』, 제3권 2호(2004).

17대 총선 열린우리당 부산 지역 공천자 명단

지역	이름	나이	직업	경력	비고
중구·동구	이해성	50	정당인	MBC 문화방송 경제부장	
서구	최낙정	50	정당인	부산지방해양수산청장	
영도구	김정길	58	정당인	초대행정자치부장관	
부산진구갑	조영동	55	정당인	부산일보편집국장	
부산진구을	박재율	44	신라대학교 행정학과 겸임교수	부산참여자치시민연대사무처장	
동래구	노재철	43	정당인	대통령직속 국가균형발전위원회 자문위원	
남구갑	김용철	41	정당인	서울대학교 총학생회장	
남구을	박재호	45	정당인	대통령비서실정무2 비서관	
북구·강서구갑	이철	56	정당인	제12, 13, 14대 국회의원	
해운대구 기장군갑	최인호	37	정당인	열린우리당 부산시당 대변인	
해운대구 기장군을	최택용	36	정당인	국가균형발전위 자문위원	
사하구갑	이헌만	53	교수	행정고시 17회 합격	
사하구을	조경태	36	정당인	노무현 대통령후보 정책보좌	당선
금정구	박원훈	56	정당인	KBS파리·LA특파원, KBS부산방송총국장	
북구·강서구을	정진우	36	정당인	국회정책연구위원	
연제구	노혜경	45	시인	부산외국어대학교 겸임교수	
수영구	허진호	59	변호사	부산지방변호사회 회장	
사상구	정윤재	40	정당인	제15대국회의원선거 출마(사상구을, 민주당)	

〈중앙선거 관리위원회 홈페이지에서 발췌 정리〉

부산지역은 노무현이 오랫동안 공을 들였던 지역이다. 또한 향후 친노의 정치적 기반으로 형성해야 하는 지역이었다. 따라서 노무현 직계 후보들이 공천을 받았다. 부산 연제구에 공천을 받은 노혜경은 노사모 핵심 멤버이며, 사하을에 공천을 받은 조경태는 민주당 내에서 친노 핵심의 일원으로 반노 세력과의 싸움에 전면에 나섰던 인물이다. 해운대 기장갑 공천자인 최인호는 노무현 대통령의 최측근이며, 동래구에 공천받은 노재철은 노무현 대통령 직속 자문

조경태

위원으로, 영도구에 공천받은 김정길은 노무현과 오랫동안 부산에서 활동했던 인사이다. 정진우 역시 새천년민주당에서 친노 당직자로 활동해왔다.

새천년민주당의 지역 기반인 호남지역은 현역 의원들의 탈당이 소수에 그쳤다. 따라서 열린우리당 측에서는 새로운 인물들로 광주 호남지역에 공천했다. 공천자 면모를 보아도 현역 의원으로 탈당한 정동채와 김태홍을 제외한 강기정, 양형일, 지병문, 김동철 등은 새로운 인물이다. 그러나 서구갑에 공천

염동연

받은 염동연은 노무현의 최측근으로서 노무현 후보 당선의 일등 공신으로 조직을 담당했던 인물이다. 또한 염동연은 광주노사모를 조직적으로 지원·지도했던 인물로 알려져 있었다. 새천년민주당 지역 기반의 핵심인 광주에 노무현 최측근 핵심이 공천을 받은 것이다. 전남 전북 역시 탈당한 정세균(현역), 장영달(현역), 이강래(현역), 강봉균(현역)을 제외한 공천자들은 새로운 인물들이다.

그러나 이들 대부분 노무현 후보 캠프에서 활동했거나, 친노 그룹 일원, 혹은 연관이 깊은 인물들이었다.

열린우리당의 17대 공천은 당 외부 인사들이 공심위에 참여하고 국민참여 경선 등 상향식 공천을 실시한 특징을 갖고 있었다. 후보결정권이 이전 총선 공천에 비해 확대되었다고 볼 수 있다. 이전에 비해서는 상당히 진일보했다고 평가할 수 있다. 공천의 분권화와 대표성을 강화한 측면이 존재한다. 더욱이 지역에서 당원으로만 국한 시키지 않고 국민에게도 경선 참여기회를 확대시킨 점은 지역 민심을 효과적으로 담기 위한 노력으로 평가할 수 있다.

하지만 경선율은 40%도 넘지 못하는 저조한 비율이라는 비판을 감수해야 했다.[138] 또한 중앙당은 공천심사위원회의 후보 자격 심사를 통해 후보 범위와 단·복수후보 결정을 먼저 처리한 뒤에, 선정된 후보자들에 한해 지역에서 후보를 결정할 수 있도록 했다. 국민참여경선도 결국 열린우리당 창당에 찬성하는 지지자들 중심으로 이루어졌기 때문에 친노성향의 후보자들이 유리했으며, 결과에서도 친노 인사들 대부분이 공천을 받았다.

---

138) 열린우리당 경선지역은 243개 지역구 중 84개로서, 35.6%에 그쳤다. 선거인단 구성에 있어서도 20대와 30대 선거인단 확보에 실패하여 40,50대 이상의 중장년층 중심으로 선거인단이 구성되었다. 정진민 「17대 국회의원 선거에서의 상향식 공천제도와 예비후보 등록제」『한국 정당학회보』제3권 2호(2004), 10쪽.

최병렬 사인 私人 공천의 함정

2004년 한나라당 공천과정은 두시기로 나누어진다. 최병렬 대표 시기와 박근혜 비대위 시기이다. 최병렬 대표 시절에는 공천이 당내 정파 간의 치열한 권력투쟁을 통해 이루어졌다. 최병렬 대표는 제정파와의 권력투쟁을 통해 구세력을 복원시키는 공천을 감행했다. 그러나 최병렬 대표의 무리한 공천은 국민여론과 당내 여론의 비난에 휩싸여, 박근혜 비대위 체제론으로 전환한다. 새롭게 당내 권력을 장악한 박근혜 비대위는 민심을 반영한 비례 대표 공천개혁을 단행했으며, 지역의 대표성과 지지를 회복하기 위한 당내 개혁에 나섰다.

최병렬

한나라당은 2002년 12월 대선에서 패배한 이후 2003년 6월 26일 전당대회에서 새로운 지도부를 선출했다. 이날 대표 경선에는 최병렬, 강재섭, 서청원, 김덕룡, 이재오 후보 등이 나섰는데, 최병렬 후보가 대표가 되었다. 이날 전당대회는 단일성 지도체제를 근간으로 하는 대표를 뽑은 선거였다. 대선 패배 후 당을 복원시키고 2004년 총선에 대비하기 위해서는 강력한 대표체제가 필요하다는 인식이었다. "영남보수파이며 민정계 출신인 최병렬 후보는 서청원 후보를 3천109표 차이로 누르고 1위로 당선되었다. 최병렬 대표는 과거의 집단지도체제의 대표와는 달리 153석의 공룡 야당을 이끄는 1인 단일 대표로 강력한 힘을 발휘할 것"139)으로 보였다. 최병렬 대표는 '최틀러'라는 별명에서 보듯이 불도 저와 같은 강력한 추진력과 리더십을 자신의 강점으로 내세웠다. 따라서 차기 총선 공천에서도 대표로서의 우월적 공천권 집행을 예상할 수 있었다.

최병렬은 그의 경력에서140) 나타나듯이 보수우익의 이념적 성향을 갖고 있었으며, 영남권 민정계의 부활로 평가되어 졌다. 또한 향후 당내의 서청원, 김덕룡 등 민주계와의 대립, 개혁세력으로 활동하고 있었던 남경필, 원희룡 의원 등과의 공천을 둘러싼 갈등이 예상되었다. 최 대표는 강력한 1인 대표체제라는 무기로 중앙 집중적 공천집행을 예고했다. 최 대표는 7일 영남의원 50%, 전체적으로 35% 물갈이 관련 보도에 대해 "총선과 관련해서 '물갈이' 더 심할 경우 '공천혁명' 등으로 얘기하는데 그런 수준에서의 얘기라고 보면 된다."는 말로 자신의 생각에서 크게 벗어나지 않음을 시인했다."141)

최병렬 대표는 자신과 인적 네트워크를 그동안 형성해 왔던 인물 위주로 공천심사위원회를 구성했다. 공심위를 통한 중앙집권적 공천을 하겠다는 의지의 표시

---

139) 「최병렬은 원조보수를 선택했다.」, 폴리뉴스 2003년 6월 26일
140) "최병렬 대표는 경남 산청, 부산고(10회)를 졸업했고, 80년 전두환 정권 시절 조선일보 편집국장을 지냈다. 85년 민정당 12대 전국구 국회의원으로 정치권에 발을 들여놓았으며, 노태우 정권 시절 민자당 창당 멤버로 14대 민자당 국회의원, 신한국당 시절 15대 국회의원, 16대 한나라당 국회의원을 역임한 경력을 갖고 있다." 최병렬은 원조보수를 선택했다.」, 폴리뉴스 2003년 6월 26일
141) 「최병렬 말 그대로 공천혁명」, 매일경제 2003년 12월 7일.

였다. 공정성 논란을 피하기 위하여 공심위위원은 당 내부와 외부 7명, 동수로 구성했다. 그러나 공천은 최병렬의 사적 의도대로 전격적으로 진행되었다.

한나라당 17대 총선 공천심사위원회 구성

당 내부 위원	당 외부 위원
김문수(공심위 위원장/ 국회의원)	김석준(이화여대 교수)
김성조(국회의원)	강민수(전 재경주 장관)
김영수(국회의원)	이춘호(여성유권자 연맹)
나경원(대변인)	이문열(소설가)
심규철(국회의원)	안강민(변호사)
이방호(국회의원)	김영수(잠실병원 원장)
이성헌(국회의원)	강혜련(이화여대 교수)
홍준표(국회의원)	

〈조선일보 2004. 01. 14. – 01. 15 일자 참조 작성〉

최병렬 대표의 공심위를 통한 공천은 공천자들의 명단이 발표되면서 당내의 거센 분란으로 이어졌다. 공심위의 공천 결과는 친 이회창계와 민주계를 공천에서 배제하는 양상으로 전개되었기 때문이다.

물갈이라는 명분으로 낙천시킨 현역 의원 지역구에는 구시대 인물 혹은 최 대표와의 인연이 있는 인물들이 공천받았다. "한나라당 공심위는 지역구를 경선 실시, 정밀 여론조사실시, 단수 공천 등 3가지로 분류해 진행한다는 공천 방침을 정했다. 그러나 경선을 실시한 곳은 10여 곳에 불과했고,[142] 여론조사

또는 '물갈이'라는 명분에 근거해 단수 공천하는 지역이 대부분이었다"는 것이다.

이번 공천에서 친 이회창계는 대표적인 몰락 케이스였다. 친 이회창계가 만들었던 일명 '함덕회' 구성원 8명 중 목요상 의원만 공천을 받았다. 김기배 의원은 공천심사에서 탈락했고 이회창 전 총재의 비서실장인 하순봉 의원(경남 진주)은 공천 면접 기회조차 보장받지 못했다. "김기배 의원은 '이 전 총재의 측근이라는 이유만으로 그럴 수 있냐'며 공천 절차를 문제 삼았고, 하 의원은 뒤늦게 서울로 상경해 경위를 따졌지만 이들이 구제될 가능성은 거의 없다는 게 중론이다. 서청원 의원을 비롯, 서 의원계 인사들에 대한 공천 불이익도 같은 맥락이라는 지적이 많다. … 또한 YS의 입으로 통하는 박종웅 의원도 탈락했다."[143]

김용갑(경남 밀양, 창원), 정형근(부산 북강서갑)이 단순우세지역으로 공천을 받은 점이 결과로 나타나면서 공천 논란과 후유증은 더욱 거세지기 시작했다. 김용갑과 정형근은 시민단체에서 낙천대상자로 지목한 인물이었고, 한나라당의 개

---

142) 한나라당의 경선 실시지역은 228개 지역구 후보중 15개 지역, 6.6%에 불과했다. 또한 선거인단 구성은 당원 10%, 일반유권자 90%로 구성했는데, 당원의 경우 컴퓨터 추첨으로 일반유권자의 경우 전화번호부를 이용한 무작위 추첨으로 선거인단을 구성했으며, 선거구별로 편차가 있지만 선거인단의 규모는 대략 2000명 정도이었다. 정진민 「17대 국회의원 선거에서의 상향식 공천제도와 예비후보 등록제」, 『한국 정당학회보』 제3권 2호(2004), 7쪽.
143) 「정치판 피의 3월 공천전쟁이다.」, 주간한국 2004년 3월 2일.

혁파 모임인 '미래연대'에서도 격렬하게 공천을 반대했던 후보자였기 때문이다. "최병렬 대표의 조카로 신문기자와 국회의장 공보수석을 지낸 최구식 씨가 경남 진주을에서 공천됐고, 최병렬 대표가 반납한 강남 갑에는 이중재 전 의원의 아들인 이종구 전 금융감독원 감사가 후보로 확정됐으며, 고 김윤환 의원의 동생인 김태환 아시아나항공 고문이 대구 구미을 출마가 확정됐다."144) 김용갑, 김윤환 정형근이라는 이름이 한나라당 공천과정에서 거론되자 한나라당은 구태로 돌아가려고 하는 것이 아니냐는 비판이 거세졌다.

이회창·서청원계 공천탈락자들은 보복공천이라고 주장했다. "공천에서 탈락한 이회창·서청원계 인사들이 이번 공천은 '최병렬 당'을 만들기 위한 보복공천으로 진행되고 있다고 반발, 최 대표의 교체를 주장한 수도권·소장파 의원들의 '반최(崔)' 대열에 가세해 공천 후유증이 당 주도권 다툼으로 격화하고 있는 상황"145)이었다.

서청원

서청원 대표는 탈당을 선언했으며, 이회창 전 총재의 최측근인 하순봉 의원과 윤한도 의원도 공천 결과를 비난하며 탈당했다(한겨레 신문 2004년 3월 5일). 공천 후

---

144) 「한나라 눈길 끄는 공천자들」, 경향신문 2004년 3월 8일.
145) 「정치판 피의 3월 공천전쟁이다.」, 주간한국 2004년 3월 2일.

유증이 당내에서 거세지면서 공천탈락자들이 당사를 기습하는 소동까지 벌어졌다. "주미대사를 면담하던 최병렬 대표 방에 공천탈락자들이 들이닥쳐 항의시위를 벌이는 상황까지도 벌어졌으며, 최병렬 대표 지지자들과 당직자 사이에 욕설을 퍼붓고 몸싸움이 벌어지는 사태까지 치달았다."146) 당내에서는 공천후유증에 대한 수습이 불가능하다는 이야기까지 나올 정도였다. 결국 최병렬 대표는 자신의 '불출마선언'을 포함한 당 내분과 관련해 기자회견을 갖고 "가까운 시일 안에 후임 대표를 선출하는 전당대회를 열어 대표직을 이양한 뒤 백의종군하겠다"고 밝혔다.147)

최 대표가 표방한 물갈이 공천이 이회창계와 서청원계 등만을 표적으로 삼았을 뿐이지, 공천개혁 차원에서 새로운 인물을 공천한 것도 아니기 때문에 당내 갈등을 일으키는 요소로 작용했다. 눈에 띄는 부분은 방송인들을 수도권 일부에 공천을 주었다는 점뿐이었다. TV프로 '솔로몬의 선택」에 출연했던 김동성 변호사가 서울 성동 갑 공천을 받았으며, 아나운서 출신인 이계진 씨와 한선교 씨는 각각 강원 원주와 경기 용인을에, '장군의 딸'인 탤런트 김을동 씨는 경기 성남 수정에, 유명 영어강사인 '거로 영어'의 김정기 씨가 서울 노원병에서 공천받은 수준이었다. 서울 및 수도권 지역 공천자 명단을 보더라도 개혁적이고 새로운 인물은 눈에 띄지 않는다. 기존 인물들의 큰 변화 없이 공천을 받았음

---

146) 「욕설, 몸싸움... 어지러운 한나라당」, 프레시안 2004년 2월 27일.
147) 「임시전대서 새 대표 선출」, 국민일보 2월 22일.

을 알 수 있다.

구시대 인물이었던 김용갑, 정형근의 공천 확정은 한나라당 공천 갈등에 대한 국민 감정을 더욱더 부정적으로 만들면서, 최병렬 대표의 리더십에 치명적 타격을 주게 된 것이다. 최병렬의 밀어붙이기식 공천 후유증은 선거도 치러 보기도 전에 당내 분란과 혼란만 가중시킨 꼴이 되었다. 더욱이 노무현 대통령의 탄핵안 가결은 '기름에 불을 끼얹는 격'이 되어 한나라당 지지율은 급락했다.

2004년 3월 12일 총선 선거 일자를 불과 한 달여 앞두고 국회에서는 노무현 대통령에 대한 탄핵안이 가결되었다. 새천년민주당과 한나라당, 자민련은 박관용 국회의장이 국회 경호권을 발동한 가운데 탄핵안을 가결시켰다. 국회의장석을 점거한 열린우리당 의원들을 단상에서 끌어낸 뒤, 야3당은 찬성 193표, 반대 2표로 헌정사상 처음으로 대통령에 대한 탄핵안을 가결시켰다. 총선정국은 탄핵정국과 맞물려 급박 하게 돌아가기 시작했다. 야3당이 탄핵안을 가결한 이유는 노무현 대통령이 선거 중립성 의무를 저버리고 계속해서 선거에 개입하는 발언을 했다는 것이었다.

노 대통령은 "개헌저지선까지 무너지면 그 뒤에 어떤 일이 생길지는 나도 정말 말씀드릴 수가 없다"(2004년 2월 18일 경인지역 언론사 간담회), "국민들이 총선에서 열린우리당을 압도적으로 지지해 줄 것을 기대한다"(2004년 2월 24일 방송기자클럽 초청) 등의 발언을 했으며 중앙선관위에서는 "노무현 대통령에게 공직선거 및 부정방지법을 위반했다고 판정하고 중립의무 준수요청을 했다." 하지만 노 대통령은 "선관위의 결정에 납득할 수 없다"고 밝혔다. 국회는 "노 대통령이 국가원수로서의 본분을 망각하고 특정 정당을 위한 불법 선거운동을 계속해 왔고, 본인과 측근들의 권력형 부정부패로 국정을 정상적으로 수행할 수 없는 국가적 위기 상황을 초래했으며, 국민경제를 파탄시켰다"고 탄핵소추안 사유를 밝혔다.

17대 국회의원 선거를 앞두고 국회에서 가결한 탄핵소추안은 야3당에게 역풍을 불러왔다. 탄핵안이 발의된 3월 9일 실시된 여론조사에서 탄핵반대는 65.2%였지만 찬성은 30.9%에 불과했었다. KBS와 MBC, SBS 등 지상파 방송사들은 탄핵투표 당시의 열린우리당 의원들이 물리력에 의해 강제로 끌려나가는 장면을 여러 차례 방송해 국민적 공분이 더욱더 조성되었다.

국민은 노 대통령이 선거에 개입하는 발언을 여러 차례 한 것은 사실이지만, 국정을 파탄시켜 대통령업무를 수행하지 못할 만한 사정은 아니라고 본 것이다, 더욱이 선거를 앞두고 대통령을 탄핵한 것은 야3당 역시 총선을 의식한 정략적 행위라고 판단했다. 탄핵이 국회에서 처리되자 진보시민단체와 친노 성향의 시민들은 전국 각지에서 촛불집회를 열었으며, 국민은 총선에서 열린우리당이 아닌 야3당을 심판해야 한다는 분위기가 봇물처럼 솟아올랐다. 야당의 총선전략의 대대적 수정이 불가피해졌다. 열린우리당 단독의 과반 확보는 물론 개헌저지선까지 위협할 정도의 분위기가 만들어졌다.

새누리당은 탄핵 역풍 정국을 맞아 탄핵을 주도한 지도부는 사퇴하고, 새로운 대표와 지도부를 선출하는 극약처방을 내렸다. 탄핵정국에서 15%의 낮은 지지율을 보이고 있는 한나라당을 구원해 줄 대표로 새누리당은 박근혜 의원을 선출했다. 박정희 전 대통령의 후광과 대구·경북 지역의 대중적 지지를 받고 있는 박근혜 의원을 새 대표로 선출하여 탄핵정국을 돌파하고자 하는 출구전략이었다. 2004년 3월 23일 총선이 한 달도 남지 않은 상황에서 한나라당은 전당대회에서 54%의 과반이 넘는 표로 박근혜 의원을 새 대표로 선출했다. 박근혜는 취임하자마자 차떼기 당이라는 오명을 벗겠다고 했으며, 탄핵정국을 돌파하기 위한 과감한 당 수술 책을 제시했다.

박근혜의 감성 정치와 비례대표 공천

선출된 다음날 박근혜는 여의도 한나라 당사로 들어가지 않았다. "24일 오전 9시 50분, 전날 선출된 박근혜 대표는 당사 앞으로 한 발짝도 들여놓지 않았다. 대신 당직자들과 함께 당 간판을 떼어냈다. 한나라당이 호화당사를 버리고 광야로 나선 순간이었다. … 천막당사로 걸어갔다.… 그곳에 당 간판을 내걸고 조촐한 입주식을 치렀다. … 오후엔 서울 조계사에서 사죄의 108배를 했다."[148]

박근혜 대표는 눈물의 감성 정치로 국민의 마음을 움직이려 했다. 한나라 당 박근혜 대표가 눈물을 보였다. 30일 밤 10시 7분부터 20분간 KBS 1TV를 통해 방영된 당 대표 방송 연설에서다.

"박 대표는 이날 연설 도중 '한나라당이 그동안 나태하고 부패와 타협하고 기득권을 누려 국민에게서 멀어졌다. 국민께 사죄하는 마음 하나만 남기고 다 버리겠다. 백지 위에서 새롭게 시작하겠다'며 '첫 출발로 중앙당사를 바람 부는 천막으로 옮겼고, 광야에서 국민 목소리를 새롭게 듣겠다'면서 눈물을 훔쳤다. 이어 박 대표는 '앞으로 부패 연루자는 출당 제명 등 사법기관보다 엄격히 처벌하고, 방탄 국회도 없다'면서 '이제껏 한 번도 경험 못한 정책 정당이 어떤 것인지 보여드리고 국민의 먹고사는 문제를 해결하기 위해 밤새워 토론하겠다'며 또 한 번 눈물을 흘렸다."[149]

박근혜 대표가 취임했을 때는 이미 최병렬 공심위의 지역구 공천이 마무리 된 상태였다. 박 대표가 공천 권한을 행사할 수 있는 곳은 비례대표 선정이었다. 박근혜 대표는 기존 최병렬 대표가 선정한 비례대표 심사위원회를 백지화하고 박세일 교수(위원장)를 비롯한 외부인사 중심으로 비례대표 공천심사위원회를 재구성했다. 박세일 위원장은 비례대표 공천기준에 대해 "전문 정책 능력,

---

148) 「박근혜 대표 바쁜 행보」, 중앙일보 2004년 3월 25일.
149) 「박근혜의 눈물」, 동아일보 2004년 3월 31일.

비례대표 3원칙(전원 신인, 여성 50%, 호남 3석), 서민층과 소수층 대변 등을 꼽았다. 또한 박 위원장은 '종전의 전국구는 각계각층의 명망가를 모시거나 선거 당비를 받는 관행이었지만, 이번에는 그런 성격이 아니다'며 '각계각층의 정책 능력이 있는 분들을 모셔오는 것이 가장 큰 목표였다'고 강조했다.150) 안정권인 15

박세일

번 안에 당 외부인사들로 비례대표 순위를 확정했다. 당의 쇄신을 강조하기 위한 비례대표 공천이었다. 당내에서 비례대표 우선순위를 받지 못한 당직자들의 반발이 컸다. 이전 비례대표 공천의 나눠먹기식 관례를 깨는 파격적인 공천이었기 때문이었다. 당 사무처 당직자들은 성명을 발표하고 직무를 거부하는 움직임을 보였다. 151)

---

150)「한나라당 비례대표 공천자 44명 확정」, 오마이 뉴스 2004년 3월 31일.
151) "30일, 한나라당 비례대표 공천심사 결과 '외부인사 중용, 내부인사 홀대' 현상이 두드러지자 일부 사무처 당직자들이 직무를 거부하는 움직임을 보이는 등 후유증을 보이고 있다. 당 대변인실 당직자들은 이날 오후 비례대표 공천자 명단이 발표되자, 배용수 수석부대변인 등 당내 인사들이 당선 안정권 밖으로 밀려난 것에 반발, 직무를 중단하고 퇴근했다. 이로 인해 31일 예정된 박근혜 대표의 지방 순회 일정 등이 발표되지 않는 등 당무에 차질을 빚고 있다. 이날 사무총장직을 사퇴한 이상득 공동선대본부장도 겉으로는 지역구 문제를 사퇴 이유로 내세웠지만 속내는 이 같은 당내 반발과 맥을 같이 한다. 이 총장은 당내 인사가 비례대표 뒷 순위로 밀려난 것과 관련 '당료들을 제대로 챙기지 못한 것은 내 책임,이라고 토로한 것으로 알려졌다. 이에 앞서 당 중앙위원·사무처 당직자 일동은 성명을 내고 '그동안 수 없는 비난과 힐난 속에서도 굴하지 않고 꿋꿋하게 당을 지켜온 당의 중심인 중앙위원회, 사무처 당직자에 대한 배려가 없이는 당을 위해 일해야 하는 당위성을 찾기 어렵다, 고 비난했다"「한나라당 비례대표 공천자 44명 확정」오마이 뉴스 2004년 3월 31일.

비례대표 명단에는 내부 당직자나 실력자들 이름은 거의 눈에 띄지 않는다. 전문성과 정책 능력을 우선시한 것으로 보인다. 박 대표는 이전 최병렬 대표 때의 공천 후유증이 심각했기 때문에 비례대표 공천에서 선거의 승부수를 던진 것으로 보인다.

2004년 4월 15일 치러진 17대 총선에서 한나라당은 탄핵 역풍에도 불구하고 121석을 얻어 제2당의 지위를 차지하며 예상보다 선전했다. 특히 비례대표 정당득표율에서 35.8%를 얻어 21석이 당선되었다. 이는 열린우리당의 38.3%, 23석에 비해 근소한 차이였지만 박 대표 취임 이전의 15% 한나라당 지지율에 비하면 놀라운 결과였다.

한나라당은 전통적 지지기반 지역인 부산과 대구, 경남, 경북에서 대승을 거두었다. 노무현 대통령 연고를 등에 업고 선전을 기대했던 열린우리당은 부산지역에서 1석, 경남지역에서는 2석밖에 얻지 못했다. 반면 박근혜의 한나라당은 부산 18석 중 17석을, 대구에서는 12석 전체를, 경북 14석 중 13석을, 경남 17석 중 14석을 얻었다. 충청권은 열린우리당의 '행정수도 이전' 공약이 주효해서 한나라당은 전체 24석 중 단 1석을 얻는 데 그쳤다. 최병렬 대표의 무리한 공천과 당의 극도의 혼란, 그리고 탄핵정국과 열풍[152] 분위기에 비해 최대의 성과

---

152) "탄핵은 두말할 나위없이 지지후보에 가장 큰 영향을 미친 요인으로 지적되고 있다. 4월 11-13일에 실시된 KBS-한길리서치 여론조사에서는 60.7%, 선거가 끝난 후인 4월17일 실

한나라당 17대 총선 비례대표 공천자 당선자 및 순위

1	김애실(광주 57) 한국외대 교수, 여성 경제학 박사 1호
2	박세일(황해 55) 서울대 교수, 공천심사위원장
3	박찬숙(경기 59) 방송인
4	윤건영(경북 52) 연세대 교수
5	송영선(경북 50) 국방연구원 안보전략연구센터장
6	황진하(경기 56) 예비역 중장
7	전여옥(서울 44) 대변인, 전 KBS 기자
8	정화원(경북 55) 한국 시각장애인연합회 중앙회 수석부회장
9	이계경(서울 53) 여성신문사 명예회장
10	박재완(49) 성균관대 교수, 경실련 정책위장
11	나경원(서울 40) 변호사, 당 운영위원
12	이주호(43) KDI 정책대학원 교수
13	김영숙(충북 61) 서울 서래초등학교 교장
14	유승민(대구 46) 한림대 한림과학원 연구교수
15	고경화(서울 41) 당 보건복지 수석전문위원
16	이군현(경남 52) 한국교총 회장
17	진수희(대전 48) 여의도연구소 연구위원
18	배일도(전북 53) 전 지하철노조 위원장
19	안명옥(인천 49) 전 대한의사협회 대외협력이사
20	서상기(대구 58) 전 한국기계연구원 원장, 호서대 교수
21	박순자(경북 46) 당 지구당위원장, 부대변인

〈오마이 뉴스 2004년 3월31일: 한나라당 비례대표 공천자 44명 확정, 재편집〉

시된 한국갤럽의 조사에서는 51.1%, 선거 후 조사된 한겨레신문의 결과에서도 50.5%의 유권자가 투표에 가장 큰 영향을 준 변수로 탄핵 쟁점을 지작했다. 윤종빈「17대 총선결과 평가: 분석과 전망」,『정치정보연구』한국 정치정보학회, 제7권 1호(2004), 35쪽.

를 얻어낸 결과였다. 결국 박근혜 대표의 비례대표 공천 개혁과 천막당사 이전 등이 한나라당의 흔들렸던 영남지역의 지지기반을 결집시키게 한 것이다.

2) 경선제로 상태, 당내 권력투쟁으로 돌아가다

2007년 8월 19일 한나라당 대선 후보경선에서 이명박 후보가 승리하자 한나라당 권력 관계는 급격하게 대선후보로 확정된 이명박 우위로 기울게 되었다. 강재섭 대표는 2007년 9월 이명박 후보 캠프에서 조직본부장을 역임했던 이방호를 당 사무총장에 임명했다. 사무총장이 다음 해 공천과정의 실무를 진두지휘할 자리임을 감안해 볼 때, 당 권력 관계가 벌써부터 대선후보 중심으로 기울기 시작했다.

2007년 12월 이명박이 대통령에 당선되면서 당내 권력 관계는 더욱더 이명박 측으로 기울게 된다. 이명박 대통령의 우월적 권력 관계가 당내에서 형성되기 시작한 것이다. 2008년 4월 예정인 제18대 총선 공천을 둘러싼 권력투쟁이 시작되었다. 대선후보 경선 기간 중 친이계와 친박계는 상호대립, 갈등했으며, 심한 비난 전까지 일삼았다. 감정적으로도 양 정파는 극단적으로 치우친 경우까지 있었다. 대통령 권력이 친이계로 넘어감에 따라 친박계는 긴장하지 않을 수 없었다. 반면 대통령에 취임한 이명박은 대선에서 승리했지만 한나라당 내에서는 비주류였다. 지난 2006년 6월에 실시된 지도부 경선에서 거의 대부분이 친박계 최고위원들이 당선되었고, 지난 대선 후보경선에서도 당원 투표에서는 패배했다. 따라서 이명박 측은 이번 총선 공천에서 주도권을 쥐고, 당의 권력을 확실하게 장악할 필요가 있었다.

이명박 대통령의 취임일은 2008년 2월 25일이었지만, 친이계와 친박계 간에는 총선 공천을 담당할 공천심사위원회 구성을 놓고 양 진영 간의 갈등이 커지고 있었다. "갈등의 근본 원인은 이명박 대통령 당선인 측이 공천을 통해 박근혜 전 대표 세력을 대거 내몰고 '이명박 당'으로 만들지 않을까 하는 박 전 대표 측의 우려에서 비롯된다. 따라서 공천 물갈이의 폭과 대상을 실질적으로 결정할 공심위 구성에 양측이 촉각을 곤두세울 수밖에 없는 상황이었다."[153] 이번 공천은 지역의 경선 없이 공천심사위원회에서 결정한다는 방침을 강재섭 대표가 내놓자, 공심위 구성을 둘러싸고 친이, 친박 간의 갈등과 대립이 더욱 치열해졌다. 결국 공심위 구성은 친이계가 유리한 구도로 맞추어졌다. 친박계 일부 인사들만 공심위에 포함되었을 뿐 대다수는 친이계라는 것이 당내의 평가였다.

---

153) 「한나라 공천갈등 이번 주 큰 고비」, 동아일보 2008년 1월 21일.

18대 총선 한나라당 공천심사위원회 구성 및 성향

위원장	안강민(전 서울지검장)	중립적
위원(내부)	강창희(의원/ 인재영입위원장)	친박
위원(내부)	이방호(의원/사무총장)	친이
위원(내부)	김애실(의원)	친이
위원(내부)	임해규(의원)	친이
위원(내부)	이종구(의원)	중립
위원(외부)	강혜련(이화여대 교수)	친이
위원(외부)	강정혜(서울시립대 교수)	친박
위원(외부)	이은재(건국대교수)	친이
위원(외부)	김영래(한국매니페스토실천본부공동대표)	중립적(친이 경향)
위원(외부)	양경민(금융노련위원장)	중립적(친이경향)

〈데일리 한국 2008년 1월 29일 / 참조 재편집〉

1월 24일 당내·외부 인사들로 구성된 공심위 명단이 발표되었다.154) 공심위원장은 안강민 전 서울지검장으로 임명되었으며, 위원에는 이명박의 최측근인 이방호 사무총장이 선임되었고, 친이계가 공심위원 분포에서 강세를 보였다.

이방호

---

154) 「연작(燕雀, 작은새)이 어찌 대붕(大鵬)의 뜻을 알랴」, 데일리한국 2008년 1월29일.

친이와 친박 간 학살 공천 전쟁의 시작

공심위의 구성이 완결되자마자 한나라당 내에서는 친이와 친박 간의 공천 전쟁이 벌어지기 시작했다. 첫 번째 타깃은 친박계의 좌장인 김무성에게 맞추어졌다. 김무성은 1996년 비리 혐의로 벌금 1000만 원을 받은 경력을 갖고 있었는데, 공심위에서 이번 공천에서는 부패비리 혐의자는 원천적으로 제외하겠다고 발표한 것이다. 즉각 친박계는 반발했고, 친박 35명 집단 탈당설까지 나왔다.155)

공심위에서는 친박계 의원들을 배제하는 공천자 명단을 강행 발표했다. 친박계 배제 공천은 친박계 수도권 의원들부터 시작되었다. 공천심사위원회는 공천심사에서 박근혜 전 대표의 경선캠프 대변인 출신인 한선교 의원(용인 수지)과 4선 중진인 이규택(이천, 여주), 3선인 이재창(파주) 의원 등 현역 의원 5명을 공천에서 탈락시켰다.156) 그러나 수도권 공천은 전조에 불과했다.

화약고는 영남이었다. 한나라당 전통적 지지기반 지역인 영남에서 친박계가 얼마나 낙천되는 지가 최대 분수령이었기 때문이다. 3월 23일 공심위는 영남 지역 현역 의원 62명 중 25명을 공천에서 탈락시키는 대폭 물갈이를 단행했다. 친이계의 박희태 전 국회 부의장과 친박계의 김무성 최고위원도 공천을 받지

---

155) 「한나라 비리연루자 공천배제 촉각」, 뉴시스 2008년 1월 25일.
156) 「한, 현역 5명 공천탈락…강력반발」, 연합뉴스 2008년 3월 6일.

못했을 뿐만 아니라 친박계의 대거 탈락 현상이 나타났다. 영남권 교체비율은 역대 최고인 43.5%였으며, 친이계 153명, 친박계 48명이란 공천 내정 및 확정자 발표가 이루어졌다.157)

공천 결과는 결국 친박계가 몰락하고 이명박계가 약진하였다. 이번 공천을 통해 한나라당이 MB(이명박)당으로 탈바꿈했다. "공천 기간 내내 '친(親)이명박 대통령'계열과 '친박근혜 전 대표'계열 간 '계파 사람 살리기'를 놓고 갈등을 빚었지만 예상대로 권력을 잡은 쪽의 승리로 결판났다. 지난해 경선 당시 '친박'계는 현역 의원과 원외 당협위원장을 포함해 80~90명이었으나 절반 정도만 공천을 받았다. 반면 이 대통령 계열은 경선 당시 130~140명에서 수십 명이나 몸집을 불렸다. 특히 이 대통령의 서울시장 시절 인맥과 대통령직인수위원회 참여자들이 상당수 공천을 받음으로써 당에 대한 이 대통령의 영향력이 더욱 커졌다."158)

일명 '친박학살 공천'이라고 불린 한나라당의 18대 총선 공천은 한나라당 내부의 분열을 가져왔다. 박근혜의 강력한 반발은 공천에서 탈락한 친박 후보자들의 집단탈당으로 이어졌다. 이명박과 친이계의 생각은 이번 공천에서 친박계를 완전히 당내에서 정리하여 당내 주도권을 확보하고, 박근혜의 정치적 고립

---

157) 「여야의 심각한 공천 후유증」, 문화일보 2008년 3월 20일.
158) 「현역 128명중 78명만 살아남았다.」, 동아일보 2008년 3월17일

을 목적으로 했다.

한나라당 영남권 현역 의원 공천탈락자 명단

대구(4명)	박종근(달서갑), 안택수(북구을), 이해봉(달서을), 김석준(달서병)
경북(6명)	권오을(안동), 이상배(상주), 임인배(김천), 이인기(고령 성주 칠곡) 김재원(군위, 의성, 청송), 김태환(구미을)
부산(7명)	권철현(사상), 김무성(남을), 정형근(북, 강서갑), 엄호성(사하갑) 유기준(서구), 이성권(부산진을), 이재웅(동래)
경남(7명)	박희태(남해 해동), 이강두(산청, 함양, 거창), 김기춘(거제) 김명주(통영, 고성), 김양수(양산), 김영덕(의령, 함안, 합천) 최구식(진주갑)
울산	강길부(울주)

〈세계일보 2008년 3월 14일: 한나라 영남 현역 25명 탈락. 재편집〉

영남권을 기반으로 하는 친박의 반발은 무시할 수 없었다. "박 전 대표는 '이렇게 기준이 엉망인 공천은 그동안 야당 생활 하면서 정권교체를 위해 고생해온 당원들에 대한 기본 예의도 못 갖추는 것'이라면서 '지난번 (대선후보) 경선에서 내가 깨끗이 승복한 것도 정치발전을 위한 것이었고, 그것으로 인해 크게 발전할 수 있는 계기를 마련할 수도 있었는데 이번에 잘못된 공천으로 그것을 다 잃어버렸다'고 당 공천을 맹비난했다."[159] 당의 공천과정에 대해 그동안 말을 아껴온 박 전 대표가 당의 공천에 정면으로 문제를 제기함에 따라 친박계의 공

---

[159] 「이명박 박근혜 공천 신뢰 깨졌다」, 폴리뉴스 2008년 3월 13일.

천 반발이 본격화할 것으로 예상되었고, 실제 당을 탈당하여 외부에서 친박계의 정치세력화가 모색되었다. 수도권 위주의 지지기반을 갖고 있던 이명박계는 영남지역을 지지기반으로 갖고 있는 박근혜계를 완전정리하려고 했으나, 대구·경북지역에서의 대중적 지지세를 갖고 있는 박근혜의 반격은 거셌다.

대선 이후 당내 권력 관계에서 우위를 점한 친이계가 친박계 후보자들을 대거 탈락시킨 공천 파동은 탈당 사태로 이어졌다. 서청원 등은 '친박 연대'당을 결성했으며, 김무성은 '친박 무소속연대'를 결성해 총선에 임했다.

4월 9일 치러진 선거에서 한나라당은 153석을 획득했다. 그러나 그 결과는 81석밖에 얻지 못한 야당의 부진에 따른 반사 이익적 측면이 강했다. 서울에서 한나라당은 48석 중 40석을, 인천에서 9석을, 경기도에서 51석 중 32석을 가져온 것은 대선 패배 이후 충격에서 벗어나지 못한 무기력한 야당에 대한 심판 결과였으며, 이명박 정부의 허니문 효과라고도 볼 수 있다.

그러나 오히려 몇 달 전만 해도 200석을 점치던 이명박 정권의 불안정 요소가 총선 결과에서 나타났다. 친박연대가 14석을, 무소속이 25석을 가져간 것이다. 특히 친박연대당은 대구 전체 12석 중 3석을, 경북과 부산에서 1석을 가져갔으며 비례대표에서 8석을 가져갔다. 비례대표에서 8석을 차지한 것은 '박근혜' 후광 효과였다. 또한 친박 무소속 연대는 부산에서 5석, 경북에서 5석, 경남에서 1석을 가져가 한나라당의 전통적 지지기반에서 강세를 보였다.

한나라당은 수도권 선전에도 불구하고 전통적 지역 기반인 영남에서 친박계 후보들에게 17석을 내줌에 따라 그 지지기반의 불안정성을 보인 것이다. 또한 공천에서 탈락했던 홍사덕(서구), 박종근(달서갑), 이해봉(달서을), 조원진(달서병)은 무소속으로 출마해 당선되었다. 대구 12석 중 친이계 의원은 주호영(수성을)과 이명규(북구갑) 2명만 당선되었다. 한나라당의 지역 핵심 거점인 대구에서 친이계가 참패하고 공천에서 탈락한 친박계가 생환하여 대구지역을 장악하게 된 것이다. 친이계의 무리한 공천이 가져온 결과였다. 따라서 이명박과 친이계의 공천을 통한 박근혜 고사 작전은 실패하고, 오히려 탈당해서 당선된 친박계 의원들의 복당 문제 때문에 시달려야 했으며, 박근혜 의원을 정권 내의 공동 파트너로 인정하고 국정운영을 할 수 밖에 없는 상황이 되었다.

통합민주당 역시 내부 투쟁으로 – 공천방식 다시 과거로

제18대 국회의원 후보공천을 둘러싸고 통합민주당의 제 정파 세력들은 치열한 권력투쟁을 벌였다. 내부의 권력투쟁은 결국 정파 세력 간의 힘에 의해서 결정되었으며, 타 정파를 배제하는 배타적 정파투쟁에 몰두하면서 민심이 반영된 공천변화는 만들어내지 못했다. 또한 공천방식도 제17대 공천과 달리 지역경선은 완전히 배제한 채 중앙에서의 권력투쟁을 통한 중앙 집중적 공천방식을 보여주었다.

2007년 대선은 야권입장에서는 최악의 당내 상황에서 치룬 선거였다. 대선 패배 이후 대통합민주신당은 중도성향의 손학규를 대표로 하는 새로운 지도체제를 구성하여 다가오는 4월 총선에 임하게 된다. 총선을 앞두고 친노성향을 탈색시키는 변화를 추구한 것이다. 당내 기반이 전무했던 손학규는 386그룹과

손학규

비노 세력의 지지를 등에 업고 당 대표가 되었지만, 당내 주류 세력으로 남아있던 친노 주류 세력의 강한 압박에 시달려야 했다. 2008년 2월 17일 총선을 두 달여 남겨두고 손학규는 박상천이 이끌고 있었던 민주당과의 통합에 성공해 18대 총선에 임하게 된다. 새천년민주당에서 탈당해 열린우리당을 새로 창당한 지 4년 5개월 만의 재결합이었다.160)

통합민주당은 손학규, 박상천 공동대표체제로 출범하게 되었는데, 최고위원

---

160) "대통합민주신당 손학규 대표와 민주당 박상천 대표가 4.9 총선을 58일 앞둔 11일 국회에서 통합선언을 한 뒤 악수하고 있다. 양당 통합은 지난 2003년 9월 20일 열린우리당 창당을 주도했던 새천년민주당 내 신당파가 `국민참여통합신당'으로 국회에 교섭단체를 등록하면서 옛 민주당이 공식 분당된 뒤 꼭 4년 5개월만이다." 「신당-민주, 4년 5개월 만에 재결합」, 연합뉴스 2000년 2월 11일.

으로는 신당 측에서는 손학규 대표와 강금실, 김상희, 유인태, 박명광, 박홍수, 홍재형, 정균환, 김효석 등 9명이, 민주당 측에서는 박상천 대표와 최인기, 신낙균, 김충조, 김민석, 고재득 등 6명으로 구성되었다. 통합정당의 원내대표와 사무총장은 신당 측의 김효석 원내대표와 신계륜 사무총장이 맡았다.161)

박상천

통합민주당의 당내 권력 관계는 수적인 면에서 신당파가 조금 앞서는 형식으로 통합되었다. 하지만 신당은 대선 참패 이후 이합집산 되어 있는 상태였으며, 민주당도 국회의원이 1명 있는 소수 정당이었다. 당내는 손학규 대표 진영과 정동영 그룹, 친노 세력, 민주당 출신, 동교동계까지 복잡하게 얽혀있었다. 또한 상호 인맥과 연고 등으로 연결되어 있었다. 따라서 당내 권력 관계는 손학규와 박상천 두 대표로 나뉘어져 힘의 균형 상태를 유지하고 있는 듯이 보였지만, 복잡한 당내 정파 간의 힘 싸움으로 권력 관계 변동성이 존재하는 상황이었다.

결국 공천 심사위원회 구성이 공천 결정의 주요 변수였다. 통합민주당은 박재승 전 대한변협회장을 포함한 12명의 공심위원회를 구성했는데, 박재승 위원장이 임명한 외부인사 6명과 당내 인사 5명으로 정했다. 당내심사위원은 신당 출신의 김부겸, 이인영과 민주당 측의 최인기, 김충조와 전 민주당 국가전

---

161) 「통합민주당 공식출범」, 한국일보 2008년 2월17일.

략연구소 소장인 황태연 교수가 임명되었다.162)

공천심사위원장은 손학규 대표가 이미 내정한 박재승 변호사로 임명되었다. 외부 심사위원 6명은 형식상 박재승 위원장이 추천하는 것으로 했으며, 당 내부 심사위원은 신당과 민주당이 2대2 동수로 했다. 그러나 외부 심사위원은 그 성향상 신당 우호적 인사들이 다수였다. 정해구 교수는 친노 등 진보그룹과 관계를 맺어왔던 인물이며, 김근도 노무현 정부 때 한국방송 광고공사 사장을 역임했던 인사이다. 이이화 역사학자 역시 진보적 그룹에 속했다. 의사 박경철은 공심위 홍보 간사를 맡았는데 박재승 위원장이 직접 추천한 심사위원이었다.

공심위를 둘러싼 통합민주당 내의 공천 투쟁이 시작되었다. 공심위가 성향 차이가 확연한 제정파의 이해관계를 어떻게 조정하며 공천개혁을 이룰지가 관심사였다. 공심위가 먼저 발표한 공천기준은 '부정, 비리 전력자'를 공천에서 탈락시키는 규정을 만든 것이었다. 이 규정에 따르면 박지원, 김홍업, 정대철, 김민석, 이상수, 안희정, 신계륜 등이 해당되기 때문에 당내 반발이 예상되었다.163)

---

162) 머니투데이 2008년 2월19일 : 시골의사 박경철 민주공심위에 발탁.
163) 「박지원 김홍업 공천문턱 넘을까」,한겨레 신문 2008년 2월21일

18대 총선 통합민주당 공천심사위원회 구성

위원장	박재승(변호사, 전 대한변호사협회장)
위원 (내부)	김부겸(전 통합신당) 김충조(전 민주당) 이인영(전 통합신당) 최인기(전 민주당)
위원 (외부)	김 근(전 방송광고 공사 사장, 전 김대중 대통령 자문정책기획의원) 박경철(의사, 대한의사협회 정책이사) 이이화(역사학자, 동학농민혁명기념재단 이사장) 인병선(시인, 민주평화국민회의 지도위원) 장병화(기업인, 임종국 선생기념 사업회장) 정해구(성공회대 교수, 전 한국 정치연구회장) 황태연(동국대 교수, 전 김대중 대통령 자문정책기획의원)

<한겨레신문 2008년 2월 19일 참조 재정리>

박재승 위원장은 "공천을 심사하는 과정에서 계파와 지분, 현역을 고려하지 않을 것이며, 호남의원 최소 30% 물갈이 방침을 정하고 공천쇄신을 밝혔다. 또한 당의 대표급인 손학규, 강금실, 정동영, 박상천 등 중진급들은 당을 위해 수도권에 출마해야 한다"164)라고 밝혔다. '저승사자' 박재승이라는 이름이 민주당 내에서 회자 될 정도였다.

그러나 이러한 공천 기준과 방침은 결국 손학규의 정치적 이해관계와 일치한

---

164) 「박재승 공심위원장 공천에 계파 지분 고려치 않겠다」, 뉴시스 2008년 2월 13일

다고 볼 수 있었다. 당내 정치적 기반이 취약한 손학규는 이번 공천과정에서 기존의 세를 형성하고 있었던 정파와 중진의원들을 제거 혹은 약화시켜 새로운 인물들로 자신의 정치적 세력을 강화시켜 나가야 했다. 그것은 차기 대선 가도를 위한 손학규의 정치적 행보로도 해석될 수 있는 것이었다. 손학규 대표가 모든 권한을 박재승 공심위에 주겠다고 발표한 것도, 기실 따져보면 자신의 정치적 이해관계와 무관하지 않았다.

손학규는 이미 당 대표로 취임한 이후부터 공천개혁을 주장해 왔다.[165] 대선 패배 이후 총선에서 승리하기 위해서는 과감한 공천 물갈이가 필수라는 주장이었지만, 한나라당에서 탈당하여 야당으로 입당하여 지난 2007년 대통합 민주신당 대선 후보경선 과정에서 조직의 약세 때문에 패배했던 점을 볼 때는 이번 18대 총선 공천과정에서 자신의 세력을 반드시 키울 필요가 있었다.

박재승은 부정·비리연루자를 공천에서 배제한다는 공천탈락 원칙을 관철시

---

165) 손학규 대통합민주신당 대표는 30일 "공천심사위원회 결정을 철저히 존중하겠다"며 공심위 독립성 보장을 통한 공정한 공천을 강조했다. 손 대표는 이날 국회서 열린 최고위원회의에서 박재승 공천심사위원장을 소개하며 이같이 말했다. 손 대표는 △공심위 독립성 보장 △공심위 과반수를 외부인사로 구성 △공심위원장 주도로 외부인사 공심위원 선임 등의 3가지 원칙을 밝혔다. 그는 "어제 최고위원 중 한 분이 '무난한 공천은 무난한 죽음이다'고 말했다"고 소개한 뒤 "결코 무난하게 적당히 넘어가고자 하지 않는다, 어떤 기득권도 버리겠다는 절체절명 각오로 공천에 임할 것"이라고 강조했다.
「손학규 무난한 공천은 죽음일 뿐」, 머니투데이, 2008년 1월 30일

켜 나갔다. 전직 의원들을 부정·비리 혐의를 들어 탈락시켰다. 김대중 전 대통령 차남 김홍업 의원, 박지원 전 청와대 비서실장, 신계륜 사무총장, 이상수 전 노동부 장관, 노무현 대통령 최측근인 안희정, 이호웅 전 의원, 김민석 전 의원, 이용희 의원, 신건 전 국정원장, 설훈 전 의원, 이정일 전 의원이 포함되었다.

문제는 호남 물갈이였다. 호남에서는 9명의 현역 의원을 탈락시켰다. 광주에서는 3선에 문화부 장관을 지낸 정동채(광주 서을) 의원과 김태홍(광주 북을) 의원, 전남에서는 채일병(해남·진도), 신중식(고흥·보성), 이상열(목포), 김홍업(무안·신안) 의원, 전북에서는 이광철(완산을), 채수찬(전주 덕진), 한병도(익산갑) 의원 등이다166) 정균환 최고위원(고창·부안)을 비롯해 양형일(광주 동구) 의원도 포함됐다. 이인제 의원도 탈락했다. 결과적으로 민주당계 후보자들이 대거 탈락했다. "김홍업, 박지원, 김민석, 설훈, 이정일, 채일병, 신중식, 이상열, 이인제 의원" 등 민주계 측 중진들과 현역 의원들이 탈락한 것이다.

참여정부 고위직 출신들은 공천되었다. 이용섭 전 건설교통부 장관(광주 광산을)과 김만수 전 청와대 대변인(부천·소사), 전해철 전 민정수석(경기 안산·상록갑)이 공천장을 따냈다. 결국 호남물갈이라는 명분으로 민주당계 후보들만 대거 낙선했다는 반발이 거세게 당내에서 나왔다. 박상천 공동대표도 17일 박 위원장, 손학규 대표와의 3자회동에 불참하며 '원 민주당 죽이기'라며 강한 불만을 나

---

166) 「민주당 호남물갈이 시작됐다」, 오마이뉴스 2008년 3월13일.

타냈다. 또한 민주당계 탈락자들은 무소속 연대 '민주평화연대'로 출마하겠다는 의사도 표시했다.[167] 광주 호남지역의 공천을 받은 후보는 민주당계, 정동영계 인물들은 별로 눈에 띄지 않고 신당 측 인사들, 열린우리당 출신들이 대부분이었다.

18대 총선 통합민주당 호남지역 공천자 현황

광주					
동구	박주선	58	변호사	(전)청와대 대통령 법무비서관	당선
서구갑	조영택	57	정당인	(전)국무조정실장	당선
서구을	김영진	60	정당인	(전)농림부 장관	당선
남구	지병문	54	제17대 국회의원	(전)전남대학교 교수	
북구갑	강기정	43	현 국회의원	(현)국회 보건복지위원회 간사	당선
북구을	김재균	55	정당인	(전)민선2기3기 광주광역시 북구청장	당선
광산구갑	김동철	52	국회의원	청와대 정무기획비서관	당선
광산구을	이용섭	56	정당인	건설교통부 장관	당선

전북					
전주시 완산구갑	장영달	59	국회의원	열린우리당 원내대표	
전주시 완산구을	장세환	55	정당인	한겨레신문 정치부장 대우	당선
전주시 덕진구	김세웅	54	정당인	(전)무주군수 3선	당선
군산시	강봉균	64	국회의원	(전)정보통신부 장관	당선
익산시갑	이춘석	45	변호사	(현)변호사	당선
익산시을	조배숙	51	국회의원	(전)서울지방검찰청 검사	당선
정읍시	장기철	49	정당인	KBS 디지털 프로젝트 팀장	

---

[167] 「쇄신공천에 원 민주당계 대참사, 박상천-박재승 충돌」, 폴리뉴스 2008년 3월 17일.

남원시 순창군	이강래	55	국회의원	제16, 17대 국회의원	당선
김제시 완주군	최규성	58	국회의원	(현)김제, 완주 국회의원	당선
진안군·무주군·장수군·임실군	정세균	57	국회의원	(전)열린우리당 당의장	당선
고창군부안군	김춘진	55	국회의원	국회 보건복지위원회 위원	당선
전남					
목포시	정영식	61	서남권발전포럼 이사장	(전)목포시장	
여수시갑	김성곤	55	국회의원	국립중앙청소년수련원장	당선
여수시을	주승용	55	국회의원	민선 초대 통합여수시장	당선
순천시	서갑원	45	국회의원	(현)제17대 국회의원	당선
나주시화순군	최인기	64	국회의원	전라남도지사	당선
광양시	우윤근	50	국회의원	변호사	당선
담양군 곡성군 구례군	김효석	58	국회의원	제16, 17대 국회의원	당선
고흥군 보성군	박상천	69	변호사	현 통합민주당 공동대표	당선
장흥군 강진군 영암군	유선호	54	국회의원	제15, 17대 국회의원	당선
해남군 완도군 진도군	민화식	68	농업	전라남도 곡성·강진·화순·해남군수 역임(관선)	
무안군 신안군	황호순	59	정당인	(전)민주당 중앙당 사무부총장	
함평군 영광군 장성군	이낙연	55	국회의원	(현)국회의원	당선

〈중앙선거 관리위원회 홈페이지에서 발췌 정리〉

공심위가 "30% 이상 탈락시키겠다"고 밝힌 호남지역에서는 11명(36.7%)이 탈락했지만 반면에 수도권 현역 의원 대다수가 공천을 받았다. 서울지역에서는 민병두(동대문을), 김덕규(중랑을), 김근태(도봉갑), 유인태(도봉을), 우상호(서대문갑), 김영주(영등포갑), 유기홍(관악갑), 최규식(강북을), 노웅래(마포갑), 정청래(마포을), 이제학(양천갑), 노현송(강서을), 이목희(금천), 김성순(송파병), 최재천(성동갑), 추미애(광진을) 후보가, 인천에서는 김교흥(서-강화갑)이, 경기도에서는 원혜영(부천 오정), 천정배(안산 단원갑), 최성(고양 덕양을), 박기춘(남양주을), 조정식(시흥을), 윤후덕(파주), 이석현(안양 동안갑), 백재현(광명갑), 김부겸(군포), 소병훈(광주), 이찬열(수원 장안), 김문환(이천-여주), 장봉익(양평-가평) 등 신당출신 현역 의원들과 후보자들이 대거 공천을 받았다.

공천 결과, 열린우리당 출신 의원들이 대거 생존한 반면, 구 민주당계 의원들이 대부분 교체된 것이다. 수도권에서는 60명의 현역 의원 중 탈락자가 5명에 불과했다. 불출마자 세 명을 포함해 교체율이 13%에 그쳤다. 영남과 강원·제주 지역의 현역 의원 8명은 불출마를 선언한 신국환 의원을 빼고 모두 공천을 받았다. 더구나 비호남권에서는 4선의 이용희·이인제 의원을 제외하고는 재선 이상 의원들이 모두 재공천을 따냈다.

이번 공천에서 손학규계는 약진한 반면, 정동영계는 상당히 위축됐다. 최대계파였던 정동영계는 호남권에서 물갈이의 '표적'이 된 반면, 수도권을 중심으로 한 손학규계는 대부분 재공천을 받았다.168) 대거 탈락할 것이란 관측이 많았던 친노 세력은 예상 밖으로 선전했다. 의원 5명이 탈락하긴 했지만, 한명숙·유인태·이광재·백원우·윤호중·이용섭·김만수·윤후덕·전해철·박범계 후보 등 상당수가 공천을 따냈으며, 386출신들도 거의 대부분 공천을 받았다.169)

손학규 대표가 박재승 위원장을 내세워 '공천개혁'이라는 명분을 들어 집행한 통합민주당 공천에서는 부정·비리 혐의로 형을 받았던 전·현직 의원들을 탈락시킨 것 외에는 뚜렷한 특징이 없었다. 이들 탈락한 중진들 중 대다수는 사면복권이 된 사람들이었으며, 정권적 차원에서 희생당한 인물도 있었다. 본보기용 희생적 측면이 강했다는 것이다.

---

168) "한나라당은 제17대 대선의 경선과정에서부터 형성된 친 이명박계 - 친 박근혜계 간의 갈등이 공천과정까지 이어졌고, 통합민주당은 정동영을 위시한 구 열린우리당 계열과 박상천 공동대표의 구 민주당 계열에, 한나라당에서 당적으로 옮겨온 손학규 공동대표의 계열이 경합하였다. 이러한 계파 간의 대립 구도는 제18대 총선의 공천과정에 그대로 반영되었다. 또한 두 공동대표가 자기조직을 챙기기 위해 노력했음을 알 수 있다. 당적을 옮긴지 오래되지 않은 손학규 대표는 당내 계보 및 조직적 측면에서 열세이기 때문에, 그를 중심으로 하는 새로운 세력을 구축하는 것을 원했다. 손 대표를 따르는 수도권의 열린우리당 출신 의원들은 대부분 다시 공천을 받았다." 길정아,「국회의원 후보자 선정과정의 동학: 제18대 총선에서 한나라당과 통합민주당의 공천을 중심으로」,『한국정치연구』제20집 제1호(서울대학교 한국 정치연구소, 2011), 303쪽, 308쪽.
169)「민주당 현역 물갈이 용두사미」,한겨레 신문 2008년 3월18일.

민주계측 입장에서 보면, 공천과정에서 민주당계의 대거 탈락을 통해 호남의 정통성을 잃어버렸던 열린우리당 사람들에게 면죄부만 준 격이 되었다.

손학규의 통합민주당은 81석 밖에 얻지 못하는 졸전을 보였다. 특히 수도권 지역에서 대패했는데, 서울지역에서는 48석 중 단 7석을, 인천에서는 2석을, 경기도에서도 전체 51곳 중 17곳만 당선되었다. 광주 및 호남에서도 무소속에게 6곳을 내주는 부진한 성적을 내었다. 서울 종로에 출마한 손학규도 낙선했다. 서울지역에서는 열린우리당 출신들이 대부분 당선되지 못했다. 박재승표 공천개혁을 했다고 했지만 수레만 요란했지 실속은 없는 공천이었다. 투표율 역시 역대 최저인 46.1%였다. 야권 지지자층이 야당에게 실망하여 투표장에 나오지 않은 것이다.

손학규의 '박재승'을 내세워 집행한 공천은 호남을 대표했던 민주당계 후보들과 정동영계 후보들을 대부분 낙천시키고, 열린우리당 출신들인 친노계와 386 등 후보들을 공천함에 따라 전통적인 지지기반 층인 호남의 지지를 확실히 받지 못하면서 나타난 결과라고 볼 수 있다. 또한 통합 당시 신당 측과 민주당 측의 5대 5 지분 관계가 공천을 통해 파기되고, 총선 이후 친노와 386그룹이 우위에 서는 당내 권력 관계로 재편되었다.

18대 총선 공천방식에 대한 평가는 매우 부정적일 수밖에 없다. 그 이유는 제17

대 총선에서 부분적이라도 상향식 공천을 시행했던 여야 정당이 제18대 총선 공천에서는 완전히 중앙집중식, 지명식의 공천방식을 선택했기 때문이다. 즉 공천 결정 권력이 지역에서 다시 중앙으로, 당원과 일반유권자 참여에서 당내 제 정파 간의 권력투쟁으로 옮겨가서 결정 났기 때문이다.

특히 공심위를 통한 후보선정 방식은 명망성 있는 인물을 공심위원장으로 하고, 외부인사들을 공심위원으로 임명했으나, 공천 결정에 투명성과 객관성 논란과 갈등을 불러일으켰으며 17대의 공천과정에서 보여준 참여와 공정한 경쟁의 공천방식 진전은 사라져버리고, 중앙당의 공천심사위원회 기능과 권한만 가중시키는 결과를 보여주었다.[170]

길정아는 "제18대 총선에 이르러서는 경선이 전적으로 사라지고, 공천 규정에 대한 당내 계파 사이의 갈등이 격화되고, 공천탈락자들이 결과에 불복하여 대

---

[170] 김용호는 18대 총선 공천에서의 공심위에 대해 다음과 같이 평가하고 있다. "2008년에는 각 당의 최고위원회가 임명한 공심위에서 모든 후보를 선정하였다. 한편 과거 3김시대에는 공천심사위가 주로 당내 인사로만 구성되었으나 최근 들어 당외 인사가 포함되었다는 점에 차이가 있다. 공심위 위원장을 당외 인사로 임명하여 상징적 개방성을 표방하였다. 그러나 양당의 공심위는 당내외에서 20인 이내의 소수가 참여하였기 때문에 개방성의 한계를 보여주었다. … 일반 국민의 의사를 대표할 수 있는 대표성의 수준이 매우 낮았다. …우리 사회의 다양한 계층과 집단을 대표하지 못하였다. … 특히 지방출신 인사는 1명밖에 없었기 때문에 지방이 현저히 과소 대표되었다." 김용호 「한국 정당의 공천제도 개선 방안: 최근 대선 총선 지방선거를 중심으로」, 『선거관리』 제55호, 중앙선거관리위원회, (2009), 165-166쪽, 164-183쪽.

거 탈당하여 무소속으로 출마하는 등 공천과정의 민주화 및 당내 민주화는 퇴행하게 되었으며, 상향식 공천제도에 대한 기대가 무너지고…여전히 중앙당 중심의 폐쇄적이고 하향식 공천방식을 통해…일반 당원 혹은 유권자들의 의사가 반영될 여지는 거의 없었으며, 공천심사위원회의 일방적인 후보자 선정에 더하여 당내 권력이 개입함으로써 총선 이후 당권을 확보하기 위한 정당 내 계파 갈등이 공천과정을 통해 표출되었다."[171]고 밝히고 있다.

3) 대권 주자들 간의 대결의 장으로

이명박 정부의 계속되는 지지율 하락과 10월 서울시장 보궐선거에서의 패배는 한나라당에게 재창당 수준의 당 혁신이 필요하다는 위기감을 불러일으켰다. 따라서 한나라당은 영남지역의 확실한 기반을 갖고 있으며, 그동안 이명박 정부와 차별화를 보였던 유력 대권 주자인 박근혜를 2011년 12월 19일 비대위원장으로 추대하고, 전권을 위임한다. 전권에는 2012년 총선에 대한 공천권까지 포함되어 있었다.

한나라당 전국위원회에서 통과된 박근혜 비대위원장의 권한은 가히 절대적이라고 할 수 있었다. ① 대표최고위원의 지위와 권한을 가지며 ② 대통령 후

---

[171] 길정아(2011), 292쪽.

보 경선 출마 시 1년 6개월 전에 당직을 사퇴해야 한다는 당헌 적용은 이번에는 예외 사항으로 간주하며 ③ 법적. 대외적으로 당을 대표하고 ④ 비대위원장은 당무를 통합. 조정하는 당 최고의결집행기관(비상대책위원회)의 의장이며 ⑤ 사무총장과 전략기획본부장 등 주요 당직 임명에 관한 추천권을 갖고 ⑥ 공천심사위원회 구성권을 갖는 것이었다.172)

유력 대권 주자의 공천 영향력 실감

한나라당 권력 관계는 순식간에 박근혜 유력 대권 주자의 우월성으로 재편되었다. 또한 이명박정부 하에서 18대 총선 공천 등 피해를 받았던 친박계가 전면에 등장하면서 당의 주도권을 쥐게 된 것이다.

19대 총선에서의 승패가 자신의 대권 승패와 직결된다는 사실 때문에 박근혜 입장에서는 위기의 새로운 실험을 할 수 밖에 없었다. 박근혜 앞에는 세 가지의 구체적인 과제가 놓여 있었다. 비대위에 외부인사 등 새로운 인물을 영입하여 당의 개혁을 주도해 나가야 하며, 총선을 앞두고 이명박 정부와의 차별성을 어떻게 보일 것이며, 계파논란을 불식시켜 공정한 공천시스템을 안착시키고, 공천개혁을 통해 당의 새로운 면모를 보이는 것이었다.173) 국민 정서를 반영

---

172) 「전권 쥔 선거여왕」, 동아일보 2011년 12월 16일.

한 공천이 주요 과제였다.

지난 18대 총선 공천부터 극한 대립을 보여 왔던 친박계와 친이계의 관계를 재조정하는 것이 과제였다. 박근혜 비대위원장은 위원장에 취임하자마자 친박계를 해체하겠다고 선언했으며, 당에는 이제 친박도 친이도 없다고 밝혔다.[174] 뒤이어 친박계와 친이계가 자진 해체선언을 했다. 친이 - 친박, 양대 계파 모임인 '함께 내일로' '여의포럼' 등이 사실상 해체를 의결했다.

박근혜 비대위원장은 2011년 12월 27일 외부인사 6명을 포함한 11명의 비대위원을 임명했다. 비대위에서는 정치개혁과 공천제도 개선, 정강정책 개선과 총선공약 개발, 온·오프라인 소통, 인재영입 등의 4개 분과를 운영하기로 했다. 외부인사들이 참여한 비대위의 면모를 보면 특히 경제민주화를 주창해왔던 김종인과 이명박 정부에 비판적인 입장을 취해왔던 보수우익성향의 이상돈 교수의 임명은 이명박 정부와 분명한 차별성을 보이면서 대립각을 세우겠다는 신호탄이었다.

전격적인 비대위원 발표에 촉각을 세운 측은 친이계 의원들이었다. 19대 총선 공천에서 불이익을 받을 것을 우려했기 때문이었다. 비대위는 "여론조사를

---

173) 「박근혜 만만찮은 숙제 3가지」, 한겨레신문 2011년 12월 5일.
174) 「박근혜 비대위 출발부터 거침없는 쇄신 킥」, 동아일보 2011년 12월 28일.

19대 총선 한나라당 비대위원 명단

당외	김종인	71	전 청와대 경제수석 / 전 국회의원
당외	조동성	62	서울대 경영학부 교수/ 희망제작소 이사
당외	이상돈	60	중앙대 법학부 교수
당외	이양희	55	성균관대 법학전문대학원 교수/ 전 유엔아동권리위원회 위원장
당외	조현정	54	비트컴퓨터 회장/ 전 벤처기업협회 회장
당외	이준석	26	클라세스튜디오 대표 / 배움을 나누는 사람들 대표
당내	황우여	64	한나라당 원내대표
당내	이주영	60	한나라당 정책위의장
당내	주광덕	51	한나라당 의원
당내	김세연	39	한나라당 의원

<경향신문 2011년 12월 27일 자 기사 재정리>

통해 당 지지도와 현격한 차이(5%)를 보이는 현역 의원은 물갈이 대상이 된다고 발표했다.175) 연이어 공천과 관련된 뉴스들이 쏟아져 나왔다. '당 구성원 일체의 기득권 배제(박근혜 1월 2일)' 'TK부터 읍참마속으로 세대교체를(박근혜 1월 3일)', 'TK의원은 편하게 당선' '존경할 만한 다선의원 별로 없어(이상돈 1월 4일)', '친박 희생론 급부상(1월 4일)' 등이었다. 박근혜 비대위원장은 1월 31일 공천심사를 책임질 공직자후보추천위원회를 구성했다. 정홍원 전 대한법률구조공단 이사장을 위원장으로 하는 11명의 위원을 발표했다. 당내 인사 3명을 모두 친박계로 한 것이 특징이다. 외부인사들은 그동안 정치와 관련이 없던 사람이기 때문에 친박계 위원 3명과 정홍원 위원장이 공천권을 행사한다고 볼 수 있

---

175) 연합뉴스 2012년 1월 2일: 여, 당지지도보다 5% 이상 낮으면 현역교체 추진.

었다. 사실상 공천권은 친박계의 수중에 장악되었다.

19대 총선 새누리당 공직자 후보 추천위원회 위원명단		
위원장	정홍원	변호사 / 전 대한법률 구조공단 이사장
부위원장	정종섭	서울법대 학장
당외	한영실	숙명여대 총장
당외	박승오	한국 과학기술연구원 교수
당외	홍사종	미래상상연구소 대표 / 전 경기도 문화의 전당 사장
당외	진영아	패트롤맘 중앙회 회장
당외	박명성	신시뮤지컬컴퍼니 대표
당외	서병문	중소기업중앙회 수석부회장
당내	권영세	사무총장(친박계)
당내	현기환	국회의원(친박계)
당내	이애주	국회의원(친박계)

〈오마이 뉴스 2012년 1월 31일자 재정리〉

친이계의 몰락과 보복공천

당명을 새누리당으로 바꾼 공심위는 3월 5일 전략공천지역을 발표하면서 공천 물갈이를 시작했다. 주로 수도권에 포진해 있던 친이계가 타깃이었다. 친박계였다가 친이계로 돌아선 전여옥(영등포갑)과 이재오 의원의 측근인 진수희(성동갑), 친이계인 정미경(수원 권선), 뉴라이트 출신인 신지호(도봉갑) 등이 공천에서 탈락했으며, 대구에서는 배영식(중구, 남구) 친이계 주성영(동구갑), 이명규(북구갑) 의원이 탈락했다.

2차 발표에서는 친이계의 완전몰락이었다. 16명의 탈락 현역 의원 중 13명이 친이계였다. 진성호(중랑을), 권택기(광진갑), 유정현(중랑갑), 강승규(마포갑), 장광근(동대문갑), 이윤성(남동갑), 조진형(부평갑), 백성운(고양 일산동) 등이 낙천했다. 이동관 전 청와대 홍보수석도 낙천했다. 80여명에 이르던 친이계 중 이재오, 김영우, 조해진 정도만 살아남았다.176)

반면에 친박계는 대부분 공천을 받았다. 홍사덕은 서울 종로에, 진영은 용산, 이성헌은 서대문갑에, 친이계 강승규가 낙천된 마포갑은 친박계 신영섭이, 영등포갑은 박선규, 영등포을은 권영세, 강남구을은 김종훈이 공천됐다. 또한 영남권을 장악하고 있었던 친박계는 큰 무리 없이 공천됐다. 이명박 정부 때 박근혜의 반대에도 불구하고 원내대표를 맡았던 김무성은 제외됐다. 19대 총선에서 새누리당 공천 결과를 보면, 총 231명의 공천자 중 친박근혜계는 현역 의원 55명 중 42명이 공천을 받아 76%의 공천율을 보인 반면, 친이명박계는 95명 중 33명 만 공천을 받아 35%의 공천율을 보여서 2배 이상 차이가 났다(박상운: 2012. 11. 4).

---

176)「사라진 친이계 반란 꿈꾸나」, 주간경향 2012년 4월10일, 970호.

19대 한나라당의 공천은 친이계의 몰락과 친박계의 부활, 18대 친박계 학살공천에 대한 19대의 보복공천 성격이 짙었다. 탈락한 친이계의 조직적 저항은 크게 없었다. 명분에서도 밀리고 실질적 도움이 되지 않는다고 판단 한 것 같다. 첫째로 이명박 정부의 지지율 저하와 국민에 대한 불신은 새누리당의 박근혜가 친이계를 낙천시킨 점에 대해서 부정적인 시각으로 보지 않았다. 오히려 새누리당에서 친이계가 배제됨에 따라 이명박 정부와 차별성을 강화한다고 본 것이다. 특히 수도권에 포진해 있던 친이계의 몰락은 '적극적인 물갈이 공천'이라고 보았다. 따라서 친이계의 조직적 저항은 명분 없는 싸움이 될 수 밖에 없었다.

둘째 유력 대권 주자인 박근혜 권력에 대한 두려움이었다. 몰락해 가던 한나라당을 회생시키면서 대권가도 행보를 착실히 수행하고 있는 박근혜에게 미운털이 박힐 이유는 없었다.

2012년 4월 11일에 실시된 총선에서 박근혜의 새누리당은 152석 과반을 넘는 의석수를 차지해 제1당이 되었다. 이명박 정부의 실정으로 인해 새누리당이 패배할 것이라는 예상을 뒤엎은 결과였다. 새누리당은 악화된 여론 속에서도 수도권에서 선전했다. 서울 16, 인천 6, 경기 21 수도권 전체 112석 중 43석을 차지한 것이다. 새누리당의 지역적 기반인 영남에서 박근혜의 지지세를 확인할 수 있었다. 부산 18석 중 16석을, 대구 · 경북 · 울산은 석권, 경남은 16석 중

14석을 얻는 쾌거를 이루었다.

장승호는 19대 총선 결과는 유권자들이 12월에 실시될 대선을 염두에 두고 선택을 내렸을 것이라고 주장하고 있다. 즉 19대 총선은 현 집권세력에 대한 중간평가 및 심판이었기 보다 유력한 미래 권력인 박근혜 위원장에 대한 신임투표의 성격을 강하게 띠고 있었다(장승호: 2012, 6).

돌아온 친노

제19대 민주통합당의 공천은 제 정파 간의 권력투쟁 하에서 이루어졌다. 권력투쟁에서 승리한 주류 정파는 패권적 양태를 보이며, 타 정파의 공천을 배제시켰다. 공천과정에서 보인 주류 정파의 패권성은 결국 국민 여론에 반하는 반응성을 나타내어 선거 결과에 부정적 영향을 미쳤다. 공천 결정은 중앙에서 권력투쟁의 힘의 세기에 따라 정해졌으며, 각 정파 간 권력투쟁이 균형점을 이루는 곳에서는 지역경선이 이루어졌다.

2011년 10월 치러진 서울시장 보궐선거에서 무소속의 박원순 후보가 당선됐다. 무소속의 박원순 후보는 안철수의 양보와 지지를 받아 민주당의 박영선 후보와의 단일화 경선에서 승리했다. 또한 기존 정당에 대한 불신을 바탕으로 중도층의 광범위한 지지를 받는 안철수 돌풍은 박원순 후보 당선에 결정적인 역할을 했다. 박원순에게 조건 없는 양보를 한 안철수는 일약 대선후보 반열에 올라가게 되었으며, 민주당의 존재 기반을 위협할 정도였다.

박원순

따라서 민주당은 세력 확장을 통한 재변신을 모색해야 했다. 이해찬, 문재인, 문성근 등 친노세력을 중심으로 정치세력화했었던 '시민통합당(혁신과 통합)'과 손학규 대표와 정치적으로 손을 잡은 한국노총[177], 그리고 민주당 등 3 세력이 통합 야당 건설에 동의했다. 하지만 민주당에서는 반대논의가 박지원 등 호남측 대의원들이 통합을 반대했기 때문이다. 그러나 12월 11일 열린 당 통합을 위한 민주당 전당대회에서 민주당 반 통합파 세력의 반대와 대의원 정족수 논란에도 불구하고 통합안은 통과되었다.[178]

민주당과 혁신과 통합, 한국노총은 3자 수임 기구를 구성하여 16일 합당을 의

---

[177] "이번에 한국노총이 통합정당 창당에 참여하는 것은 한국노총과 민주당 손학규 대표의 이해관계가 절묘하게 맞아떨어졌기 때문이다. 한국노총은 통합정당 참여에 올인 함으로써 지분 확보를 통해 노동정책에 대한 개입력 증대를 꾀하고 있으며, 손학규 대표는 대권가도에서 조직기반 확대라는 목표를 갖고 있다." 「손학규 대표는 왜 한국노총과 손을 잡으려 하나」, 경향신문 2011년 12월 3일.
[178] 「난장판 된 민주전대 야권통합안 가결」, 경향신문 2011년 12월 11일.

결하고 통합논의에 대한 구체적인 절차에 들어가게 되었다. 당명은 민주통합당으로 정하고 1월 15일 전당대회를 열어 새로운 지도부를 구성하기로 했다. 전당대회 선거 규칙은 대의원 선거인단 투표 반영비율이 30%, 시민당원 선거인단 반영비율 70%로 정해졌는데, 현장 투표 외에 모바일 투표도 병행하기로 했다. 당연히 모바일 투표에서 강세를 보인 친노 주자들이 유리한 선거구도였다. 실제 전당대회 투표율에서도 모바일은 83%, 현장투표율은 21%였다. 당연히 친노에서 지지했던 한명숙 후보가 압도적인 표 차이로 대표로 당선되었다. 개표결과 한명숙(24.5%), 문성근(16.68%), 박영선(15.74%), 박지원(11.97%), 이인영(9.99%), 김부겸(8.09%) 등이 민주통합당 최고위원으로 당선됐다.[179)]

야권 통합으로 창당된 민주통합당의 권력 관계는 친노 중심으로 급격하게 재편되었다. 한명숙 대표는 1월 18일 당직 인선을 발표했는데, 친노와 386의 결합이었다. 공천 실무를 관리할 사무총장에 386 그룹 멤버인 임종석을, 정책위의장에 친노계인 이용섭 의원을, 당대표비서실장에 친노 핵심인 홍영표 의원을 임명했다.

한 대표는 공심위원회도 2월 3일 구성했는데, 친노 및 386그룹의 영향력을 가늠할 수 있는 위원 구성이었다. 강철규 위원장은 한명숙 대표가 임명했으며, 당외 인사 대부분이 한명숙 인맥과 친노, 386그룹과 연관된 사람들이었다. 당

---
179) 「민주전대」, 경향신문 2012년 1월 14일.

제19대 총선 통합민주당 공천심사위원 명단

위원장	강철규	1945년	우석대 총장. 전 공정거래 위원장
당외	김호기	1960년	연세대 사회학과 교수
당외	도종환	1954년	해직교사. 시인
당외	문미란	1959년	미국 변호사
당외	이남주	1965년	성공회대 교수, 참여연대 평화군축센터 소장
당외	조은	1946년	동국대 교수, (전) 한국여성학회장
당외	조선희	1960년	(전) 한겨레 신문 기자. 소설가
당외	최영애	1951년	여성인권을 지원하는 사람들 대표, (전) 국가인권위 사무총장
당내	노영민	1957년	국회의원
당내	박기춘	1956년	국회의원
당내	백원우	1966년	국회의원
당내	조정식	1963년	국회의원
당내	최영희	1950년	국회의원(비례)
당내	우윤근	1957년	국회의원
당내	전병헌	1958년	국회의원

〈한겨레 신문 2012년 2월 1일자 재정리〉

내 위원 역시 민주계 몫의 박기춘 의원과 손학규계의 조정식을 제외하고는 친노와 386그룹 일색이었다. 공심위는 친노 지도부 의향대로 움직이며 후보자에 대한 자격 심사와 함께 단수 공천, 복수 공천 여부를 판단하고, 전략공천지역도 결정했다. 당연히 친노와 86그룹의 약진, 민주계 후보의 탈락은 예정되어 있는 수순이었다. 민주당은 친노 및 386 출신 후보자들에게 절대적으로 유리한 모바일 투표제를 전면 도입해서 경선을 치루도록 했다.

혁신과 통합 등과 통합하여 당권을 장악한 친노세력은 공천과정에서 386세력과 정치적 이해관계를 같이하면서 당내에서 우월적 권력 관계를 형성했다. 우월적 권력 관계를 형성한 친노 주류세력은 이번 공천에서 친노 정파를 확실하게 득세시켜, 향후 대권후보 경선 등에서 우위적 입지를 확보하려는 의도를 드러냈다.

민주당의 1차 공천자 발표부터 친노 약진의 공천 행태가 나타나기 시작했다. 2012년 2월 22일 "영남지역 40곳의 공천자들을 발표했는데, 부산에서는 친노 라인이 석권했다. 사상구의 문재인 노무현재단 이사장과 북구 강서구갑·을의 전재수 전 청와대 2 부속실장, 문성근 민주당 최고위원, 사하구갑의 최인호 참여정부 청와대 비서관, 경남 창원시 갑 공천을 받은 김갑수 전 〈라디오21〉 대표와 경남 양산시의 송인배 전 청와대 사회조정비서관도 친노 계열이다. '부산 토박이' 출신인 김영춘 전 국회의원과 김정길 전 행정자치부 장관은 진구갑·을에 나란히 출격했다."180)

24일 발표된 공천자 명단도 주류 세력의 약진이었다. "서울에서는 정세균 상임고문과 박영선 최고위원 이외에 이인영 최고위원, 임종석 사무총장과 이미경, 추미애, 전병헌, 전혜숙, 우상호, 민병두, 오영식, 유인태, 우원식, 이목희

---

180) 「민주 영남지역 40곳 단독후보 확정,」 한겨레 신문 2012년 2월 22일.

총선 민주통합당 부산지역 공천자 명단

지역	이름	나이	직업	경력	비고
중구, 동구	이해성	58	정당인	(전) 청와대 홍보수석비서관	
서구	이재강	49	재영언론인	(현) 재영언론인	
부산진구갑	김영춘	50	정당인	(전) 16, 17대 국회의원	
부산진구을	김정길	66	정당인	(전) 행정자치부 장관	
동래구	노재철	51	교수	(전) 사학연금관리공단 상임감사	
남구갑	이정환	58	정당인	(전) 한국증권선물거래소 이사장	
남구을	박재호	53	정당인	(전) 노무현 대통령비서실 정무비서관	
북구강서구갑	전재수	40	정당인	(전) 2006년 북구청장 후보 및 2008년 국회의원 후보	
북구강서구을	문성근	58	정당인	(전) SBS '그것이 알고 싶다' 진행자	
해운대구기장군을	유창열	51	부산YMCA부이사장	(현) 재단법인 그린닥터스 부이사장	
사하구갑	최인호	45	정당인	(전) 청와대 국내언론비서관	
사하구을	조경태	44	국회의원	(현) 제18대 국회의원	당선
금정구	장향숙	51	정당인	(전) 17대 국회의원	
연제구	김인회	47	인하대학교 법학전문대학원 조교수	(전) 민주사회를 위한 변호사모임 수석사무차장	
수영구	허진호	67	변호사	(전) 대한법률구조공단 이사장	
사상구	문재인	59	법무법인부산 대표변호사	(전) 청와대 비서실장	당선

〈중앙선거 관리위원회 홈페이지에서 발췌 정리〉

전 의원 등 범친노계 및 386연관 세력 14명이 공천을 받았다. 부산에서는 조경태 의원이, 인천에서는 홍영표 비서실장과 신학용 의원 등 5명의 공천이 각각 확정됐고 광주에서는 이용섭 정책위의장의 공천이 확정됐다. 대전에서는 박병석, 이상민 의원 등 3명이, 경기에서는 원혜영, 조정식, 최재성, 백원우 의원 등 14명이 공천을 받았다. 충북에서는 홍재형 국회 부의장과 노영민, 변재일, 정범구 의원, 서재관 전 의원 등 6명이, 충남에서는 양승조 의원과 김종민 전 충남 부지사 등 4명이 공천을 받았다. 이밖에 우윤근, 강창일, 김재윤 의원 등 전남 1명, 강원 3명, 제주 2명의 공천도 결정됐다."181) 대부분이 범친노세력이었다, 이들은 공심위에서 경선 없이 단수후보로 확정되었다.

공천 파행의 결과는 민심 이반

정치자금법 위반으로 1심에서 유죄를 확정받은 임종석과 저축은행 관련 불법자금 수수 혐의로 기소된 이화영 전 의원 등도 포함되어 공천 논란이 일어났다. 특히 국민참여경선에 참여한 예비후보들을 명확한 해명 없이 공심위에서 컷오프시켜 공천의 공정성 논란이 일어났다. 수도권 지역 공천자들은 중앙당사에서 공정한 공천심사를 요구하며 항의 집회를 열었으며, 최대 경합 지역인 광주에서는 경선 선거인단 모집과 관련된 인사가 선관위 조사를 받던 도중 투신자살하는 일까지 발생하였고, 공천심사에서 탈락한 박광직(화성을), 박채순(서울 노원을) 씨 등 예비후보 11명은 27일 성명서를 내고 '민주당의 원칙도 기준도

---

181) 「민주당 2차공천, 54명 후보확정.」, 경향신문 2012년 2월 24일.

없는 공천기준은 밀실 공천, 측근 공천, 오물공천의 대명사가 됐다'고 주장했다.[182] 중랑을의 김덕규, 관악갑의 한광옥, 송파병의 정균환 등 민주계 인사들에게는 경선 기회도 주지 않았다.

심사 배점 기준도 매우 주관적이었다. 정체성 20점, 기여도 10점, 의정 사회활동 10점, 도덕성 10점, 후보적합도 경쟁력 30점, 면접 20점이어서[183] 공심위를 장악한 주류 정파의 의도가 관철되었으며, 친노와 386 정파 간의 타협과 흥정에 의해 후보자들에 대한 경선 방식을 결정했다는 비난이 일어난 것이다.

혁신과 통합 측 인사나 친노 측 후보들은 전략 공천으로 낙점을 받았다(경기 군포 이학영, 과천 의왕 송호창, 안산 단원갑 백혜련). 서울 노원 갑에는 구속된 정봉주 전 의원 대신에 '나꼼수' 멤버인 김용민을 공천해 논란이 크게 일었다. 불법 대부업체로부터 불법 정치자금을 받아 유죄혐의가 확정되었던 신계륜 전 의원도 서울 성북을에 공천되었다. 신계륜은 한명숙을 대표 경선 시 적극 도왔던 인물이다. 불법 자금 수수혐의로 유죄판결을 받은 바 있던 이상수 전 장관도 중랑갑의 경선진출자로 확정되었다. 반면에 군산의 강봉균 의원과 나주의 최인기 의원은 공천에서 배제되었다. 단지 손학규계의 일부 후보자들 생환만 눈에 띌 뿐이었다.

---

182) 동아일보 2012년 2월 27일: 민주공천후유증으로 몸살.
183) 한겨레 신문 2012년 2월 13일.

당의 혼란과 갈등으로 인해 공천면접심사가 잠정 중단되는 사태까지 발생했다. "박지원·이인영 최고위원 등은 최근 공개적인 자리에서 공천 결과를 혹평하며 내부 갈등과 불만을 그대로 드러냈다. 박 최고위원은 29일 최고위원회에서 '민주계 공천학살, 친노 부활, 특정학교 인맥 탄생 등의 평가가 나오고 있다'고 말했다. 한명숙 대표와 주요 당직에 있는 친노 등 주류를 향한 비판이었다. 이인영 최고위원도 "계파별 야합에 따른 단수 공천이 이뤄졌고, '이대 인맥'이 등장했다는 말이 있다"고 거들었다. 도덕성과 정체성에서 문제가 제기돼도 주류 쪽 후보들은 단수 공천되고, 비주류 쪽 후보들은 탈락하거나 경선을 치러야 하는 상황에 대한 문제 제기였다.[184]

민주당의 텃밭인 호남지역의 공천 역시 친노 주류 세력의 약진이 이루어졌다. 18대 호남 민주당 의원 29명 중 4명만이 공천이 확정되었으며, 나머지는 탈락시키거나 경선에 붙였다. 경선은 당연히 조직 동원력에 의해 결정 나게 되고, 특히 모바일 투표 경선은 젊은 층과 친노 및 진보성향의 참여가 적극적으로 이루어질 것이기 때문에 친노 측 후보들에게 유리한 경선 방식이었다. 기존 민주당의 의원들의 낙선이 이루어지고 친노성향의 후보자들이 확정되었다. 경선을 통해 자연스럽게 물갈이가 되었다. 결국 정당민주주의를 향한 상향식 공천이라고 이름 붙여진 경선 방식을 통해 민주계 인사들의 물갈이가 자연스럽게 진행된 것이다. 일부 지역은 민주계 인사들에 대해 경선자격도 부여하지 않고

---

184) 한겨레신문 2012년 3월1일: 공천갈등 잠복한 채.

19대 호남 지역 경선 결과	
광주 북갑	강기정(노무현 재단 기획위원) VS 이형석(청와대비서관) - 강기정 경선 승리
광주 북을	임내현(정봉주 구명위원회) VS 최경주(민주당 광주시당위원장) - 임내현 경선 승리
여수갑	김성곤(친노성향) VS 김점유(여수시교육경비보조심위위원) - 김성곤 경선 승리
고흥 보성	김승남(전남대 총학생회장) VS 장성민(김대중정부청와대) - 김승남 경선 승리
전북 덕진	김성주(친노계) VS 이재규(혁신과 통합) - 김성주 승
전북 익산을	전정희(친노계) VS 조배숙(민주당 최고위원) -전정희 승리

친노성향 후보자들끼리의 경선이 진행된 것도 있었다.

통합민주당의 공천과정은 원칙과 기준도 없이 사적 인맥과 계파 이해관계에 의해 이루어지는 전형적인 모습을 보여주었다. 민주당은 공천 파동으로 인해 총체적 난국에 접어들었으며, 결국 비리혐의로 1심에서 유죄판결을 받은 임종석 사무총장이 사퇴하고 불출마선언까지 하는 지경에 이르렀다. 임종석의 사퇴는 공천 실무를 주관한 것에 대한 정치적 책임을 진 것이다.[185] 당초 19대 총선에서 이명박 정부에 대한 악화된 여론을 바탕으로 민주당이 과반 이상의 의석수를 얻으며 낙승할 것으로 예상되었다. 그러나 한명숙 대표를 내세운 친

---

185) "문재인 노무현재단 이사장은 전날 혁신과 통합 상임대표단과 긴급 회동을 가진 뒤 한 대표를 만나 임 총장의 결단을 요청한 것으로 알려졌다." 뉴시스 2012년 3월 9일.

노 패권적 공천 파행으로 민주당의 지지층과 호남 지역기반이 와해되어 민주당은 패배했다. 민주당은 127석에 만족해야 했으며, 박근혜의 새누리당에게 과반자리를 내주고 말았다.

19대 선거 직후 중앙일보와 동아시아 연구원, 한국리서치가 공동 분석 한 패널조사 결과를 분석한 장승호도 민주당의 공천 파행이 새누리당에게는 승리를, 민주당에게 패배를 가져다준 주요 요인으로 정리하고 있다. 장승호는 "민주통합당의 공천실패가 새누리당에 승리를 헌납한 가장 중요한 원인이라는 인식을 패널 조사에서 볼 수 있으며, 민주통합당의 후보공천을 부정적으로 평가할수록 새누리당 승리 원인으로 야당의 잘못을 꼽는 비율이 증가하고 있다"[186]고 밝혔다. 209명의 공천자 중 친노계는 89명이 공천을 받아 42%의 공천율을 보인 반면 구 민주계는 33명이 공천을 받아 16%의 공천율을 보여 거의 3배에 가까운 차이가 났다(박상운: 2012, 114).

상향식 공천은 부수적 공천방식으로 전락

제19대 총선 공천에서 여야 정당은 제18대 총선 공천과 같이 공심위를 통한 후

---

186) 장승호, 「19대 총선 결과에 대한 유권자들의 평가」, 『EAI OPINION Review』 2012 총선 대선 특집 EAI 오피니언 리뷰 시리즈 연구보고서. (2012-02)

보선정을 전일적으로 시행하지는 않았다. 새누리당과 민주통합당은 경선을 기본원칙으로는 삼았다. 하지만 지역에서의 경선은 부분적으로 국한되어서 이루어졌다.

그러나 공심위의 결정이 가장 중요했다고 볼 수 있다. 그래서 여야 정당은 공심위원장을 당 대표와 밀접한 연관이 있는 사람, 혹은 당의 현재 지향성에 동의하는 인물로 선정했고, 공심위원 역시 동일한 원칙을 적용해 선정했다. 따라서 제19대 총선의 공천과정은 공심위가 그 구도와 결정 환경을 결정했다고 볼 수 있다. 단수 공천으로 할지, 아니면 복수공천으로 할 것인지에 대한 판단 여부를 공심위에서 했으며, 전략공천 여부 역시 당 지도부는 공심위와 상의해서 결정했다. 즉 공천결정 방식에 대한 결정권을 공심위에서 갖게 된 것이다. 따라서 당내 권력의 세기에 따라 공천방식이 정해졌다. 실세 현역 의원이나 당 지도부의 강한 후원을 받는 후보자는 단수 공천으로 결정되었으며, 당내 계파 간 힘이 균형적으로 부딪히는 곳, 혹은 지역 내 파워 게임 양상이 치열한 곳은 복수 공천으로 정해서 경선을 시행토록 했다. 또한 복수공천 후보자에 선정되는 일도 쉽지 않았다. 지역에 4-5명의 후보자가 출마한 경우, 2명 정도로 복수공천자가 결정되었는데, 2명 안에 들기 위해서는 당연히 당내 계파별 파워게임에서 승기를 잡고 있어야 했다. 또한 전략공천도 당 지도부 몫이었다. 영입 인사라는 점을 앞세워 지역에서의 경선 없이 공천결정자로 낙점을 했는데, 지역에서 오랫동안 활동해 온 후보자들은 전략공천이라는 중앙당 지도부의 결정에 분루를 삼킬 수 밖에 없었다. 이들은 지역경선을 위해 지역에서 발로 뛰고 다니며 현장 선거운동을 했던 사람들이었다.

하여튼 여야 정당은 국민에게 상향식 공천을 시행한다고 온갖 선전을 늘어놓았다. 「공천권을 국민에게 돌려준다」는 입에 침도 바르지 않은 소리도 늘어놓았다. 그러나 실질적인 국민참여경선이 이루어진 지역은 많지 않았다. 실제 공천 결과는 공천심사위원회의 결정이나 전략공천 등 하향식 공천이 주를 이룬 반면, 국민참여경선이나 여론조사를 통한 상향식 공천은 30% 정도에 불과했다는 것이다. 특히 상향식 공천제의 내용을 보면 새누리당의 경우에는 극소수에서만 이루어졌다. [187]

양당의 공천 결정 방식을 세밀하게 살펴보아도 국민참여경선은 레토릭에 불과했다는 것을 알 수 있다. 그나마 통합민주당이 새누리당에 비해 경선방식의 민주성과 분권성을 관철시키려고 노력했지만, 전체적인 측면에서 볼 때는 후한 점수를 주기는 어려웠다. 그나마 통합민주당이 상향식 공천방식의 맥을 이어갔다는 측면에서는 긍정적인 평가를 줄 수 있지만 절반이 안 되는 약 41%의 지역에서만 경선이 이루어졌다. 반면에 단수 공천이 시행된 곳은 47%나 되었다.

반면에 새누리당의 「상향식 공천방식 실현」이라는 문구는 대 국민 속임수에

---

[187] 김병록,「당내민주주의와 공천의 민주성」,『고시계』(2012, 7), 123쪽.

불과했다. 새누리당은 전국 230개 지역구에 후보를 공천했는데, 이 중 79.6% 인 183개 지역구에서 단수 후보추천이 이루어졌다. 국민참여경선이 이루어진 곳은 단지 8곳, 3.5% 불과했다.[188]

또한 지역 경선이 이루어진 곳도, 경선 방식에 따른 잡음과 소란이 그치지 않았다. 특히 여론조사 경선 방식은 조사의 투명성과 공개성이 상당히 문제가 되었다. 조사기관 선정에 따른 잡음도 이어졌다. 윤종빈 역시 19대 총선 공천과정에 대해 후한 점수를 주지 않고 있다.

"공천권을 국민에게 돌려주겠다는 약속은 지켜지지 않았고 실질적인 국민참여경선은 나타나지 않았다.… 그나마 치러진 경선 또한 졸속으로 실시되어 국민참여경선은 결과적으로 실패했다는 평가를 받게 된다. 민주통합당은 그나마 많은 곳에서 자체 경선을 치렀지만 준비 시간 부족, 의식의 부족으로 졸속으로 시행되었다. 미성년자 선거인단 등록, 선거인단 모집책의 투신자살, 모바일 투표의 조직 동원 등으로 당내 경선은 부실한 제도로 전락했다"[189]는 것이다.

반면에 공천의 대표성을 강화하기 위한 노력은 제19대 총선에서 나타났다. 여성과 장애인 등 사회적 약자들과 청년들이 국회에 진출할 수 있도록 공천가산

---

188) 전용주, 「19대 총선과 정당 공천 방식의 변화: 진전 혹은 퇴보」, 『시대정신』(2012년 여름호).
189) 윤종빈, 「19대 총선후보 공천의 과정과 결과」, 『한국 정당학회보』 제11권 제2호(2012년), 31쪽.

점을 부여했다는 점이다.

새누리당은 장애인, 다문화가정, 북한 이탈주민, 여성 등 사회적 약자에 대해 최대 20%의 가산점을 주었으며, 후보 심사과정에서 여성과 장애인에게 15%, 40세 미만 청년에게 10%의 가산점을 주고, 본 경선에서 여성 후보의 경우 현역의원 10%, 정치신인 20%의 가산점을 부여했다. [190]

민주당도 마찬가지였다. 여성의 진출을 도모하기 위한 공천정책을 시행했다. 지역구 여성 후보자 15% 이상 공천한다는 원칙을 관철시켜 나갔으며, 전략공천 선거구에서는 여성 후보가 50% 공천받도록, 경선지역에서는 여성 정치신인에게 득표의 20% 가산점 부여한다는 공천규칙을 시행했다. [191]

4) 민심을 무시한 정파 패권적 공천의 최후

2016년 4월 13일에 치러진 제20대 총선 공천과정은 무리한 정파 패권적 공천이 선거에 얼마나 부정적 요인으로 작용한다는 것을 분명하게 보여주었다. 새누리당의 친박계가 대통령 권력을 등에 업고 집행했던 공천은 유권자들에게 깊

---

190) 김병록(2012), 124쪽.
191) 박상운, 「제19대 총선 공천의 특징과 한계」, 『사회과학 담론과 정책』, 제5권 2호, (2012년 10월), 101-120쪽.

은 실망을 보여주었을 뿐만 아니라, 새누리당의 전통적 지지기반 층인 대구, 경북 유권자들도 이완시키는 부정적인 결과를 초래했다.

새누리당은 김무성 대표와 최고위원들이 지도부를 형성한 집단지도체제였다. 4월 총선 공천을 앞두고, 이들은 친박과 비박으로 나뉘게 되는데, 비박계는 김무성 대표와 김을동 최고위원일 뿐 서청원, 원유철(원내대표), 김태호, 이인제, 이정현, 김정현(정책위의장)은 친박으로 분류되었다. 즉 새누리당 지도부의 권력 관계는 친박이 압도적인 우위에 서 있었다. 더욱이 박근혜 대통령 권력이 집권 여당에 미치는 영향력은 대단했기 때문에 공천은 친박 의도대로 진행될 수밖에 없었다. 논란 끝에 친박계의 이한구를 공천관리 위원장에 임명하고 공관위원 대다수를 친박계 추천 인사로 선정한 것도, 당내의 권력 관계를 반영한 것이었다.

공천도 권위주의 정권 시대로 돌려놓으려 했던 박근혜

새누리당 공관위 외부위원들은 친박 부대라는 이름까지 붙여질 정도였다. 공관위원 중 6명이 외부인사로 선정되었는데, 김순희 교육과 학교를 위한 학부모연합 상임대표는 애국 성향의 시민단체를 이끌며 박근혜 대통령을 지지했던 인물이고, 한무경은 18대 대선 당내 경선 시 박근혜 캠프에서 활동했던 인사였으며, 최공재는 2012년 대선을 앞두고 육영수 여사의 일대기를 그린 뮤지컬 '퍼스트 레이디' 제작에 참여한 인물이다. 박주희는 박 대통령 지지세력인 뉴라이트 활동가이며, 아리랑 국제방송 이사로 임명되어 낙하산 논란이 있었던 사람이다.192) 4명의 당내 위원 역시 황진하 사무총장을 제외하고는 모두 친박계였다. 즉 공관 위원회를 친박이 장악한 것이다.

친박 패권적 공천이 예상될 수밖에 없었다. 그러나 당원, 대의원 선거에서 대표최고위원으로 선출된 대권주자인 김무성 대표의 지분도 일정 인정되는 집단적 권력 관계라는 점도 변수였다. 하지만 공심위원장 자리에 오른 이한구는 김무성 권력지분은 완전히 무시한 채 독점적 공천권을 행사하려고 했다. 대통령 권력을 배경으로 한 막강한 공천 권력을 행사하려고 한 것이다.

이한구

이러한 치열한 당내의 권력투쟁 때문에 국민 공감대를 반영한 공천과정은 무시되었다. 김무성 대표가 애초 제안했던 안심 번호제를 이용한 여론조사를 통한 국민참여경선은 제대로 실시되지도 못했고, 빛바랜 제도로 추락해버렸다.193) 대구·경북지역을 둘러싼 당내의 권력투쟁으로 인해 우선 추천제라는

---

192) 「새누리 공천관리위 외부위원은 친박부대」, 세계일보 2016년 2월 13일.
193) "제20대 총선을 앞두고 새누리당은 김무성 대표를 중심으로 상향식 공천을 추진하였다.

제20대 총선 새누리당 공천관리 위원회 명단

김순희	교육과학고를 위한 학부모연합 상임대표
김용하	순천대학교 교수
한무경	한국여성경제인협회장
박주희	바른 사회 시민회의사회 실장
이욱한	숙명여대 교수
최공재	차세대문화인 연대 대표
황진하	사무총장
홍문표	제1사무부총장
박종희	제2사무부총장
김회선	클린 공천지원단장
이한구	국회의원/ 공관위원장

〈세계일보 2016년 2월 13일『새누리 공천관리위 외부위원은 친박부대』참조 재정리〉

당 지도부의 일방적인 공천방식이 중심이 되어버렸기 때문이다. 공천을 둘러싼 정파 간의 당내 싸움은 국민들의 눈살을 찌푸리게 하였다.

이한구는 김무성 대표와 지도부에서 결정했던 상향식 공천제도를 완전히 무시했다. 이한구는 "김무성 대표도 공천 심사대상이다" "공관위 결정사항을 최

이미 잘 알려진 것처럼 지난 제18대 총선과 제19대 총선에서 연이어 공천에서 배제되었던 그는 안심번호를 이용하여 여론조사를 이용하여 국민들이 선호를 반영하여 새누리당의 후보를 100% 상향식으로 공천하겠다는 포부를 밝혀왔다. 그의 주장은 전략공천의 희생자가 발생하는 것을 최소화하겠다는 것이었다. 새누리당은 공직후보추천을 위해 "상향식 추천방식"을 적용한다고 명시하고 있다(당헌 제6장 공직후보자의 추천; 공직후보자추천규정 제2조) 지병근, 「제20대 총선과 후보자 공천평가」(2016년, 미게재 논문).

06. 공천방식의 변화와 국민공감정치의 현실

고위원회에 보고할 필요가 없다"라는 발언까지 했다. 당헌상에 존재하고 있는 '우선 공천제'를 근거로 현역 물갈이론을 내세웠고, 특히 대구·경북지역의 우선 공천제도 도입을 주장했다.

"새누리당의 공천관리위원회는 지역구와 비례대표 국회의원 후보를 모두 심사하며, 우선추천 혹은 단수추천지역까지 선정할 수 있도록 하였다. 특히 새누리당의 공천관리위원회는 비례대표 국회의원 후보자들의 순위도 선정할 수 있는 권한까지 가지고 있다. 비록 최고위원회에 재의요구권을 부여하였지만 공천 관리위원회가 재적 2/3 이상의 찬성할 경우 이를 따르도록 규정되어있기에 사실상 공천관리위원회의 심사 결과를 바꾸기는 힘들다고 볼 수 있다(최고위원회의 재의요구권 당헌 48조 4항). 경선을 여론조사로 갈음할 것을 결정하는 권한 또한 공천관리위원회에게 부여되어있다(당헌 99조 4항). 다만 국민공천배심원단이 2/3의 의결로 공천관리위원회가 추천한 우선추천지역 후보자와 비례대표후보자에 대한 재의요구를 할 수 있다(당헌 99-100조)."[194]

20대 총선 새누리당 공천의 결정적인 분기점인 이유는 유승민 의원이었다. 박대통령으로부터 '배신자'라는 소리까지 들은 유승민을 친박계에서는 공천을 줄 수 없었다. 친 유승민계 의원들 역시 명확한 탈락대상이었다. 새누리당 지지기반인 대구·경북지역을 장악해야 한다는 것은 박대통령과 친박 측 입장

---

194) 지병근, 「제20대 총선과 후보자 공천평가」(2016년, 미게재 논문) 4쪽.

에서는 양보할 수 없는 절대 선이었다.

이한구 공관위가 탈락시킨 현역 의원들은 친이계와 친 유승민계로 분명하게 나타났다. 이한구는 3월 15일 새누리당 유승민계로 통하는 현역 4명을 공천에서 탈락시켰으며, 친이계 좌장 이재오 의원도 탈락시켰다. 김희국(대구 중남구), 류성걸(대구 동갑), 이종훈(경기 성남분당갑), 조해진(경남 밀양 의령 함안 창녕)과 주호영(대구 수성을), 이재오(서울 은평을), 안상수(인천 중구 동구), 김태환(경북 구미을)을 탈락시켰다.

유승민

또한 보건복지부 장관 시절 기초노령연금으로 박 대통령과 갈등을 빚고 자진 사퇴했던 진영(서울 용산) 의원도 동반 탈락시켰다. 다만 공관위는 유승민 의원 공천 여부는 보류했다. 여론의 반발을 의식해 유승민 의원에게 간접적으로 탈당 압박을 가하기 위해서였다. 박근혜 대통령과 정치적 각을 세웠던 의원들을 탈락시킨 지역구에는 정종섭, 정태옥, 엄용수 등 소위 '진박' 후보자들을 공천했다.[195] 국민 여론은 급격하게 악화되었고, 공천에서 탈락한 후보자들은 무소속 출마를 선언했다.

당내 분란이 가시화되자 그동안 잠잠히 있었던 김무성 대표의 반란이 시작됐다. 소위 '옥새파동'이 발생한 것인데, 김무성 대표가 진박 후보 논란이 있었던 6곳

---

[195] 『유승민계 물갈이 사실로』, 조선비즈 2016년 3월 15일.

에 대한 공천자에 대해 대표 직인을 날인하지 않겠다고 선언한 것이다. 결국 3곳만 대표 직인을 날인 하고 은평을(이재오)과 대구 동구(유승민), 서울 송파을(김영순)은 무공천 지역으로 남겨서 선거를 치루게 되었다. 새누리당 공천의 파행은 헤프닝으로 종결되었고, '공천개혁, 이 아니라 대통령 박근혜 대통령의 무리한 욕심이 무고한 후보자들을 낙천시켰다는 여론이 일어났으며, 새누리당은 박근혜 대통령의 손아귀에서 움직이는 사적 공천을 했다는 비난이 들끓었다.

이한구 공관위는 유승민 의원 등의 공천탈락 시도와 친박계 후보자공천 우선 등, 당내 정파 간 싸움에 온 신경을 쓰는 바람에 경쟁력 있는 후보를 제대로 공천하지 못했다. 당내 분란과 함께 여권 지지자층의 급격한 이탈을 가져왔다.

2016년 초만 해도 야권분열로 인해 180석 개헌저지선까지 가능하다고 했던 새누리당의 의석수는 122석, 제2당으로 주저앉았다. 박근혜 정부 심판론이 강하게 작동했으며, 국민은 수도권에서 새누리당 후보자들을 낙선시켰고, 대구와 부산에서도 무소속 후보와 더불어민주당 후보들이 약진하는 대이변이 일어났다.

2016년 4월 13일에 치루어진 20대 총선에서 더불어민주당이 123석으로 제1당, 새누리당은 122석으로 제2당, 돌풍을 일으킨 국민의 당이 38석으로 제3당이 되었다. 무소속 후보들도 11곳에서 당선되었다. 서울에서 새누리당은 전체 49석 중 12석만을, 인천에서는 13석 중 4석을, 경기에서는 60석 중 19석을 가져갔으며, 부산에서도 전체 18석 중 12석을, 대구에서도 12석 중 8석을, 경남에서는 16석 중 12석만 차지했다, 단지 경북지역에서는 전체 13석을 석권했다.

박근혜 정부 집권 후반기에 실시된 제20대 총선에서 그 결과는 여소야대로 나타나며 의회 권력이 야당에게 넘어가는 일이 발생했다. 대통령 권력을 등에 업고 공천권을 독점적으로 휘두르며 무리한 사천을 행하던 친박 세력에 대한 심판이었다.

20대 총선 지역구 당선자 현황(범친박계) - 68명

서울	김선동, 이종구(2명)
경기	원유철, 홍문종, 유의동, 김명연, 주광덕, 함진규, 이현재, 이우현, 한선교, 송석준, 서청원, 홍철호(12명)
인천	정유섭, 민경욱, 이학재(3명)
대전	이은권, 이장우, 정용기(3명)
충남	전진석, 박찬우, 김태흠, 성일종(4명)
충북	이종배, 정우택, 권석창, 박덕흠(4명)
강원	김기선, 김진태, 이양수(3명)
전남	이정현(1명)
대구	곽상도, 정종섭, 정태욱, 곽대훈, 윤재옥, 조원진, 추경호(7명)
경북	김정재, 박명재, 김석기, 이철우, 김광림, 백승주, 장석춘, 최교일, 이만희, 최경환, 이영완(11명)
울산	정갑윤, 이채익, 박맹우(3명)
부산	김정훈, 유기준, 이헌승, 김도읍, 배덕광, 조경태, 유재중, 윤상직(8명)
경남	이주영, 박완수, 김성찬, 박대출, 엄용수, 윤영석, 강석진(7명)

〈시사포커스 2016년 4월 15일 자료 재정리〉

20대 총선 비박 지역구 당선자 현황 - 26명

서울	김성태, 김용태, 오신환, 이은재, 정양석, 이혜훈(6명)
경기	김영우, 김학용, 신상진, 심재철, 한선교, 박순자(6명)
강원	권선동, 황영철(2명)
충남	홍문표(1명)
대구	김상훈(1명)
경북	강석호, 박명재, 김학용(3명)
부산	김무성, 이진복, 이헌승, 김세연(4명)
경남	윤한홍, 여상규, 이군현(3명)

〈시사포커스 2016년 4월 15일 자료 재정리〉

결국 박근혜 대통령과 친박 진영이 소위 배신의 정치에 대해 심판을 내세워 유승민 전 원내대표와 비박계 후보들을 자의적으로 배제하는 무리수를 강행한 결과는 비참한 패배로 이어졌다. 또 다시 유권자들을 들러리로 전락시킨 것이다. 김무성 대표의 옥쇄파동과 윤상현 의원의 막말파동 등, 소위 진상 공천으로

김무성

불릴 정도의 막장 정치가 연출되었다. 공천이 마무리되고 공식선거가 시작되는 시점인 3월 29-30일 조사에서 이미 정권 심판론에 대한 공감 비율은 51.7%까지 상승했고, 4월 15일-16일의 선거 직후 조사에서는 58.6%까지 치솟았다. 국민을 무시한 막장 공천은 정권 심판 여론에 불을 붙이는 계기가 되었다. [196]

---

196) 정한울, 「여론으로 본 20대 총선 평가」, 『동향과 전망』(2016,6), 204쪽.

당내 개혁과 함께 이루어진 공천

제20대 더불어민주당 공천은 주류 정파세력 당권을 장악하면서, 주류 정파세력의 의도대로 이루어진 공천이었다. 더욱이 '문재인'이라는 유력 대권주자의 영향력이 공천과정에 영향을 미친 공천이었다. 비주류 정파는 공천 결정권을 소극적으로 인정할 수밖에 없었다.

문재인

안철수와 동교동계 및 호남 지역 의원들의 집단적인 탈당으로 분당 위기에 처했던 새정치민주연합은 김종인을 외부에서 영입하여 비대위를 구성하고, 김종인을 비대위원장으로 위촉한다. 당에 대한 전권뿐만 아니라 공천권까지 일임한 것이다. 안철수의 국민의당이 호남지역을 중심으로 상승세를 타고 있었기 때문에 극약처방을 내린 것이었다.

안철수

더불어민주당의 권력 관계가 급격히 김종인 지배체제로 전환해 버린 것이다. 김종인은 정치권에서 제기된 '바지사장' 역할이 아니라 당의 주도권을 쥐고 전권을 행사하려 하였다. 그러나 당내 기반이 전무한 김종인은 전권을 행사한다고 해도 선거 때만 그 권한이 임시적으로 존재하는 것이었으며, 언제든지 주류 세력의 반격이 준비되어 있었다. [197]

김종인에게 맡겨진 역할은 탈당 사태를 막기 위해 당내 분란을 종식시키고 당을 안정화시키는 일과 친노 패권주의로 이미지화 되어 있는 부정적 여론을 잠재우는 일이었다.

김종인

2월 24일 1차 컷오프 명단이 발표되었다. 1차 컷오프는 문재인 대표 시절에 작업이 이루어진 것으로 안철수의 탈당 사태로 인해 발표가 늦어진 것이었다. 1차 컷오프 명단 10명 중 사회적 물의를 일으킨 친노 성향의 현역 의원들이 포함되었다. 김현과 신계륜, 노영민이 컷오프되었으며 친노의 좌장격인 문희상의원과 유인태 의원도 포함됐다. 정세균계로 알려진 범친노로 꼽히는 강기정 의원도 탈락시켰다. 현역 의원 물갈이 작업의 일환으로 '혁신위원회'가 도입한 일명 '시스템 공천'의 결과물이 나온 것이다. [198]

---

197) 이점은 김종인이 비례대표 후보 결정 과정에서 나타난다. 김종인은 자신을 2번 순위로 확정시켜 당 중앙위에 제출했지만, 친노 주류세력이 장악한 중앙위에서는 김종인의 비례대표 후보 결정 순위 명단을 승인하지 않고, 중앙위 자체의 수정된 비례 대표 순위안을 확정시켰다. 김종인은 며칠 동안의 당무거부 뒤에, 중앙위의 비례대표 수정안을 받아들일 수밖에 없었다.
198) 시스템 공천은 혁신위원회가 제안한 것으로 계파들의 정치적 이해관계가 공천에 반영되는 것을 최대한 배제하고자 선택한 것이었다. 이 구상에 따라 2015년 10월 선출직공직자 평가

2016년 1월 27일 여의도 국회의원회관에서 열린 더불어민주당 제4차 중앙위원회의에서 대표직을 사퇴한 문재인 당시 전 대표와 김종인 비상대책위원장 겸 선거대책위원장이 연단에 올라 손을 들고 당원들에게 인사하고 있다.

김종인의 당의 지배적 권력 관계는 외양상 나타난 것일 뿐, 실제는 문재인 전 대표가 우월적 권력 관계로 뒤에서 공천권을 행사한 것으로 알려졌다. 하지만 비상대권을 부여받은 김종인의 정치 행보는 선거를 앞두고 친노 정당이라는 이미지를 어느 정도 탈락시키는 데 성공했다고 보여진다. 특히 김종인의 보수적 경력은 급진적 성향을 보였던 친노 주류 세력의 이미지를 민주당에서 약화

위원회가 구성되어 운영되었으며 현역 의원들에 대한 평가를 바탕으로 하위 20%를 강제로 탈락시키는 소위 '컷오프' 대상이 발표되기도 하였다. 하지만 이 구상은 김종인의 비상대책위원회 체제가 등장하면서 사실상 무력화되었다. 지병근(2016), 2쪽.

시켰으며, 비상대권을 부여받은 김종인 체제는 분열과 갈등으로 심화되었던 더불어민주당의 상황을 안정시키는 역할도 수행했다.199)

더불어민주당은 2월 공직 선거후보자 추천관리위원회를 구성했다. 위원장은 홍창선이 맡았다. 공관위 위원은 김종인 비상대책위 위원장이 사실상 임명했다고 볼 수 있는데, 총선 기획단장인 정장선 전 의원과 한국노총 중앙연구원 연구위원인 우태현, 김헌태(한림국제대학원 겸임교수), 이강일(행복 가정재단 상임이사), 박명희(전 한국소비자원 원장), 서혜석(변호사), 최정애(동시통역사), 김가연(전 법무부 국제법무과 사무관) 등 8인 모두 외부인사로 구성되었다.200) 공관위는 경선지역과 단수후보 추천지역, 그리고 전략지역 공천을 결정했다.201)

---

199) "비상대권을 부여받은 김종인 비대위 체제는 3월 11일 비례대표선출에 관한 규정을 개정하여 청년후보자 선출방법을 수정하고 신청분야별 비례대표선출규정을 삭제하고, 전략지역 후보자 선출을 공천관리위원회가 직접 심사하도록 하였다." 한겨레신문 2016년 3월 11일 자.
200) 한겨레신문 2016년 2월18일 자.
201) "공직선거후보자검증위원회는 출마자의 자격을 심사하고 도덕성을 검증하여 중앙선거관리위원회에 예비후보자로 등록할 자격을 부여한다(이의제기는 이의신청처리위원회). 공직선거후보자추천관리위원회는 후보자에 대한 심사결과와 경선결과에 기초하여 추천자를 선정한다(이의제기는 공직선거후보자추천재심위원회). 최종확정은 최고위원회의 의결과 당대표의 추천으로 이루어진다. 지역구 후보자들과 별도로 비례대표 후보자 및 전략공천 후보자들을 공천하기 위하여 별도의 추천관리위원회를 두고 있다. 특히 비례대표 후보자 선정은 당무위원회 승인을 거쳐 중앙위원회 추천을 받아 순위투표(정견 발표 또는 종합 토론)를 하도록 규정되어 있다." 지병근(2016), 5쪽.

3월 10일 2차 컷오프에서 김종인의 의지가 드러나기 시작했다. 막말 파문으로 물의를 일으킨 정청래와 윤후덕이 포함됐다. 친노의 실질적 좌장으로 알려진 이해찬 의원도 막판에 탈락시켰다. 친노 정당이라는 오명을 벗기 위한 김종인의 결단이었다고 보여진다.

말만 무성했던 친노 탈락설은 상징적인 정청래와 이해찬 수준으로 마무리되었다. 수도권 지역의 의원들 대부분이 공천을 받았다. 범 친노성향이면서 친문성향을 보였던 사람들의 약진이 이루어졌다. 1차 컷오프되었던 문희상이 다시 공천을 받았으며, 윤후덕 역시 재심에서 구제를 받아 공천을 받았다. 고용진(노원갑), 황창하(노원병), 황희(양천갑), 이용선(양천을), 진성준(강서을), 강병원(은평을), 유기홍(관악갑), 정태호(관악을), 김성곤(강남갑), 남인순(송파병), 김경협(부천원미갑), 원혜영(부천오정), 전해철(안산 상록갑), 정재호(고양을), 이학영(군포을), 권칠승(화성병) 등 대부분 공천을 받았다.

수도권 지역에 공천받은 후보자들은 대부분 당선되었다. 박근혜 정부에 대한 심판 분위기가 선거에 반영되었으며, 야권의 분열로 인한 야권 필패 위기가 오히려 야권의 확대와 함께 야권 지지자층의 결집으로 이루어진 결과였다. 중도 보수성향의 극약처방이었던 김종인 효과로 볼 수 있었다. 김종인 비대위의 공천 결과로 더불어민주당 당내의 계파별 분포도 변화가 생겼다. 친노 직계의 의원들 숫자는 급격하게 줄었다. 반면 차기 대권 주자인 문재인 대표의 계보가 성장세를 보였다. 이른바 친문 세력의 약진이 두드러진 것이다.

더불어민주당 20대 총선 당선자 계파별 분류

친문직계	김경협, 김태년, 박남춘, 윤호중, 윤후덕, 전해철, 강병원, 권미혁, 김경수, 김병관, 김해영, 박재호, 전재수, 최인호, 표창원, 제윤경, 황희
정세균계(범친노)	안규백, 김영주, 김상희, 백재현 의원과 김진표, 김철민, 백혜련, 박용진
김종인계	진영, 박경미, 최운열
손학규계	양승조, 조정식, 이찬열, 전현희, 전혜숙, 이춘석 의원과 강훈식, 고용진, 김병욱
기타 범친노계	문희상, 원혜영, 서영교, 신경민, 진선미, 윤관석, 박범계, 기동민, 김현미, 박광온
비주류	강창일, 노웅래, 민홍철, 심재권, 이종걸, 이언주, 안민석, 오제세, 최명길, 신동근, 신창현, 송기헌, 오영훈, 송옥주, 이용득

〈일요신문 2016년 4월 16일 자 재편집〉

제20대 총선에서 여야 정당이 보여준 공천과정은 정파 갈등과 대립을 그대로 보여주었다고 할 수 있다. 새누리당은 '진박 논쟁'을 불러일으킬 만큼 친박계의 패권적 공천 행태를 보여주었으며, 더불어민주당 역시 '김종인'이라는 보수적 인물을 통해 분당된 이미지를 안정화시켰을 뿐 공천과정의 민주성을 보여주지는 못했다. 민주계와 안철수 세력이 빠져나가면서 더민주당의 현역 의원들이 재공천을 받기는 오히려 상대적으로 수월하였다.

국민참여경선 등 '공천권을 국민에게 돌려주겠다'는 약속은 슬그머니 사라지고 말았다. 20대 총선 공천부터는 상향식 공천은 필요한 지역에서만 하는 일이고, 공천은 정당이 그냥 재량껏 하는 일로 치부되었다. 전략공천을 통해 물갈이를 이루어 내고, 과거 구태로 낙인찍힌 후보자는 제외하는 정도 선에서 공천하는 것이 묵인되는 분위기로 잡혀 버렸다. 17대 총선에서 그렇게 외치던 공천개혁은 물 건너간 것으로 여겨졌다. 더불어 국민 공감공천은 기대하기 힘든 상황으로 접어들었다.

박원호는 제20대 총선의 공천에 대해 다음과 같이 평가하고 있다. "공천과정을 놓고 볼 때 여당인 새누리당은 대통령과 행정부의 압력으로부터 자율적이지 못했고 제1야당인 더 민주당은 권위주의적인 당내 의사결정을 보여주었으며 국민의 당 역시 이들 정당과 다른 새로운 정치를 보여주지 못했다. 무엇보다 여야 공히 국민의 뜻을 반영하겠다는 상향식 공천의 약속을 내세웠지만 그 결과는 국민들의 정치혐오 정서를 부추기기에 충분했다."[202] 정한울 역시 유사한 평가를 내리고 있다. "3월 중순부터 시작된 공천과정은 이변을 연출하기 시작했다. … 각 당의 공천은 민주적 절차와 정당 시스템과 거리가 먼 '여론조사'나 각 당의 공천심사위원회의 '전략공천'에 의해 좌지우지되었다. 유권자들과 당원들이 당내 경선에서 철저히 소외되었다."[203]

---

[202] 김한나·박원호,「제20대 총선의 후보자 당선결정요인 : 정당의 공천방식과 후보의 경쟁력을 중심으로」,『21세기 정치학회보』제26집 2호(2016년 6월), 52쪽.
[203] 정한울(2016), 204쪽.

참고문헌

1. 기본 자료

대한민국정당사 제1집(1945년-1972년), 중앙선거관리위원회, 1973년.
대한민국정당사 제2-3집(1972년-1980년), 중앙선거관리위원회, 1992년.
대한민국정당사 제4-5집(1980년-1997년), 중앙선거관리위원회, 2009년.
대한민국정당사 제6집(1998년-2003년), 중앙선거관리위원회, 2016년.
대한민국선거사 제4-6집(1980.1.1.-1998.2.24). 중앙선거관리위원회 2009년.
대한민국선거사. 제7집(1998.2.25.-2003.2.24.) 중앙선거관리위원회 2016년.
제13대 총선에서 제20대 총선까지의 정당 공천자 현황, 중앙선거관리위원회
　　(http://www.nec.go.kr/portal/main.jsp).
정당의 당헌·당규집 1, 2집, 중앙선거관리위원회 편.
민주정의당(1981), 통일민주당(1987), 평화민주당(1987), 민주당(1990), 민주자유당(1990), 새천년민주당(2002), 열린우리당(2004).
『孟子』「盡心下」, 『禮記』「禮運 第九」, 『禮記』「校特性 第十一」.

2. 국내 문헌

강원택, 「한국 정당 공직후보 선출의 공정성과 투명성 확보 방안」, 『한국 정당 공직후보선출의 공정성과 투명성, 토론회 주제 발표문』, 투명사회협약실천회 주최, (2006).
_____, 「당내 공직후보 선출과정에서 여론조사 활용의 문제점」, 『동북아 연구』 제14권(2009).
_____, 「정당연구에 대한 비판적 검토: 정당조직 유형을 중심으로」, 『한국 정당 정치 연구방법론』, (서울, 나남, 2012).
강창성, 『일본/한국군벌정치』, (해동문화사, 1991).

구영수,「민주정의당 연구」, 경남대학교 박사학위 논문,(1994).
김균미·신창운·홍령림·한귀영,『지방선거 여론조사 이대로 좋은가』, 관훈저널(130) (2014.3).
김만흠,「한국의 정치갈등과 민주적 공존을 위한 과제」,『인간연구』제10호(2006).
_____,「전환기의 한국정치와 지역주의」,『경제와 사회』,(2002년 겨울호).
김병록,「당내민주주의와 공천의 민주성」,『고시계』(2012, 7).
김영삼,『김영삼 대통령 회고록: 민주주의를 위한 나의 투쟁.상,하』, 조선일보사(2001).
김영태,「17대 국회의원선거의 공천제도와 공천과정: 지역구 후보공천을 중심으로」,『한국 정당학회보』, 제3권 2호(2004).
김용호,「인터넷 커뮤니티와 정치 – 노사모 사례 연구」, 한국사회학회 사회학대회 논문집(2003, 12).
김용호,「한국 정당의 공천제도 개선 방안: 최근 대선 총선 지방선거를 중심으로」,『선거관리』 제55호(2009).
_____,「한국 정당의 국회의원 공천제도: 지속과 변화」,『의정연구』제9권 제1호 (2003).
_____,『한국 정당 정치의 이해』,(나남, 2001).
_____,「최근 한국 정당의 개혁조치에 대한 평가」,『 한국 정당학회보』 7(1). (2008).
김은희,「19대 국회의원 총선거 개혁공천방안에 관한 연구: 상향식 공천제도의 효과성과 실행 방안을 중심으로」,『민주정책연구원』(2012).
김한나, 박원호,「제 20대 총선의 후보자 당선결정요인: 정당의 공천방식과 후보의 경쟁력을 중심으로」,『21세기 정치학회보 』제26집 2호(2016년).
김호진,『한국정치체제론』,(박영사, 2003).
김혁,「한국대통령제의 평가와 발전적 제도화의 모색」,『한국정치연구』제16집 제1호(2007).
김현섭·이용호,『제6공화국 정치비화 1, 권력 막후』,(경향신문사, 1994).
길정아,「국회의원 후보자 선정과정의 동학: 제18대 총선에서 한나라당과 통합민주당의 공천 을 중심으로」,『한국정치연구』제20집 제1호(2011).
권노갑,『누군가에게 버팀목이 되는 삶이 아름답다』, (살림, 1999).
권혁남,「16대 총선 여론조사의 문제점 및 개선방안 」,『인문과학연구』1(한국지역언론학회, 2001.4.).

남재희,『나의 사적인 회고록』,(민음사, 2006).
민준기,「한국의 정당과 파벌형태」,『한국민주화와 정치발전』, (조선일보사, 1988).
박경미, 「18대 총선의 공천과 정당조직:한나라당과 통합민주당을 중심으로」,『한국 정당학회보』제7권 제2호(2008).
_____,「정당 이합집산의 조건: 열린우리당의 변화(2003-2007)」,『한국과 국제정치』제24권 제3호(2008년, 가을).
박명호,「2012년 총선에 대한 집합자료 분석」,『정치·정보연구』제15권 1호(2012).
박상철,「정당공천의 헌법적 쟁점과 개선방향」,『공법학연구』제9권 제2호(2008).
박상운,「제19대 총선 공천의 특징과 한계」,『사회과학 담론과 정책』제5권 2호(2012년 10월).
박상훈,「한국의 유권자는 지역주의에 의해 투표하나: 제16대 총선의 사례」,『한 국정치학회보』, 35집 2호, (2001).
박종성,『한국의 파벌정치』(한울, 2012).
박찬표,「전문가 정당 정치론 대 대중 정치론」,『어떤 민주주의인가』, 최장집 · 박찬표 · 박상훈 저, (후마니타스, 2007).
배영동 역, Maurice Duverger『정치란 무엇인가』,(나남출판, 1985).
성석영,「한국 정당의 국회의원후보 공천과정에 관한 연구: 당내 민주주의 분권화와 포괄성을 중심으로」,고려대학교 석사학위 논문 (2010).
유의동,「한국의 지역주의: 사회 각 분야 지도급 인사 구성에 나타난 지역편중도, Korean Sociological Association Conference on Collectivism and Network,(2003).
윤석인,「3당 합당의 의미」,『창작과 비평』 18, (1990).
윤종빈,「17대 총선결과 평가: 분석과 전망」,『정치정보연구』, 제7권 1호(2004).
_____,「19대 총선후보 공천의 과정과 결과」,『한국 정당학회보』제11권 제2호(2012).
이동윤,「한국 정당의 후보공천과 대표성: 제19대 국회의원 선거를 중심으로」,『정치정보연구』제15권 1호(2012).
이신일,「미국의 정당과 정당발전에 관한 연구」,『국제문화연구』Vol. 17(1999).
이영재,「한국 민주주의의 공고화와 5 · 18 특별법」,『민주주의와 인권』제15권 3호,(2015).
이영훈,『파벌로 보는 한국 야당사』, (에디터, 2000).

이준한, 「국회의원 후보선출의 방법과 과정에 대한 비교연구: 한국과 미국」, 『의정 연구』 제9권 제1호(2003).
이현출, 「대통령 선거와 총선의 후보선출과정」, 『의정연구』 제9권 제1호(2003).
장승호, 「19대 총선결과에 대한 유권자들의 평가」, 『EAI OPINION Review』 2012-02 총선대선 특집 EAI 오피니언 리뷰 시리즈 연구보고서(2012).
장 훈, 「한국 정당연구의 적실성 문제와 역사적 접근으로의 전환」, 『한국 정당정치연구 방법론』 장훈. 임석학 저. (나남, 2012).
전남대학교 감성인문학 연구원 지음, 『공감장이란 무엇인가』, 감성총서 17, (도서출판 길, 2017).
전용주, 「후보공천과정의 민주화와 그 정치적 결과에 관한 연구: 제17대 국회의원 선거를 중심으로」, 『한국정치학회보』, 제39집(2005).
_____, 공영철, 「정당공천 유형과 경쟁도 그리고 선거경쟁력: 제19대 총선을 중심으로」, 『정치. 정보연구』 제15권 제2호, 통권 31호(2012).
_____, 「19대 총선과 정당 공천 방식의 변화: 진전 혹은 퇴보」, 『시대정신』(2012년 여름호).
전찬희, 「분권형 대통령제에 관한 연구」, 미국헌법연구 제25권 제3호 미국 헌법학회(2014).
정진민, 「17대 국회의원 선거에서의 상향식 공천제도와 예비후보 등록제」, 『한국 정당학회보』, 제3권 2호(2004).
정차민, 「정당개혁연구: 새천년민주당과 열린우리당 비교분석」, 목포대학교 석사학위 논문.
정한울, 「여론으로 본 20대 총선 평가」, 『동향과 전망』. (2016).
제러미 리프킨(Jeremy Rifkin) 저, 이경남 옮김, 『공감의 시대』 (민음사 2012).
제임스 김, 「미국 대선을 통해서 본 여론조사의 문제점과 가치」, 『관훈저널』 142 (관훈클럽 2017).
조의환, 「한국 정당 파벌에 관한 연구」, 동국대학교 박사학위 논문(2001).
조진만, 「여론조사 공천의 쟁점과 선택」, 『의정연구』, 제18권 제2호 통권 36호, (2012).
주인석, 「한국 정당발전의 유형화에 대한 비판」, 『한국 정당학회보』 제8권 제1호(2009년).
지병근, 「제20대 총선과 후보자 공천평가」, 2016년, 미게재 논문.
지은주, 「정당리더십과 권위주의 계승정당의 진화- 대만의 국민당 사례」, 『한국정치학회보』 44집4호(2010).

최인숙,「한국 선거여론조사의 신뢰성 향상을 위한 제도적 방안」,『정책개발연구』제19권 제1호(2019. 6.).

최장집 엮음 박상훈 옮김,『막스베버 소명으로서의 정치』, (폴리테이아, 2011).

최준영,「한국 공천제도에 대한 연구동향과 향후 연구과제」,『한국 정당학회보』, 제11권 제1호(2012).

채진원,「오픈프라이머리 정당약화론의 재검토: 다층적 수준의 정당기능론을 중심으로」,『선거연구』제3호(2012).

한배호,「이론적 전망으로 본 한국의 파벌정치」, 한국연구실 편『한국의 전통과 전망』고려대 아세아문제 연구소 (1973)

_____,「당파로 본 20년」,『국회보』8월호 (1965).

황태연,「유럽분권형 대통령제에 관한 고찰」,『한국정치학회보』, 39(2)(2005).

_____,『중도개혁주의와 정치철학』,(법학사, 2008).

_____,『지역패권의 나라』, (무당미디어, 1997).

_____,『감정과 공감의 해석학 1,2』(파주 청계, 2014).

_____,『백성의 나라 대한제국』,(파주, 청계 2017).

형은화,「열린우리당의 생성과 소멸에 관한 연구」,『현대사회과학 연구』제17집(2013).

3. 외국 문헌

Barnea, Shlomit and Rahat, Gideon *"Reforming candidate selection methods, a three-level approach"* Party Politics Vol 13. No.3 375-394.

Beller, Dennis C. and Belloni, Frank P. *"Party and Faction: Modes of Plitical Competition"* Faction Politics: Political Parties and Factionalism in Comparative Perspective, in D.C Beller and F.P. Belloni(eds) Oxford : Cio Press. Ltd. 1978.

Field, Bonnie N. and Siavelis, Peter M. *"Candidate Selection Procedure in Transitional Polities: A Research Note"* Party Politics.VOL 14, No.5 620-639(2008, 2009).

Gallagher, Michael and Marsh, Michael *"Candidate Selection in Comparative Perspective"*, London: Sage, 1988.

Kats, Richard S. and Mair, Peter *"Changing Models of Party Organization and Party Democracy : The Emergence of the Cartel Party"* Party Politics VOL 1. NO.1, 5-28 SAGE Publication 1995.

Krouwel, Andre *"Otto Kircheimer and Catch-All Party"* WesternEuropean Politics. Vol 26, N0.2 23-40(2003).

Rahat, Gideon and Hazan, Reuven Y. *"Democracy within Parties"*, Oxford University Press, 2010.

Rose, Richard *"Parties, Faction, and Tendencies in Britian"* Political Studies, VOL 12, NO1, 1964.

Schattschneider, Elmer Eric *Party Government: American government in action* New York: Farrar and Rinehart, 1942.

Ware, Alan. *Political Parties and Party Systems*. Oxford University Press. 1996

White, John Kenneth *"What is a political party?"* Handbook of Party Politics: edited by Richard S. Kats and William Croty, SAGE Publication, 2006

Zariski, Raphael *"Party Factions and Comparative Politics:Some Preliminiary Observations"* Midwest Journal of Political Science, Vol. 4. 1(Feb. 1960)

4. 언론

『경향신문』,『뉴시스』,『동아일보』,『머니투데이』,『문화일보』,『매일경제』,『서울신문』,『세계일보』,『연합뉴스』,『오마이 뉴스』,『조선비즈』,『주간경향』,『주간한국』,『중앙일보』,『폴리뉴스』,『프레시안』,『한국경제 신문』,『한국일보』,『한겨레 신문』

5. 잡지

김기영,「옥중 권노갑 DJ 향한 절규 님은 날 버렸어도 나는 …」,『신동아』(2001년 6월).
김종석,「서점가에서 맞붙은 최형우, 서석재, 김덕룡의 차기 경쟁」,『월간말』(1995년 3월).
신한국당 고문 최형우(인터뷰),『월간조선』(1997년 1월).
김현섭,「김대중, 대권가도 대의원 60% 이미 확보」,『월간중앙』(1992년 3월).
박재성,「민자당 공천분포와 노태우의 후계구도」,『사회평론』92권 3호.
송충식,「노대통령 총선후 범 민주계 주도 겨냥」,『월간 중앙』(1992년 3월).
윤석진,「김대중 정권의 넘버2, 권노갑의 파워」,『월간중앙』(2001년 11월).
조성관,「비밀결사 하나회 인맥은 살아있다」,『월간조선』(1992년 4월).

찾아보기

13대 총선 / 139
16대 총선 / 137
17대 총선 / 137
19대 총선 / 136
20대 총선 / 137
3·4 공화국 / 110
3당 합당 / 162
4·19 혁명 / 24
5·6 공화국 / 110
6월 항쟁 / 24
TK사단 / 74, 89, 92

ㄱ

강기정 / 226
강봉균 / 226
강삼재 / 181
강신옥 / 155
강재섭 / 228
개헌저지선 / 234
경구회 / 92
고진화 / 210
고흥길 / 210, 214
공리적 파벌 / 79
공화계 / 89, 168

광주민주화운동 / 24, 110
구민주계 / 63
국민공감정치 / 21, 31
국민의당 / 49
국민참여경선 / 123
권노갑 / 76, 84, 154, 202
권익현 / 142
권정달 / 142
금요일의 대학살 / 142
기간(권리)당원 / 116
김경재 / 195
김근태 / 196
김기재 / 200
김기춘 / 74, 98
김대중 / 38, 76, 190
김대중계 / 75
김덕룡 / 228
김명윤 / 155
김무성 / 100, 283
김민석 / 196
김봉호 / 203
김부겸 / 250
김상현 / 155, 194
김영배 / 153
김영삼 / 76, 155
김영삼계 / 75
김영환 / 196

김옥두 / 83, 194
김용호 / 113
김원기 / 102
김원웅 / 216
김윤환 / 92, 164, 186
김장수 / 100
김정길 / 226
김정현 / 283
김종인 / 100, 293
김종필 / 161
김주열 / 39
김중권 / 93, 199
김태호 / 283
김홍일 / 195

ㄴ

남재희 / 144
노무현 / 55, 155
노사모 / 105
노태우 / 70, 94, 139, 158

ㄷ

다면평가 방식 / 121
다문다청 / 48
더불어민주당 / 49, 121, 295
동교동계 / 76, 81, 85, 153, 175
동학농민운동 / 40

ㅁ

문재인 / 76, 102
민유방본론 / 22
민자당 / 89
민정계 / 167
민정당 / 138
민주계 / 168
민주공화당 / 68
민주노동당 / 54
민주통합당 / 51, 121

ㅂ

박관용 / 157
박근혜 / 74, 98, 210
박상천 / 154
박세일 / 237
박영숙 / 152
박원순 / 268
박재승 / 126
박정희 / 38, 68
박종철 / 39
박준규 / 92
박준병 / 92
박철언 / 92
박희태 / 92
범민주계 / 182
범친노계 / 63
벨러(Beller, Dennis C.) / 77
벨로니(Belloni, Frank P.) / 77
브르디외(Bourdieu) / 57
비밀속의 정원 / 7, 60
비박계 / 283

ㅅ

사사오입 개헌 / 75
상도동계 / 76, 81, 88, 155
새누리당 / 49, 51, 121
새정치국민회의 / 190
새천년민주당 / 113, 123, 199
서석재 / 87
서청원 / 228, 283
서청원계 / 232
설훈 / 83
손학규 / 126, 249
송영길 / 223

시대정치사상 / 23
신계륜 / 196
신군부세력 / 138
신기남 / 196
신기하 / 175
신민주연합당 / 173
신익희 / 75
신한국당 / 187
심명보 / 145

ㅇ

아레테(Arete) / 96
안국포럼 / 96
안동선 / 199
안심번호제 / 125
안철수 / 52, 269
안희정 / 106
열린우리당 / 106, 216
염동연 / 226
오세훈 / 210
오한구 / 92
우상호 / 203
운동권 정파 / 105
원유철 / 283
원희룡 / 210
월계수회 / 93, 149
웨어(Ware) / 63
유승민 / 62, 100

유시민 / 216
유인태 / 174
유재건 / 196
유준상 / 194
윤병세 / 100
윤성규 / 100
윤여준 / 214
윤철상 / 83
이강래 / 226
이기택계 / 205
이념적 파벌 / 79
이명박 / 52
이방호 / 243
이부영 / 223
이상돈 / 52, 100
이승만 / 67
이승엽 / 203
이원종 / 181
이인영 / 203, 250
이인제 / 155, 283
이재오 / 228, 287
이재정 / 199
이정무 / 92
이정현 / 283
이종걸 / 223
이철 / 174
이철승계 / 75
이치호 / 92
이한구 / 284
이한동계 / 205

이해찬 / 102, 223
이현출 / 124
이호철 / 102
이회창 / 204
일반당원 / 116
임종석 / 203
임채정 / 102

ㅈ

자라스키(Zariski) / 80
자민련 / 180
자유당 / 67
자유선진당 / 51, 54
장영달 / 226
장을병 / 199
전두환 / 70
전찬희 / 72
정균환 / 154, 201, 250
정당공천제 / 67
정대철 / 251
정동영 / 194
정동채 / 194
정몽준 / 104
정서적 파벌 / 79
정세균 / 226
정세균계 / 292
정의당 / 49
정청래 / 295

정태근 / 210
정호영 / 92
제5공화국 / 141
조경태 / 226
조병옥 / 75
조윤선 / 100
중화中和 / 44
지역균열지수 / 108
지청천 / 75
직선제 개헌 / 140

ㅊ

천정배 / 196
촛불국민혁명 / 24, 41
최병렬 / 228
최운지 / 92
최장집 / 140
최재승 / 83
최형우 / 87
추미애 / 196
친노계 / 76
친노 그룹 / 103
친문 세력 / 296
친박계 / 62, 94, 98
친박연대 / 54, 247
친박학살 공천 / 245
친이계 / 62, 94, 287

ㅌ

통합민주당 / 53, 54
통합진보당 / 51

ㅍ

파네비안코 / 63
파벌정치 / 79
평민당 / 151

ㅎ

하나회 / 89, 91, 148
하순봉 / 214
한나라당 / 54, 245
한명숙 / 52, 63, 102
한화갑 / 83, 154
함덕희 / 231
허삼수 / 187
허인회 / 203
헌팅턴(Huntington) / 80
홍사덕 / 214
황낙주 / 87
황태연 / 110, 251

유용화의 국민공감정치

유용화의 국민공감정치

유용화의 국민공감정치

유용화의 국민공감정치

유용화의 국민공감정치

유용화의 국민공감정치

유용화의 국민공감정치